守望者的凝思
读懂学校
读懂校长
系列论丛

教育部哲学社会科学研究重大课题攻关项目“我国学校教育创新研究”成果

“守望者的凝思：读懂学校、读懂校长”系列论丛

主编 裴娣娜

为优才破壳而出

WEI YOUCAI POKEERCHU

——东北育才外国语学校教育创新研究

葛朝鼎 等 著

教育科学出版社
·北京·

为优才破壳而出

——东北育才外国语学校教育创新研究

基于学校教育变革性实践的反思与建构
——中国基础教育改革创新之路

裴娣娜

学校教育创新是目前世界各国基础教育改革中一个具有战略意义的重要问题。如何变革学校教育观念，培养具有创新精神和实践能力的高素质人才，是世界各国共同关注的问题。事实证明，以创新挑战危机，谁最先把握了时代发展变化的需求，谁就掌握了发展的主动权。

"守望者的凝思：读懂学校、读懂校长"系列论丛，是"十一五"期间教育部哲学社会科学研究重大课题攻关项目"我国学校教育创新研究"的研究成果，是对改革开放三十多年来中国基础教育阶段学校教育创新发展的思路、策略及方法基本脉络的全面系统的反思梳理。这套论丛有着独特的时空定位，限定在我国改革开放以来学校办学层面的改革与创新，采取自下而上的分析思路，是对学校已有的基于变革性实践的学校现代发展经验的总结提升。系列论丛中一本本研究性的专著翔实地记录了这些学校的校长基于不同的办学实际带领各自团队所走过的学校发展之路，这些学校的办学理念及经验经过了时间积淀和实践的检验，是富有鲜明特色、带有中国本土气息的原创性实践。

反思总结来自实践的学校创新经验，从中解读并汇集学校教育创新力指标，从而为进一步探讨学校教育创新发展理论模型与实践模式的建构、形成有较强的实践操作策略奠定坚实的基础。因此，我们的研究，以反思与建构为主线，聚焦“两个读懂”：读懂学校、读懂校长。这套系列论丛所呈现的不仅是每个学校独特的“我”，更重要的是通过一个个独特的“我”集合形成的具有一定典范意义的学校变革性实践的基本认识。

一、学校教育创新理论反思与现实建构的战略性意义

进入21世纪，面对世界各国对于经济社会可持续发展目标的诉求以及日益激烈的国际竞争对高素质人才提出的更高要求，面对工业社会和信息社会发展的要求，面对极不平衡的区域性社会经济发展以及多元文化价值取向、伦理道德问题、文化生态危机等一系列严峻挑战，中国基础教育的改革与发展进入一个十分关键的时期，正是社会转型凸显了中国学校教育创新发展的主题。

教育创新是学校教育发展的根本动力。学校需要变革，学校必须变革，变革的目的在于坚持“以人为本”的科学发展观，办好让人民满意的学校。学校教育创新研究的重要意义在于以下三个方面。

（一）为构建优质高效的学校办学模式提供一种理论分析框架

学校教育创新研究旨在对中国学校教育创新发展进程中的若干重要问题作出理性的思考和科学的回答，探索适应社会发展和人的自身发展需要的、优质高效的学校教育发展模式与育人模式。通过教育学、心理学工作者的跨学科研究，跨校际的教育工作者协同研究，以及理论与实践工作者的合作研究，为有中国特色的基础教育改革和发展提供思路，为构建优质高效的学校教育提供一种理论准备和分析框架，为促进青少年儿童全面发展提供一种新的教育方式，为教育行政部门和教育机构的相关决策与措施的制定提供科学依据。因此，这一研究成果是中华民族的，也是世界的；既有本土性，又有国际的普遍意义。

（二）通过典型个案研究，呈现我国当前具有特色的和有代表性的学校教育创新发展实践模式、评价指标、推进机制及成功经验

系列论丛的内容强调以下三点。

一是以学校教育改革与发展为中心线索，阐明项目学校从学校教育价值观念的重新定位到学校教育体系的全面更新，从改造教育过程到改

变教育教学各个环节中的方法与手段，从全方位地营造育人环境到创造性地开拓各种教育教学模式，从而提升学校整体的综合实力，形成学校教育创新的思路和特色的历程。

二是尝试揭示学校教育创新主体的培育与生成过程。论丛力图在深层次上揭示创新主体如何建构一种创新的观念、思想与目标，从而进一步生成为具体的办学行为的复杂过程。

三是表明学校创新发展是基于学校自身条件的特殊性，展现我国中小学校现代发展的多样化发展形态，同时也展现我国中小学校长追求持续发展和创建一流教育的特色与智慧。

（三）通过解读，将学校办学理念与行为提升到自觉和自为层面，进一步促进学校教育创新的实践探索

通过对不同学校教育创新力形成与发展过程的审视，有效促进科学的质量意识、特色意识的确立，提升对学校办学特色和学校潜在的创新能力的认识。

当然还应看到，项目研究成为高师院校集教育科研、人才培养、为基础教育改革提供咨询服务三种职能于一体的重要平台，从而对参与研究的高等院校在凝练学术方向、汇聚学术队伍、开展高水平学术交流等方面同样发挥重要作用。

通过研究，我们认识到，尽管学校发展存在差异，但有一点是共同的。那就是随着国家教育体制改革的推进，学校作为办学主体，面临前所未有的生存和发展的压力。实质是，变革的时代要求学校通过变革进行根本性的转型。我国的中小学校，正是顺应时代发展的潮流，不失时机地抓住发展机遇，凭借校长的胆识和战略思想，挖掘学校的优势和潜力，形成应对变革的自我更新机制，提升学校整体的综合实力，从而走出竞争中的劣势处境，构筑起了学校新的竞争优势。创新已成为学校发展的内在生命力。

论丛的撰写是一个大工程，不仅推动了学校对自我办学理念、举措的反思，而且为项目研究在理论的概括提升上提供了丰富厚实的思想资源。研究具有开拓意义，而且是原创性的，是项目研究重要的标志性

成果。

二、项目研究的共识与思考

作为一项国家级的高端科研项目，论丛从实践研究层面反映了研究成果的创新性及实践效益，我们概括为以下几个主要方面。

(一) 回应了我国社会转型时期政治、经济、文化变革关于教育的现实诉求

一个具有强大生命力的思想和理论的孕育形成与发展，关键在于它对所处时代改革中重大的理论和实践问题的回答。始于20世纪末的中国社会转型，将现代化、市场化、社会主义改革三重重大的社会变革浓缩在同一时空，构成了一场既特殊复杂又波澜壮阔的社会变迁。正如有的学者所指出的，社会变迁的核心在于人的生存方式的变化。

正是当前中国社会的现代转型，从根本上决定了中国基础教育学校创新发展的主题，而回应中国社会的现代化发展与基础教育改革提出的新矛盾、新问题，在很大程度上又进一步决定了中国学校教育创新发展过程中关注和研究的问题。

现代教育的本质在于解决人自身的发展与价值问题，是人的发展的潜在可能的现实实现，而不是把人作为社会的被动客体来塑造。人的个体与群体的发展是现代教育的出发点和归宿，是使学校实现跨越式超常发展的生命力，是激发教育工作者潜在创造力的原动力。将这一主题置于中国社会的特殊语境中，置于中国基础教育现代化发展的历史进程中，置于多元文化的多种价值选择并存的环境中，从而形成了目前研究的论域（范畴）和主线。这就是在学校教育中，关注学生的文化生存环境和活动方式，关注学生的生存状况和生命价值，尊重学生的主体地位和主体人格，培养学生自主性、主动性和创造性，使他们在掌握人类优秀文化基础上学会学习、学会创造。这一价值目标定位，从根本上反映了学校教育创新发展研究主题从工具理性到价值理性的转化。

学校教育的创新发展，不仅是对工具化的教育追求、人的发展目标偏离、主体缺位的反动，而且是对迷惘的教育理论、观念的价值澄清。正是敏锐地抓住了时代的挑战，回应了时代发展的需求，才形成了学校

现代发展的视阈，导致学校教育进行结构性调整而实现了功能、形态上的根本性转变。

（二）形成我国学校教育创新的基本理论分析框架

1. 学校教育创新是学校教育主体，通过新的创意、新的构想、新的思维和行为方式、新的教育技术和手段，对原有不合理的理论观点、思想方法、技术手段进行突破和超越，在学校变革与发展中更有效地实现教育目的的一种创造性活动。这一定义强调通过创新性活动，构建有变革创新能力的学校教育，从而突破种种阻碍学校改革与发展的限制，使学校实现根本性的变革。

2. 学校教育创新的基本内涵是以科学发展观为核心的现代教育理念，是一种勇于变革的实践活动，是一种先进的学校文化，是一种在不断回答每一时代提出的重大问题的过程中获得发展的内在生命力。创新是一个过程，创新的实质在于变革、超越和发展。

3. 学校教育创新的目标是促进高素质人才的培育成长和学校的现代发展。(1) 培养学生的自主性、主动性和创造性，使他们具有正确的人生观、价值观，基础扎实，有创新精神、独立思考和实践能力，从而最大限度地实现每个人的个性与才能的发展。(2) 形成锐意改革、张扬个性、鼓励探索、宽容失误的有特色的学校教育创新文化。(3) 创建具有生成性的学校生态制度与管理系统。(4) 营造内外部良好育人环境。(5) 塑造具有“生成”意识、“理论”气质、“变革”能力的校长。

（三）初步构建学校教育创新力评价指标

学校教育创新力评价指标，旨在用统计体系构建学校教育创新的内涵与本质。通过研究，我们初步构建了由四个要素组成的学校教育创新力评价指标体系：办学理念、办学目标组成的价值目标系统；课程开发、课堂教学、班级建设组成的育人模式系统；人事制度、组织管理制度组成的制度与管理系统；战略性谋划能力、领导者品格组成的校长领导力。通过四个子系统以及系统的优化组合，学校不断调整内部结构，扩大自组织的功能，成为一个自我更新、自我发展的有机体，成为一个具有强适应能力的教育生态系统，以期达到提高质量、增长效益、有序运行的效果。

（四）形成学校育人模式创新的基本思路和举措

立足于读懂变革性实践，我们将“优质高效的学校教育发展模式及育人模式”作为探讨的重要内容。汇集众多学校的实践探索，形成的基本思路是：依据学校的培养目标及办学方略，重点在育人模式的创新。

1. 学校课程系统的创新

取得的主要突破如下。

第一，以人为本的课程目标的创新以及课程功能的创新。

基础教育的课程功能，由普及功能与选拔（筛选）功能、个体功能与社会功能、适应功能与超越功能之间的矛盾关系所构成。然而应试教育在将“课程考试化”的同时，也造成基础教育课程功能关系的错位、扭曲和失谐。学校课程开发首先要正确处理不同功能之间的矛盾，课程的设置应关注学生学习能力、实践能力和创新能力的培养，并坚持能力培养的层次性。

第二，课程领导力的提升以及基础教育课程结构与形式的变革。

课程领导力指学校按照一定的办学定位、培养目标进行课程开发建设，全面提升学校教育质量的能力。课程领导力的内涵，指校长领导教师团队创造性地实施国家课程计划的能力，合理开发和整合教育资源建设校本课程的能力，组织学校课程实践的决策、引领和调控能力。

针对以学科课程为主课程形态的弊端，我们探索新的课程结构体系的构建，使分科课程与综合课程、必修课程与选修课程、普通教育课程与职业技术教育课程相结合，并设置旨在指导学生进行专题研究性学习的综合实践课程、地方自主选择的课程，体现灵活性、多样性和选择性，从而为不同地区、不同学校以及学生发展提供更大的选择余地。

学校课程结构与形式的变革，大致呈现为以学生素养发展目标为依据，按照课程功能和学习领域知识的重新整合来构建学校课程结构，以及基于学校办学特色的体现对国家规定的课程进行重组和改造几种不同的思路，展现了中国课程存在形态的丰富多样性。

课程建设的创新，还表现在面向社会、生活实践的课程内容的创新以及校本课程开发中的创新上。

2. 学校教学系统的创新

学校教学创新发展研究聚焦于从多视角讨论学科教学本质，学生的学习与创造性思维的培养，发展性教学策略，教学内容改革，课堂教学质量观与有效教学的水平评估，教师专业化发展等问题，并形成了若干有创意的认识。

第一，确立现代教学观，关注学生的文化生存环境和活动方式，实现学生的发展。

第二，学生的学习具有选择性、研究性、体验性和反思性，教学设计应体现学生学习的内在机制及学习特点。

第三，教学内容的选择与设计，重在理解和掌握知识，加强学科知识的整合，面向生活实际，体现教学的实践性以及文化性。

第四，通过教与学的行为分析，实施以主体参与、合作学习、差异发展、体验成功为内涵的发展性教学策略。

第五，确立体现学生发展的课堂教学质量观，进行有效教学的水平评估，促进教与学方式变革，使学生会学习、会创造。

第六，揭示现代课堂教学的基本特色，形成教学的不同流派与风格。教师应有发展意识、反思意识、效率意识、特色意识。教学系统要创新就要读懂教师，要培养一批学科带头人并形成教学风格与特色。

3. 学校德育系统的创新

主要包括以下几点。

第一，对德育功能的重新理解。

以“人在社会中生活”为主线，揭示德育的正义功能、意义功能与幸福功能。旨在培养具有独立人格、民主意识、人权理念和公共责任的公民基本特质。对意义的追寻，构成了人之独特的存在方式。通过人性化、个性化和创造性，使人的自由本性得以充分展呈。

第二，构建了“经验—体悟”定向的德育创新体系。

强调通过经验和体悟过程来培养受教育者的价值取向体系，并通过行为实践经验及内在的自我调整和重构的体悟过程，形成稳定的行为驱动体系，并在此基础上逐步养成稳定的行为习惯，形成固化为内在的自觉价值取向体系和外在的习惯化行为方式的稳定品德特点。

第三，在分析当今中国德育实践及其根本性挑战基础上，形成学校德育创新的几个基本命题：

(1) 批判德育中的工具论立场，确立“人是目的”的核心理念；

(2) 道德教育的逻辑起点、核心是价值取向与行为习惯；

(3) 通过对道德教育内容与形式加以审美化改造，实现“价值引导”与“道德主体的自主建构”的统一；

(4) 德育实践需要创造性地拓展有促进意义的资源，引导学生积累经验与重构性体悟（体验）。

项目研究实现了15所高校的跨校际、10个专业方向的跨学科整合，以及高校理论工作者、地方教育行政领导干部、中小学实践工作者多方研究力量的整合，组成优势互补的科研群体协作攻关①，从而使研究体现原创性、过程性和整合性。

三、论丛撰写的特色

论丛从历史、现实和未来三个视角把握总体，每一部专著内容框架由三部分组成。第一部分是学校发展历史及传承文化传统的审视，第二部分是全书主体，以学校教育创新力指标为依据，对学校办学的目标与价值系统、育人模式系统、制度与管理系统以及校长领导力几个方面的改革创新进行全面系统总结，第三部分是学校未来发展的设想。

每部专著的撰写前后历时2—3年，是一个再研究再思考的过程。我们深感每所学校、每位校长本身就是一个故事，而每部专著的问世也

---

① 15所高等师范院校分别为北京师范大学、西北师范大学、哈尔滨师范大学、南京师范大学、华中师范大学、河南大学、东北师范大学、天津师范大学、广西师范大学、首都师范大学、山东师范大学、四川师范大学、上海师范大学、浙江师范大学、江西师范大学鹰潭分院；3所科研机构分别为中央教育科学研究所、天津教育科学研究院、四川省教育科学研究所；7个区域性教育行政部门分别为北京市海淀区、湖北武汉市武昌区、四川成都市、河北石家庄市桥东区、深圳市南山区、甘肃省兰州市、四川阿坝藏族羌族自治州理县的教育行政部门；参加项目研究的中小学共有95所。

是一个故事。要保证著述的质量，关键在于如何对每所学校多年积淀的丰富鲜活的实践研究成果进行筛选、整理与提升，而不仅是对事实材料的罗列。

反思论丛撰写的全过程，在以下几方面呈现出其独特性。

1. 起点高位。立论于“中国具有进行原创性研究的优势，这种优势潜力的挖掘，主要在于充分调动深厚的本土资源、经验和智慧”这一论断，立论于学校的现代发展实质是变革性实践的判断，所以采用从变革实践的经验中提升的研究范式，定位于读懂学校、读懂校长、读懂变革性实践。

2. 立足研究。每本书的问世，都是一系列的选择、提炼、重组、建构的过程。经过多次研讨碰撞，几上几下的反复修改，凝结的是每所学校对变革性实践的基本认识，同时也渗透了热情参与和关注基础教育改革发展的有识之士的心血，它是用“心”写出来的。

3. 理性思考。遵循“问题—思路—举措”这一叙事逻辑，尽可能处理好反思与建构、理论的概括提炼与实际问题的阐述解释、继承与超越、共性与个性的关系，认真搜索和挖掘创新点，在这个过程中不断提升研究意识和研究能力。

4. 个性特色。教育研究需要宽容、尊重和理解。二十余所学校有不同的身份和角色，每位校长也有不同的成长背景和工作风格，正是每个独特的“我”带来了丰富和生动，而在每个个别中展现的是学校锐意改革、开拓创新的可贵精神，因为高尚的心灵都是相通的。

本论丛是教育部哲学社会科学重大攻关项目的研究成果，我们在此谨对教育部社科司批准立项，对社科司杨光司长、张东刚副司长，基础教育司王定华副司长，以及社科司的同志们给予本项目研究的关怀和指导表示衷心感谢。以德高望重的顾明远教授为首的项目指导专家组——谈松华、郭振有、卓晴君、张民生、文喆、谢维和、朱小蔓、周满生、吕达、曹志祥、杨银付等专家，他们四年来对项目研究发表了富有启发性的重要见解并对项目研究寄予了殷切的期盼，他们的很多重要思想和观点对项目研究产生了深远影响，我们将铭记在心。

论丛出版之际，我们还要特别感谢教育科学出版社，感谢李东总编辑以及教育科学出版社的所有编辑出版人员。教育科学出版社热心奖掖学术与创新，他们不仅为论丛的出版付出了辛劳，更难能可贵的是对论丛出版予以无偿支持，从而使我们的成果远离了“文化包装”之嫌而保持了学术研究的纯洁，他们的支持和鼓励是我们做好这一论丛的重要动力。

对中国基础教育学校创新发展这一具有战略性、全局性问题的探讨和研究还刚刚起步。《国家中长期教育改革和发展规划纲要（2010—2020 年)》(以下简称《教育规划纲要》）描绘了未来 10 年我国教育改革发展的宏伟蓝图，特别强调“改革创新是教育事业发展的强大动力”。我们将遵循《教育规划纲要》的指示精神，继续不懈地探索，以求在学校教育创新问题上不断取得新的认识。我们深知，在中国基础教育改革的大潮中我们是“之一”而不是唯一，若干重要的理论与实践问题还需要进一步的展开、充实、挖掘和进行深层次的理性思考。我们坚信，在这条教育改革创新之路上，我们会越走越踏实。

目　录
CONTENTS

第四章　优才教育的教学

第五章　优才教育的教师专业发展

第六章　优才教育的未来展望

第七章　我的优才教育探索之路

前言

21世纪是经济全球化、社会国际化、高科技化不断深入发展的时代，知识经济将成为主导性经济，科学技术高新化将不断加速，创新已成为作为第一生产力的科学技术的灵魂，国力竞争将演变为主要是人才的竞争，特别是高层次优秀人才的竞争。有人说，“未来的世界将是少数拔尖人才，服务于大多数使用‘傻瓜机’的人”。而人才的竞争，实质上是教育的竞争。纵观世界，不论是发达国家、准发达国家，还是发展中国家，很多国家都从20世纪中后期开始采取特殊措施，来保障高层次优秀人才的特殊培养，如美国、苏联、英国、法国、德国、澳大利亚、新加坡、以色列、韩国、印度、匈牙利、印度尼西亚等。美国哈佛大学费正清研究中心高级研究人员曾指出：“美国经济之所以保持活力，归功于科技教育，归功于吸引最优秀的外国学生，但能否在21世纪下半叶仍处于领先地位，要看教育，要看中国和俄罗斯对尖子学生的培养。”

在21世纪，我国能否培养造就一大批出类拔萃的高层次优秀人才，是关系到中华民族实现伟大复兴、国家兴旺发达的重大问题。培养高层次优秀人才应是我国科教兴国战略和人才强国战略的重要举措。培养高层次优秀人才必须从小抓起特殊培养，这是由人的发展规律和教育规律所决定的。高层次优秀人才特殊培养也是教育公平不可缺少的组成部分。

东北育才外国语学校从2002年开始进行中学优才教育实验。优才，是指品行良好，其智慧、能力超群的高层次优秀人才。这里所提的中学优才教育，是指以处于中等以上发展水平的小学毕业生为对象，为培养高层次国际型、领袖型、创新型优秀人才打基础的特殊教育。优才教育与天才教育、超常教育有所不同，它面向多数学生，注重培养的结果，而不强调其天资超常，它更重视非智力因素在人的成功成才中的作用，它反映了高层次优秀人才培养的时代特征。学校于2005年参加了由裴娣娜教授主持的教育部哲学社会科学研究重大课题攻关项目“我国学校教育创新研究”，成为成员校之后，在课题研究的引领和指导下，中学优才教育实验不断得到提升和完善，形成比较完整的理论体系和实践模式，构建了中学六年一贯制优才教育模式，这是中学教育模式的一个创新。本书是几年来东北育才外国语学校关于优才教育创新的研究与实践的一个阶段性总结。在总结过程中得到了裴娣娜教授和“我国学校教育创新研究”课题组有关专家的指导和帮助，在此表示衷心感谢。

葛朝鼎

2011年10月

为优才破壳而出

导论

东北育才外国语学校成立于1998年，是辽宁省教育厅批准的由东北育才学校与日本关西语言学院合作创建的中外合作学校。当时建校的宗旨是为了加强教育国际交流与合作，为中国现代化建设培养高水平科技人才，为中日友好事业作出贡献。中日双方合作的方式为：由中方派教师进行教育教学，由日方负责购地建校。学校占地面积45000平方米，建筑面积25600平方米，刚建校时只设高中，每个年级6个班，共计18个班。之所以同意与日方合作办学，还有两个重要因素：一是当时我国普通高中，特别是重点普通高中规模尚小，招生数量有限，满足不了社会需求；二是日方关西语言学院主动提出出资合作办学不要求回报（即不营利），除了参加学校理事会，并不参与学校具体教育教学和管理。那时候我任东北育才学校校长，兼任东北育才外国语学校校长。

一、学校转型——优才教育实验

东北育才外国语学校刚成立不久，在中国大地上“优质资源扩张”之风骤然兴起，重点中学纷纷扩张做大，“名校办民校”之风也随后刮起，真正的民办学校和中外合作办学赖以生存的空间遭到严重挤压，合作学校的生源质量也出现下降趋势。面对这种形势，我认识到，整个中国的民办教育和中外合作办学，可能处于一个拐点，一个转型期，应由过去满足于广大人民群众子女上学的需求，转向满足于广大人民群众子女上好学的需求，即满足于逐渐富裕起来的人民群众对公办教育所满足不了的多样化、有特色、高质量的差异性、选择性教育需求。即使像美国这样的经济发达国家，多样化、有特色、高质量的差异性、选择性教育需求也不是公办学校所能够满足的，而是由私立学校来满足的。那么，东北育才外国语学校应该怎样实现转型？具体应该怎样定位？办出什么样的特色？树立什么样的理念？确立什么样的培养目标和办学目标？建立什么样的教育模式？作为一校之长，这些是我必须认真思索回答的问题。

我于1985年年初担任东北育才学校校长，从1986年开始进行优才教育实验，经过多年的探索研究和实践，取得了突出的办学成绩，使原来处于沈阳市重点中学末位的东北育才学校提升成为辽宁省最好的重点中学。优才教育概念是我于 1992 年提出来的，即为培养高层次优秀人才打基础的特殊教育。那么，在合作学校是否也能够进行优才教育呢？如果能，又应该是什么样的特点和模式？中学优才教育实验的起点应该在初中，那么合作学校增设初中是否可能？经过一段时间的反复探讨思索，在征求了多方面的意见情况下，根据合作学校的实际情况，确定了东北育才外国语学校转型的一个路线图。

第一步，办出外语特色。合作学校刚成立的时候，校名为东北育才学校中日友好分校，为了突出学校外语特色，于 2001 年经省教育厅批准更名为东北育才外国语学校。学生主学英语，选学第二外语。

第二步，增设初中，实行六年一贯制。由于合作学校是按中华人民共和国的教育方针、课程标准实施中华人民共和国的学历教育，合作的外方不介入学校日常管理、不参与教育教学活动，不产生政治、意识形态、文化、宗教等问题，并且外方不要求取得回报，学校除了有一定的办学自主权，按教育成本收学费来维持学校正常的运行和发展，在政府不投入情况下，与公办学校没有区别。因此，2001 年 7 月经申请，作为办学体制改革和双语教学实验学校，经省教育厅批准同意增设初中。合作学校从 2002 年开始招收初中新生。为了避免中考的干扰，便于中学六年课程优化整合，保证外语教学的连续性和教学改革实验的有效实施，实行中学六年一贯制，开始“双语”“双外语”教学实验。

第三步，逐渐加强国际交流与合作，按国际标准和惯例办学，实现办学国际化。

第四步，进行优才教育实验，创建切合东北育才外国语学校实际、具有自己特色的优才教育模式。

东北育才外国语学校十多年来的发展历程，是一个不断改革创新、与时俱进、追求卓越的历程。特别是于 2005 年加入由裴娣娜教授主持的教育部哲学社会科学研究重大课题攻关项目“我国学校教育创新研究”成为成员校以来，在课题研究的引领下，进一步深入进行了学校改革与创新，使学校基本建成具有比较完善的理论系统和实施操作系统的优才教育模式。

二、实施优才教育的初步成果

东北育才外国语学校从2002年开始进行六年一贯制优才教育实验至今九年来，学校全面实施素质教育，优化管理，重视德育，强化有效教学，狠抓质量，形成了优良校风，取得了优异的成绩，学生家长普遍认为同样的孩子在东北育才外国语学校学习，进步幅度最大，为此在社会上赢得了很高的声誉。学校先后被确立为辽宁省双语教学实验学校、辽宁省具有接受外国留学生资格学校，先后被评为辽宁省“AAA”级学校、辽宁省民办教育（中外合作）先进单位、辽宁省中外合作办学优秀学校、全国民办（中外合作）中小学优秀学校。

（一）形式多样的国际交流

从1998年创办开始，学校就一直将加强对外交流合作作为学校的一项重要方针。目前，学校与美国普渡大学合作，选送教师去读教育硕士和推荐学生去留学；与美国佐治亚州南方州立理工大学合作，推荐学生前去留学，学生可享受州内学生同样的学费待遇；与日本庆应义塾大学、九州大学合作，可推荐学生前去留学。学校可以推荐初三毕业学生赴新加坡留学，新加坡方面提供全额奖学金，包括学生的学费、生活费。2011年学校有6名初中毕业生享受全额奖学金赴新加坡华侨中学和南洋女子中学留学。2008—2011年学校有14名高一学生获全额奖学金赴日本高中进行一年的留学访问。从2005年开始，学校组织初三和高一年级学生去美国、法国等国家进行为期一年的文化交流，使中外教育互补，学生在外语能力、国际意识、国际视野、交往能力、创新精神、实践能力以及独立生活能力等方面都得到很大提高，不少学生还获得了所在国家的大学入学资格。前往美国交流的学生，凭借在美国学校的突出表现，绝大多数都获得了美国高中的毕业证书，其中有的学生获取奖学金直接进入美国大学就读。学校每年都与新加坡三所姊妹学校进行短期的师生交流互访活动，增进了两国师生的友谊，促进了两国教育的交流与合作。

（二）走向世界的毕业学子

在21世纪全球化、国际化和高科技化背景下，教育国际化是世界潮流，借助国际优质教育资源培养高层次人才，是开放国家必然的明智的一种选择。我们充分认识到这一点，因此，高比例的出国留学成为办学一大特点，也是一大佳绩。

2008—2011年四届中学六年一贯制优才教育实验班高中毕业生共533人，其中在国内上大学113人，占21%，出国留学420人，占79%。在国内上大学学生76%进入浙江大学、复旦大学、对外经济贸易大学、吉林大学、武汉大学、哈尔滨工业大学、北京航空航天大学等一本大学。出国留学学生48%进入世界学术排名前100名的牛津大学、康奈尔大学、杜克大学、加州大学伯克利分校、华盛顿大学（圣路易斯）、密歇根大学（安娜堡）、东京大学、京都大学、多伦多大学、悉尼大学等。四届毕业生37%升入世界学术排名前100的大学，52%升入世界学术排名前200名大学。有一名学生在2009年日本外国留学生入大学统一考试中获得769分，成为理科高考状元。2012年3月日本东京大学仅招18名外国自费本科留学生，我校就考入8名。（上述大学学术排名是采用上海交通大学高等教育研究院的世界大学学术排名。）四届毕业生共有35人获得日本和美国大学本科全额奖学金，最高每年5万美元。

（三）全面开花的竞赛成绩

多年来，学校学生在英语、日语各项外语竞赛中，在沈阳市都拔得头筹，在各种学科、创新能力、科技创作、作文竞赛中也都取得优异成绩。

2006年沈阳世界园艺博览会外语大赛，2005年、2007—2011年沈阳市日语演讲比赛，2005年、2007—2010年辽宁省高中生日语演讲比赛，我校学生均获得第一名的好成绩。在2007年第五届全国青少年英语口语大赛暨奥运志愿者选拔赛辽宁省决赛中，全省金奖获得者初、高中各4名，我校学生初中组占3人，高中组金奖有1人，全国一等奖2人。2010年，我校一名学生在全国高中生卡西欧杯英语演讲比赛中获北方赛区冠军、全国亚军和最佳风采奖。2011年，我校两名学生在全国高中生日语演讲总决赛中分获一、二等奖，其中一等奖获得者又在第十六届日本海外高中生日语演讲比赛中获得最优秀奖（第一名）。

在2006年美国数学邀请赛中，学校有11名学生以突出的成绩具备了参加国际中学生数学奥林匹克竞赛美国国家队选拔资格，占全世界进入这项选拔赛总人数的3.3%；在2008年3月于北京举办的第三届世界数独锦标赛中国赛区选拔赛中，学校一名学生脱颖而出，被选入由4名选手组成的中国国家队，参加了在印度举办的第三届世界数独锦标赛（WSC）。

在2006年全国首届“新课堂”创新作文大赛中，学校一名学生现场命题作文荣获初中组唯一的一名特等奖；在2006—2010年全国中学生数学、物理、化学、生物联赛中，有30名学生获得全国一、二等奖。

在2005年全国首届少年儿童创新能力大赛中，学校代表辽宁省组队，获得全国团体总分第一名；在2007—2011年辽宁省青少年科技创新大赛中，学校学生共计13项作品获得辽宁省金奖；一名学生在“明天小小科学家”评选活动中荣获全国三等奖。在2010年由中国教育学会、中国教育国际交流协会、中国民办教育协会共同举办的全国首届高中生领导力和创新力大赛上，我校获得优胜学校奖、优秀小组奖、优秀演讲奖、最具领导力个人综合奖、学生组委会优秀干部奖、优秀教师指导奖六个奖项。

2010年，我校一名学生被破格选入于墨西哥坎昆举行的第十六届联合国气候变化大会中国青年代表团，成为年龄最小而且是唯一的一名中学生代表。他于2010年10月4日在中国天津举行的联合国气候变化框架公约有关工作会议上，代表中国青年代表团用英语作了大会发言。

三、优才教育改革创新历程

为了学校更好、更快地持续发展提高，现将学校十多年来改革与创新的历程进行一下总结。

（一）一个沉重的话题：中国基础教育应该做的反思

诺贝尔奖是世界上级别最高的智力竞赛奖，可是新中国成立六十多年来，与诺贝尔奖一直无缘，不能不令人感到沉重与遗憾。中国为何与诺贝尔奖无缘？原因是多方面的，但以下四个原因值得我们教育工作者关注。

第一，中国传统文化追求平均，影响杰出人才脱颖而出。

中国传统文化的一个弊端，是忌妒心较重和平均主义思想，“枪打出头鸟”“出头的椽子先烂”“木秀于林，风必摧之”成为童叟皆知的警示之言。在这种文化背景下，必然形成一种追求“平均”妒忌“冒尖”的社会心理，又怎能鼓励人们脱颖而出呢？

第二，多年来受极“左”思潮的禁锢，培养杰出人才是个禁区。

多年来，一提到英才，人们不自觉地就跟“白专道路”“只专不红”“修正主义苗子”“精神贵族”“六四分子”联系在一起，就跟“大众教育”“国民教育”“素质教育”“教育公平”对立起来，“英才”成了贬义词，又怎么还敢想培养英才呢？

第三，传统的教育压抑了杰出人才的脱颖而出。我国传统的教育是注重知识的传授，大一统，以教者为中心，并受应试导向严重影响的教育。学生的主动性、个性和创新精神被抹杀，智力开发、能力培养被忽视，很多可以成为杰出人才的优秀苗子被贻误了。

有人把传统教育说成英才教育，这种说法是不科学的，也不是实事求是的。传统教育实际上严重地阻碍了杰出人才的脱颖而出。我国传统教育是一种平均主义、规定性、同样的教育，它让学生去适应，是比较有利于中等或中等偏下学生的教育，而不利于高层次人才的脱颖而出。

而美国等一些国家的教育适应学生个性发展的需要，使学生有更多的余地去选择，去发挥其主动性、创造性，所以有利于人才的脱颖而出，即使对不愿意读书的学生，也并没有像我们那样为了较高的升学率去更多地“关心”。杨振宁先生讲，美国的教育哲学对排在前面30%—40%的学生是有益的，亚洲的教育哲学对排在后面30%—40%的学生较有益处，这是有道理的。

第四，不重视杰出人才从小抓起特殊培养。人的智力开发、非智力因素的培养都存在着关键期，这个关键期主要是儿童少年时期，因此，这就决定了教育存在最佳教育期。把握了最佳教育期将事半功倍，错过了最佳教育期将事倍功半，甚至徒劳。狼孩的事例就充分说明了这一点。因此，杰出人才需要早期发现、早期培养。纵观世界各国，无论是发达国家，还是发展中国家，很多国家从20世纪中后期开始就采取特殊措施，来保障对杰出人才早期发现、特殊培养，而在我国至今也没有得到重视。新中国成立六十多年来，我国教育没有培养出多少大师级的人物，这难道不应该让我们深思吗？

现代家庭，一般只有一个孩子，家长自然希望自己的孩子能受到高水平的适合其发展的教育，即优质的、多样化的、有特色的选择性教育，而且这种愿望随着我国综合国力的增强、人民群众生活水平的日益提高，将会变得更加迫切。但是传统的基础教育由于其自身的弊端使得家长的这种迫切愿望难以得到满足，这也正是一所新建学校发展的契机。

（二）优才教育的多重价值

东北育才外国语学校所提的优才教育，根据时代对人才的需要，又有其特定的时代内涵，即为高层次国际型、创新型、领袖型优秀人才打基础的特殊教育。优才，是指品行良好，其智慧、能力超群的高层次优秀人才。优才教育，是以智力和非智力因素处于中等以上发展水平的儿童少年为对象，为将其培养成为优才打下良好基础的特殊教育。有研究认为，人的大脑具有巨大的潜能，关键在于后天如何去开发。人的智力发展大约20%靠天赋，80%靠后天环境的影响和教育；人的成才成功大约20%靠智力因素，80%靠非智力因素。教育实践表明，人的非智力因素发展主要靠后天培养。因此，这为将智力和非智力因素尚处于中等发展水平的儿童少年培养成为优才，提供了理论和实践依据。我校优才教育以智力和非智力因素处于中等以上的儿童少年为对象，并非认为智力和非智力因素尚处于中等以下的儿童少年将来不能成为优才，只不过开发其智力、培养其非智力因素的难度要大，成为优才的概率要低，且我校目前尚没有条件能为其培养成优才打好基础。

优才教育与天才教育、超常教育、英才教育以及资优教育的差别在于：

（1）优才教育注重的是学生的发展和教育的结果，而不强调受教育者必须智能超常；

（2）优才教育是面向多数学生的教育；

（3）优才教育重视非智力因素在人的成才中的重要作用；

（4）优才教育概念的内涵更大，它涵盖着天才教育、超常教育、英才教育以及资优教育。

1. 满足社会发展的需要

21世纪世界的发展呈现出四个主要特征：第一，经济全球化将进一步深入发展，知识经济将成为主导性经济，服务业跨国经营将成为主导性产业；第二，社会国际化将不断深化，各国、各民族不同文化在发展中不断交流与碰撞，在碰撞与交流中不断走向交融与互补，国际政治多极化、多边化和区域化格局将形成；第三，科学技术高新化将不断加速，创新已成为作为第一生产力的科学技术的灵魂；第四，国力竞争将演变成为主要是人才的竞争，特别是高层次国际型、领袖型、创新型优秀人才的竞争。人才的竞争，实质上是教育的竞争。在21世纪，一个国家能否培养出一大批高层次国际型、领袖型、创新型优秀人才为其建设和发展作贡献，将决定其前途和命运。

一个国家过多的人口，一方面是经济发展的沉重负担，另一方面一旦人口素质有了明显的提高，将是丰富的人才资源，国家经济的高速发展就会变成现实。中国人口众多，这是世界上无与伦比的、巨大的、极其丰富的人才资源。人类在对各种资源的开发中，对人才资源的开发尚处于落后的状态。在儿童少年中客观存在着一些智力高、非智力因素良好者，他们最有希望成为杰出人才，是人才资源中珍贵的宝藏，开发这些珍贵的宝藏，培养一批才华横溢、出类拔萃的高层次人才，应是我国科教兴国战略和人才强国战略的重要措施。按儿童少年中特别优异的约占3‰这一心理学家研究结论计算，我国将有近百万儿童少年有可能被培养成为才华横溢的人才，虽然这种理论数字与实际不尽相符，但也足以看到我国人才资源的珍贵宝藏是何等丰富。

对一些具有成为杰出人才潜能的儿童少年进行特殊培养，在人力、物力和财力上要多一些投入，使他们成为才华横溢的大师级人物，将来他们会对社会作出巨大的回报，会对社会发展产生不可估量的影响，造福于国家、造福于人民、造福于人类。这种“产出”是“投入”的上万倍、万万倍，甚至是亿万倍，难道不应该做吗？

2. 满足个体发展的需求

社会对人才的需求是多种多样的，人的个性差异又是千差万别的，因此社会发展和人的发展的最佳结合点就是因材施教。对于不同的教育对象，应施以不同的教育，应有不同的培养途径。心理学家和教育家研究表明，只有对有希望成为杰出人才的儿童少年在他们发展的关键期进行高于一般的、特殊的、另一层次的良好教育，为他们提供在常规条件下办不到的深造条件，促进他们又好又快地成长，才可能将其培养成为杰出人才；否则，将会使很多人才被埋没。美国学者布卢姆经过20年的研究认为，对90%的学生有效的教学方法，对10%的好学生则是不利的。苏联心理学家维果茨基的“最近发展区”理论指出，“只有那种走在发展前的教学才是良好的教学”。

有人认为，“特殊培养就是只顾少数，会丢掉大多数”，这是思想方法的片面性。面向全体学生，这个“全体”不是“大多数”，而是“每一个学生”，所有的学生。基础教育只面向少数显然是错误的，只面向大多数也是不对的，而应该面向每一个学生，按学生的需要和能力实施教学，充分开发具有不同禀赋学生的潜力，使具有不同基础和潜能的学生都得到充分发展的机会。

3. 体现社会的教育公平

国际21世纪教育委员会向联合国教科文组织提交的报告《教育——财富蕴藏其中》指出："压倒一切的全民教育雄心使人们忽视了那些天禀聪颖的学生的需要，并对能力不同的学生采取了完全相同的做法。正如杰斐逊所言：'再没有比以相同的态度去对待不相同的人更不平等的了。'无论传统政策有何良好的愿望，但是使天禀聪颖的学生得不到适当的教育机会，就是使社会失去它为实现真正有效的发展而应拥有的最宝贵的人力资源。"

在教育资源尚不是极大丰富的情况下，有选择就可能会有竞争，但教育有竞争并不是坏事。德国前总统赫尔佐克指出："机会均等不是教育的目的"，"学校只有在相互竞争中才能最好地促进学生。学校应该相互有区别，因为学生也不同。因此我赞赏不同类别并存和举办者多样化的学校体系。"日本经过半个多世纪的努力，实现了义务教育阶段教育过程平等，可是却出现了公办中小学普遍存在教育荒废、成绩低下等严重问题，为此日本正在倡导"择校制"的理念，引进竞争机制，激活学校多样化改革，建立以追求每个学生个体的独立和发展权利为特征的"多元尺度"的教育公平。这是值得我们思考的问题。

现在我国有一种追求教育过程平等的思潮，认为教育公平就是"教育过程平等"，很多教育决策、教育措施也是从"教育过程平等"这个大前提，按逻辑推演出来的。一些为了"教育过程平等"的措施，实际上却制造了新的教育不公平，引发出不少新的矛盾，造成教育质量和办学效益的下降。

只有因材施教才能真正做到面向全体学生，为每个学生提供"适合"的教育，才能体现教育公平，才能真正提高教育质量和办学效益，才能适应社会发展和人的发展的需要。追求教育过程平等，实际上排斥和否定了因材施教。显然，对盲、聋、哑和智障儿童少年实施与常态儿童少年同样的教育过程是不公平的。那么，对才能优异的儿童少年让他们同常态儿童少年一起，坐在教室里去学习他们早已掌握或很快就掌握了的东西，也同样是不公平的。真正的公平不一定相等，相等有时是公平的，有时反而是不公平的，要作具体分析。

基础教育应该是重视扬长的教育，而不应该是强调补短的教育，应该是“注重扬长，有效补短”。追求平等的教育过程，必然导致同样的教育，而同样的教育对很多儿童少年来说是补短的教育。学生负担重的一个重要原因是补短教育的结果。基础教育应该承认每个儿童少年能力上、适应性上、兴趣上的差别，应办不同层次、不同规格、不同类型、不同特色的教育，让学生和家长去选择。

（三）学校发展的战略选择

作为一所新建的学校，在新的时代背景下，如何生存与发展？我们经过反复思考，仔细研究，坚定了优才教育的核心理念，确立了以“优质和特色、求生存、求发展、创一流”的学校创新之路。

1. 办出特色，以特色求发展

经过30多年的教育改革，中国基础教育有了很大的发展，但是发展较好的一些地区和学校之间出现了同质化现象，学校日益趋同，无论是办学目标还是教育理念，无论是改革目标还是具体措施，学校与学校之间缺少差异，学校个性日益模糊，目前中国的基础教育中缺乏一些真正有特色的学校。美国的《新闻周刊》曾经在广泛调查的基础上，评选出世界上最好的10所学校和教育机构，其中包括注重对学生阅读能力培养的新西兰特卡波湖学校，注重培养学生个性的意大利迪亚纳学校，注重在科学教育中培养学生创造能力的日本东京四谷第六小学等。这些学校之所以被认为是世界教育的成功典范，是因为他们在某些方面独树一帜，在某一方面取得成功，形成了自己的特色，同时带动了其他方面，以特色赢得了突破和声誉。由此可见，学校的特色在学校发展的过程中所起的重要作用。在加快社会建设、教育优先、全面实施素质教育、积极探索教育创新的大背景下，学校特色建设已经引起了社会和学校的高度关注与重视。竞争才有活力，活力来源于竞争，没有特色的学校就会在竞争中失败，被淘汰出局。

我们分析了国内外教育改革的发展形势，合理借鉴了国内外教育改革的先进经验，立足于新的国际竞争对高层次优秀人才培养的需要，按照邓小平同志关于“教育要面向现代化，面向世界，面向未来”的指示，坚定了优才教育的核心理念，确立了要以优质和特色谋发展的学校创新之路。经过几年的思索与实践，确定了“面向21世纪全球化、国际化、高科技化时代，创建融合中西方教育优势的现代化、高效能的中学教育模式，为培养高层次国际型、领袖型、创新型优秀人才打好基础，把东北育才外国语学校办成具有中华文化底蕴的现代化、国际化的优才学校”的办学目标，提出了“为培养高层次国际型、领袖型、创新型的优秀人才打基础”的培养目标，确立优才教育、中学六年一贯制、外语高水平和办学国际化四大办学特色，形成了与时俱进的“中学六年一贯制优才教育模式”。这种模式通过在实践中的不断探索和发展，目前已形成了自己的品牌特色。

2. 狠抓质量，以优质求生存

我们深知东北育才外国语学校作为一个新生的生命体，还处于幼年时期，它的生存和成长既取决于外部的生存环境，又取决于自身生命力。首先，作为一所收费学校，国家和政府不进行投资，在与不收费的公立学校的竞争中，这就是一个劣势，也给学校的起步和发展带来了压力。其次，由于是一所新学校，没有固定的生源，学生家长对新学校也持着观望态度，在建校之初，生源质量不是很高，这就对学校的“优才教育”提出了挑战。

面对这样的情况，我们狠抓教育教学质量，以优质求生存。为此，我们采取了以下一系列措施：（1）在全体教师中真正树立起“教育质量是学校生命线”的观念，树立正确的质量观，树立以提高质量和办学特色为核心的学校发展观；（2）坚持“质量优先”和“长效性”的原则，正确处理生源质量与数量、办学规模与经济效益的关系，办学起步求稳，学校规模适度；（3）为教师创造各种专业发展条件，提高各项待遇，建设一支思想品德好、业务水平高、爱岗敬业的教师队伍；（4）努力做好学生思想教育工作，指导帮助学生制定和落实“成才规划”，提高学生学习的自觉性，激励学生积极、主动地学习、自主性学习、创造性学习；（5）加强教育教学常规管理，向管理要质量；（6）重视校风、班风、教风、学风建设，高标准、严要求，常抓不懈；（7）坚持“有效性、创造性”原则，坚持“因材施教，分层教学，分类推进，差异发展”，不断改进教育、教学方法和学习方法；（8）改革教育教学质量监控和评价办法，实行“诊断性评价”“形成性评价”“终结性评价”相结合，“量化评价”和“质性评价”并举的发展性评价体系，以促进学生更好地发展；（9）改革分配制度，完善激励机制，实行按工作数量、工作责任和工作质量相结合的分配方法，真正做到多劳多得、责利统一、优质优酬，充分调动教职工工作的积极性。

经过十多年的探索，如今的东北育才外国语学校，不仅有着一支年轻的教师团队为学校注入了活力，更添了几分战胜挑战后的成熟。学校在德育工程、校本课程、课堂教学等方面都有了自己的经验体系，正是这些，给学校的稳健快速发展提供了保障。

第一章 优才教育的理念、目标与模式

当前，我国中小学校既面临着挑战与发展的共同课题，其各自的发展过程中又存在着显著的差异性与非均衡性特征。在此意义上，学校教育所追求的发展实质是自主发展与特色发展。学校的办学理念是一所学校对教育的理解，决定着学校长远发展的特色与方向，是学校教育实践活动的“灵魂”；学校的培养目标和办学目标是学校的基本定位；学校的实践模式是在学校办学理念的指导下，为实现培养目标和办学目标所确立的操作系统。“时代发展需要什么样的人才？”“如何培养这样的人才？”“民族复兴，教育要担当何等职责？”“现实教育实践与理论存在什么问题？”源于对以上系列问题的深入思考，东北育才外国语学校提出了十条办学理念。

一、优才教育的办学理念

办学理念是学校将一定的教育思想与学校具体教育实践相结合而形成的，是理性思考、实践体验和情感倾向综合的产物。有什么样的办学理念，就有什么样的办学实践，它既指导着学校快速健康的发展，又体现出对学校未来发展的一种期待。办学理念对办学起着定向的作用，这对学校的发展是至关重要的。

我校在十年多的办学实践中，根据国家的教育意志、时代的发展，教育本身的客观规律、人才的成长规律，学校的优才教育特色，逐渐生成十条优才教育办学理念。这十条办学理念具有可操作性以及对现行教育偏差的防御性。

（一）优才教育办学理念的内涵阐释

1. 优才教育是以学生发展为本，承认差异，尊重个性，支持选择，因材施教，追求学生卓越发展的教育

现代教育的核心是重视人，以人为本，以学生发展为本，为学生提供适合其发展的教育，要让高质量的教育有效地培养每一个学生，让所

有的学生都得到最佳的发展。即使是中等以上学生也存在明显的个体差异性，不可能通过一种统一的教育方式达到教育的目的。因此，在教育过程中，在达到国家教育基本标准的基础上，要尊重学生的个性，发展学生的个性，针对不同的学生或同一学生所处的不同的教育情境，采取不同的教育手段和不同的教育方式，施以不同的教育内容，支持学生有不同的选择，为学生的学习和活动创造最大的自主和自由的发展空间，尽可能地为每个学生提供适合其潜能开发和个性发展的教育条件与教育机会，最大限度地发挥他们的潜在能力，使每个学生都能够得到最好的发展。优才教育要做到既面向学生全体，重视共性教育，又特别关注个体差异，重视个性化教育；既全面发展，又张扬个性；既统一要求，又分层实施。这是矛盾的统一，要在矛盾的统一中追求每个学生的卓越发展。优才教育要给予学生充分选择与发展的空间，让每一颗金子都闪闪发光。

2. 优才教育是以德育为核心，德、智、体、美等诸方面和谐发展，智力因素和非智力因素和谐发展的教育

教育的首要任务是教育学生学会做人。德育是塑造学生心灵的教育。重视德育，重视培养学生的思想品德、责任感和合作精神，已成为世界各国教育的共同话题。培养高层次优秀人才更应该重视德育。教育以德育为核心，就是要充分发挥德育在优才教育中的导向、动力和保障作用，为学生的发展提供精神动力，为学校教育和学生的全面发展提供思想政治保障。通过德育，保障智育、体育、美育等方面健康发展；同时，又通过智育、体育、美育等方面的发展为德育奠定坚实的基础。优才教育要把德、智、体、美等诸方面有机统一在教育教学的各个环节之中，努力使各方面教育成为不可分割的整体，相互渗透、协调发展、整体推进，促进学生的全面发展和健康成长。

全面发展不是统一规格的平均发展。全面发展还应该包括智力因素和非智力因素的和谐发展。在学生发展的过程中，既要注重智力因素，更要注重非智力因素。智力因素是人们智慧活动中的心理因素，包括注意力、观察力、记忆力、想象力、思维力等方面。根据非智力因素对心理活动的调节范围以及对学习活动的直接作用程度，可将非智力因素划分两个不同层次。第一层次指学生的理想、信念、品德、世界观、人生观、价值观，它属于高层次水平，对学习具有广泛的制约作用，对学习活动具有持久的影响。第二层次主要是指个性心理品质，如需要、兴趣、动机、意志、情绪情感、性格与气质、习惯等，这些属于中间层次，它们对学习活动起着直接的影响。这些因素充满活力，对学习的作用十分明显。非智力因素的健康发展，会有效地促进学生智力因素的发展和个体素质的全面提高。韦肯斯马他曾经在 1949 年分析了所有获得诺贝尔奖金获得者的档案材料，发现很多人在年轻时期和少年时期智商是 90—110，很少有超常的。他们之所以能成为诺贝尔奖金获得者，是因为他们非智力因素出众。因此在培养学生智力因素的过程中，一定要重视培养学生学会心理调控，学会自我激励，学会认同他人和社会，学会共同生存、合作互助、理解包容，使智力因素和非智力因素和谐统一。

3. 优才教育是以培养学生创新精神、合作精神、独立思考能力和实践能力为重点的教育

创新精神和实践能力是当前中的国教育中的两大薄弱部分。当今世界，创新正在成为民族进步的灵魂和国家兴旺发达的不竭动力，创新精神和创新能力是时代对高层次优秀人才的基本素质要求。

创新精神是创新的动力，培养学生创新精神是开发创造力最重要和最有效的措施。优才教育要注重培养学生对未知的好奇心，对真理的执着追求，对新事物的敏感以及革新、开拓、进取、百折不挠的精神。

独立思考是创新的一个极其重要的条件。“独立思考能力是科学研究和创造发明的一项必备的才能，历史上任何一个较重要的科学创造和发明，都是和创造发明者的独立深入地看问题的方法分不开的”（华罗庚）。优才教育要注重引导学生大胆怀疑、敢于批判，要鼓励每一点独立思考的思想火花，营造鼓励独立思考和创新的社会环境与文化氛围。

独立思考能力与合作精神是相辅相成的。当今社会，竞争与合作并存，具备积极的合作精神和有效的人际交往技能，是现代人所应具备的基本品质。合作意味着遵守规则、分担职责、同心协力，在现代社会，单靠个人能力作出事业上重大突破的可能性已经越来越小，更多的成果要依靠集体智慧，而合作则是任何事业的核心。因此，高层次优秀人才在具备必要的自身能力之外，还要具备与他人合作的协作能力，而培养学生的合作精神则成为优才教育的一个重要内容。

优才教育要注重学生实践能力的培养。实践是创造的基础和源泉，只有将理论与实践相结合，知识才能得以升华和运用；只有积极参与实践，才能发现新问题，提出新见解、新思想、新方法，才能把握创造的机会。优才教育要为学生多提供实践的机会，更好地提高学生的实践能力，为学生的卓越发展奠定良好的基础。

4. 优才教育是以学生为主体，以教师为主导，促进学生生动、活泼、主动地发展，自主性发展，个性化发展，创造性发展和可持续性发展的教育

教育中学生的主体作用和教师的主导作用相辅相成，相互依存。优才教育要把学生视为能动的、独立的主体，自身生活、学习和发展的主体，承认并尊重学生在受教育过程中的主体地位，发挥学生的主动性、自主性和创造性，建立民主、和谐、互动的新型师生关系，赋予学生自主活动、自主发展的空间，唤起学生的主体意识，发展学生的主体精神，促进学生生动、活泼、主动发展、个性化发展，这对培养高层次优秀人才更为重要。只有学生主动发展，才能激发出学生的主动性、创造性与智慧潜能，学生的思维活动和智力才可能不受抑制和束缚地被调动起来，才能培养学生的创造性，使学生能够自主性发展、创造性发展和可持续发展。只有这样，人才规格才会有多样性，社会人才才能形成一个合理完善的结构。但是，由于学生是成长着的主体，还需要培养和提高，因而在以学生为主体的基础上，要充分发挥教师的主导作用，保证学生朝着正确的方向健康发展。教师是学生学习的组织者、启迪者、指导者、引领者，是平等对话的首席。教师的主导作用体现在整个教学过程，体现在整个课堂。教师发挥主导作用，不仅要指导学生自主地、主动地学习，而且要向学生直接传授必要的知识，施行言传身教，成为学生成长的阶梯；学生主体性的发挥也要依靠教师启迪引导，教师要对教学的效果和质量负责。教育中学生的主体作用和教师的主导作用是相辅相成、相互依存的，两者不可偏废，缺一就不成为教育

5. 优才教育是基础性学力、发展性学力和创造性学力统一的教育

基础性学力、发展性学力、创造性学力是一个有机联系的学力体系。基础性学力主要指基础知识、基本技能，是发展性学力和创造性学力的基础，是最基本、最基础的学力；发展性学力主要指学习能力和思维能力，其核心是学会自我主动发展，运用人类已有的智慧来发展提高自己；创造性学力主要指创新精神、创造能力，要求个体在社会原有的基础上作出新的贡献。在优才教育中，只有三者相辅相成，高度统一，才能保证学生的卓越发展。

6. 优才教育是科学素养教育与人文素养教育统一的教育

人文素养与科学素养的统一，是现代人的基本特征。一个高层次优秀人才，应当既有高尚的人文精神，又有精深的科学素养。知识经济时代是以社会、人、环境的协调统一发展为特征的，面向知识经济时代的教育是科学素养教育与人文素养教育的统一，是智能培养、个性发展和人格陶冶的统一，是科学、真理与价值、选择的统一，是一种和谐的、平等的、全面发展的教育，是真正把人的发展当作教育目标的教育。科学与人文应该和而不同，既相异又相融，既互动又互补，只有科学与人文相融，教人学会共同生活、学会生存，正确处理好人与人、人与自然、人与社会的关系，才能培养出一代新人，也方能促进人与社会可持续发展的整合。坚持人文素养与科学素养的统一，反映出一种对人的文化、素质、人格的完整性要求，从本质上说，与我国历来倡导的有理想、有道德、有文化、有纪律的“四有新人”的目标是一致的。

7. 优才教育是教育目标综合化、教育过程民主化、教育途径多样化、教育技术信息化相统一的教育

当今世界科学技术发展呈现综合化趋势。世界各国各种经济和社会问题往往由多种复杂的因素造成，对人才综合素质的要求越来越高，特别是在经济全球化和信息网络化的环境中，高层次优秀人才需要包括知识、能力、态度等方面的综合素质的基础。人才培养的多样化需要教育拓宽视野，使教育目标综合化，这是现当代教育发展的重要特征，也是培养高层次优秀人才的客观要求。

教育过程的民主化是21世纪教育变革与创新的重要内容。要培养学生的创新精神和创新能力，就需要营造自由探讨、平等讨论的民主氛围，需要从单向的知识灌输转变为双向的学习交流，需要从单一结论的趋同转变为多向思维的求异，并要建立民主的、平等的师生关系。

教育途径的多样化指随着教育目标综合化和终身教育的发展，社会学习化和学习社会化将成为未来社会发展与教育发展的共同趋势，教育再也不被应局限在“象牙之塔”内进行，而必然在开放的环境中与社会生活密切联系，积极参与社会实践，这不仅是学习知识的重要途径，更是培养创新精神和创造能力的必要条件。学校教育还需要家庭教育和社会教育的参与，共同营造学习化的环境。

教育技术的信息化是现代教育发展的技术基础，将为学习者的主动学习和民主讨论提供技术支持，也能扩展视野、促进交流、发展创意，带动教育过程、教育组织管理、师生关系乃至整个教育运行模式与机制的变更与创新。

8. 优才教育是以脑科学和高新技术为支撑的高质量、高效率、高效益的教育

优才教育要以脑科学和高新技术为支撑。人脑作为教育的自身条件，它是一个庞大的机构，可以容纳大量的信息单位。脑科学是以人为本的科学，脑科学研究可以使教育更加符合规律，提高教育的效率和效益，推动教育观、教学观、教学方式方法以及评价观的改变。每一个学生都有成才的不同潜能，基于学生发展的特点，借鉴儿童各种智力发展关键期的研究，选择不同的教学内容和教学方式，促进全脑功能的开发，使教育更合理有效。通过脑科学的研究，可以更好地促进人类智慧与才能的提升，有力地促进教育生产力的解放。高新技术的快速发展，扩宽了信息传递的途径，提高了信息处理的手段，它作为教育的外部条件，使教育教学的手段更加先进，不仅成为教师教学的工具，更可以成为学生学习的工具，从而逐步使教师的教学方式、学生的学习方式和师生互动的方式发生变化。脑科学与高新技术的有机结合将使教育产生飞跃，最终使学生的“大脑”得到最大限度的开发与发展，从而提高教育的质量、效率和效益。

9. 优才教育是人的发展功能和社会发展功能和谐统一的教育，是教育公平和教育效率和谐统一的教育

教育应发挥两个基本功能：一是社会发展功能，二是人的发展功能。教育的社会发展功能是通过人的发展功能来实现的，两种功能不可相互替代，又相互统一，并要在强调社会发展功能的前提下，去实现人的发展功能。

新中国成立六十多年来，改革开放以前过分强调教育的社会发展功能，忽视了教育的人的发展功能，对人才培养，特别是高层次优秀人才培养产生了非常消极的影响；改革开放以后又不同程度地走上了另一个极端，只强调教育的人的发展功能，强调发展个性，为了学生的幸福，而忽视了教育的社会发展功能，使一些学生非常自我，社会责任感、社会适应性很差。

教育是民族振兴的基石，教育公平是社会公平的重要基础。真正的教育公平应该是学有所教的机会公平、因材施教的过程公平和充分发展的结果公平相统一，简单地倡导无差别教育并不是真正的教育公平。我们要通过创造适合每个学生的教育，使不同类型学生的潜能都得到充分开发，实现真正的教育公平。优才教育就是为有希望成为高层次优秀人才的学生提供教育公平。真正的教育公平必然会是有效率的教育，二者是和谐统一的，没有质量、没有效率的教育谈不上公平。

10. 优才教育是培养爱国主义精神和国际意识相统一的教育

进入21世纪，中国在各个方面都面临着新的机遇和挑战，经济的快速发展、社会的转型都在深刻地改变着人们的生活方式及思维方式。特别是文化领域，对人们的影响更大。中国文化源远流长，博大精深，是世界最古老的文化之一，这是值得每一个中国人骄傲的。中华民族的历史之所以悠久和伟大，爱国主义作为一种精神支柱和精神财富起到了重要的作用。爱国是一种神圣的责任，爱国是一种深厚的感情，一种对于自己生长的国土和民族所怀有的深切的依恋之情。这种责任和感情在历史的长河中，经过千百年的凝聚、无数次的激发，最终被整个民族的社会心理所认同，升华为爱国意识，因而它又是一种道德力量，是建立在深厚的中华文化传统道德的基础上的，它对国家、民族的生存和发展具有不可估量的作用。

在科技与信息迅速发展的今天，世界已逐渐融合为一个整体，一个国家的政治、经济、文化、教育以及环境都与国际社会密切相关，自然、社会、人、教育共处于一个大系统中，他们是相互依存、相互制约、相互促进的。培养具有国际意识、国际视野的人才，以增强国家在国际社会中的竞争力，已经成为各国教育改革的主题。优才教育必须重视学生国际意识的教育，让学生从小就来了解世界、认识世界，从而为世界的和平与发展作出贡献。因此，优才教育既要弘扬传统的民族文化、培养坚定的爱国主义精神，又要加强国际意识的教育，以更好地适应时代发展的需要。一方面爱国主义精神和国际意识二者相辅相成，是一个和谐统一的整体；另一方面国家利益与民族利益必须放在第一位，坚定的爱国主义精神永远是放眼世界的前提。

（二）优才教育办学理念的文化价值分析

1. 办学理念的深层教育哲思

优才教育办学理念蕴含着教育内部对立统一的命题，并合理处理了命题之间的矛盾关系。

（1）教育促进社会发展的功能与促进人的发展的功能

我国教育方针阐述了教育的两个功能：一是促进社会发展的功能："教育必须为社会主义现代化建设服务"，培养"社会主义事业建设者和接班人"；二是促进人的发展功能：使受教育者"德、智、体、美等方面全面发展"。好的教育，两个功能应该和谐、辩证、统一。目前，在研究和对待教育的问题上，往往忽视教育应该同时发挥两个功能，一味地强调社会本位或个人本位都有所偏误。优才培养，一方面是促进有希望成为杰出人才的儿童少年更好地成长，另一方面是促进中华民族的伟大复兴、国家繁荣昌盛所急需的杰出人才脱颖而出。

（2）公平与效益

教育公平是一个历史的、发展的、动态的、相对的概念，没有绝对的教育公平。让能力与个性发展不同的学生接受同等、同步的教育，是教育不公平的一种表现。社会对人才的需要是多种多样的，人的个性差异也是千差万别的，两者最佳的结合就是因材施教，承认每个少年儿童能力上、适应性上、兴趣爱好上的差别，在保证达到国家基本标准和基本要求的前提下，办不同类型、不同规格、不同层次、不同特色的教育，因材施教，受教育者根据自己不同的个性、特长、兴趣爱好和接受水平去选择，各得其所，得到充分、主动、自由、健康的发展，这就是现阶段最理想的教育公平。

追求教育公平与追求教育效益是统一的。在社会现代化的发展过程中，公平与效益往往处于难以兼得的冲突状态，教育发展也面临着类似的困境。但与社会、经济领域不同的是，教育领域的这一矛盾有其自身的特殊性。研究表明，在教育阶段，这两者的目标是高度重合的，即在不同的发展阶段中，教育公平问题的特征和重心是不同的。在发展初期，最重要的是普及教育，保障广大儿童平等地接受教育的权利。在教育初步普及之后，追求的是教育过程中的公正待遇和更高的教育质量，即对教育品质的追求。因此，在教育权利平等的前提下，我们着重考虑合理性问题，以承认个体差异、发展的不平衡为前提，给每一个儿童提供不同的适合其发展的教育，使其个性得到充分的发展，从而最终保证他们在教育过程中的公正待遇和教育质量。

（3）传统底蕴与国际视野

当今世界是一个全球文化交流、文化互补的时代，各种文化作为各个民族精神的综合反映，都已经被纳入世界文化大系统之中，各种文化的价值引起了各民族自身和他民族的空前关注。有人误认为具备国际意识、国际视野就是“西方化”，这不可避免地导致了西方文化崇拜以及民族文化精神及其个性的消解、退化。国际意识和国际视野与传统底蕴是不矛盾的，是彼此共生的，是一个问题的两个方面。真正民族的、本土的东西，都具有与世界交往的价值。一个国家的教育，如果从根本上缺失了民族性，就不可能有世界性，就难以在世界文化舞台上占有一席之地。

中国传统文化源远流长，上下五千年的华夏文明给我们留下了丰厚的历史积淀，并在今天的时代里正焕发着新的生命。教育在如何融入国际潮流的同时，要进一步强化民族意识，把民族精神熔铸其中，完善和凸显其民族个性，以独特的民族面貌跻身于世界行列的竞争中，使中国文化在新的国际形势下重放异彩，提高中华民族的影响力。

2. 办学理念的价值引领

一所学校凝聚力的形成很重要的一点是有没有共同的价值观。共同的价值观演绎成师生共同认可的行为准则，这是一种无形的、能动的精神财富。这种共同的价值观是从校长到教职工有一个共同理念，即办学理念。办学理念是学校的灵魂，先进的办学理念对内具有价值引领作用，对外就是核心竞争力和品牌。一所学校一旦拥有了对学校发展有先导作用的先进理念，那么这所学校不仅有个性、有张力、有生机、有活力，而且能够可持续发展。

办学理念是学校组织的终极追求，正是因为有了它，学校管理者、教职员工与学生才有了共同的“灵魂”，才愿意为了办学理念的实现而努力；才愿意为了信守学校办学理念，时刻以办学理念的宗旨来规范与要求自己。因此，办学理念的重要性，源自它的终极性与内在性。办学理念之所以能够成为学校群体的“灵魂”，能够自主地引导与规范学校组织成员，是因为它能够被学校组织成员内化。

办学理念如果要落实到每一位学校成员身上，它对每一位学校组织成员的要求是不一样的。办学理念如果被学校管理人员内化，就表现为学校管理理念；如果被学校教师内化，就表现为学校教育教学理念；如果被学生内化，就表现为学生的学习理念。学校管理理念成为学校管理者在管理学校过程中的终极追求，成为引导与规范学校管理者管理行为的标准；学校教育教学理念成为学校教师在教育教学过程中的终极追求，成为引导与规范学校教师教育教学行为的标准；学生的学习理念成为学生在学习过程中的终极追求，成为引导与规范学生学习行为的标准。学校办学理念正是通过学校组织成员的内化，通过对组织成员具体教育行为的引导与规范，才得以表现与落实的。

3. 办学理念的文化渗透

办学理念既不是具体的目标或任务，也不是外在的规章与制度，而是学校组织的价值追求。办学理念之所以能够成为学校群体的“灵魂”，能够自主地引导与规范学校组织成员，是因为它渗透在学校的校训、校歌、校风、教风、学风里，成为学校的文化与精神。

“求索真善美，敢为天下先”是东北育才外国语学校的校训。校训是学校文化精神的核心内容，是广大师生共同遵守的基本行为准则与道德规范，它既是学校办学理念、治校精神的反映，又是一所学校校风、教风、学风的集中表现，充分体现了优才教育的本质特征。“求索”，是寻求、设法得到的意思；“真”，是真理、真实、真诚、真情；“善”，是善良、友善、善于、善为；“美”，是美丽、美好、美妙、美德。“求索真善美”，就是寻求取得人类文化最基本、最核心的东西，并将其作为行为准则，这反映的是东北育才外国语学校对真理、道德与美好的不懈追求。“敢”，是有勇气、有胆量；“天下”，泛指一个区域、一个国家甚至整个世界；“先”，是时间或次序在前的意思，这里指先进、先驱、先锋。“敢为天下先”，意味着必须打破常规，不囿于习惯和传统，不循规蹈矩，敢于挑战过去、挑战传统习俗、挑战思维定式，不断突破条条框框的限制，不断创立新的观念及模式。打破常规，敢为天下先，就是在改革创新的实践中，敢于闯前人未曾涉及的“盲区”，敢于闯矛盾错综复杂、令人望而却步的“难区”，最终闯出创新意识、创新精神、创新思维、创新能力并取得创新成果。“求索真善美，敢为天下先”是学校文化精神的物化，也是学校文化精神的个性彰显。

我校的校歌（见附录）是根据学校的办学理念、校训衍生出来的，表达了学校师生共同的理想。校歌以美的意象、激励的语言、崇高的品质熏陶、感染、凝聚着学校的每一位成员。校歌的旋律富有朝气、充满青春活力，每当同学少年怀着青春的梦想唱起，铿锵有力的歌词、优美动听的旋律都会使他们的心灵受到震撼、精神受到鼓舞，学生的情感、追求美的心灵在潜移默化中得到了升华。

每一所成功的学校必有自己的文化精神，并用一种共同的价值观来熏陶全体教职员工。每一种成功的教育都要求教师成为学生的精神关怀者，其根本职责或使命是关怀人的精神生活、关怀人的精神发展、关怀人的道德生命的自由成长。因此，学校文化的根本追求就是用人文来化人，让师生在对真理的追求中，获得自由、快乐和幸福。

附录：东北育才外国语学校校歌

我们从这里起航

1=D 2/4　　　　作词：葛朝鼎

雄壮 有力 自豪地　　　　作曲：李 雪

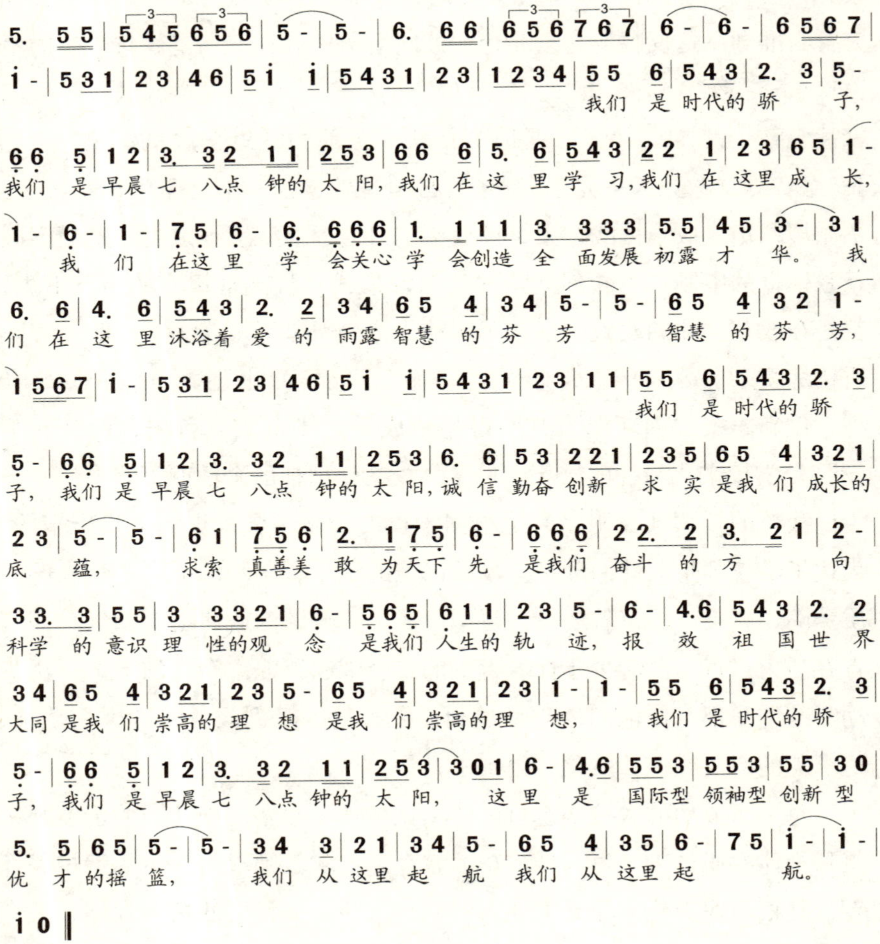

二、优才教育的发展目标

优才教育的发展目标包括两个方面：一是培养目标，它是根据时代对高层次优秀人才的要求和其自身最佳发展的需要来确定的；二是办学目标，它是为实现培养目标的需要，根据学校的实际情况和建设有特色的现代学校的要求来确定的。

（一）着眼新型高层次优秀人才的培养目标

面对时代发展对人才的要求和学生自身最佳发展的需要，我们根据优才教育的办学理念，提出了“学会关心，学会创造，全面发展，初露才华，为培养高层次国际型、领袖型、创新型优秀人才打基础”的培养目标。

学会关心。“学会关心”是1989年联合国教科文组织召开的“面向二十一世纪教育国际研讨会”上提出的一个宣言，它包括“关心自己的健康，关心自己的家庭、朋友和同行，关心他人，关心社会和国家的经济和生态利益，关心人权，关心其他物种，关心地球的生活条件，关心真理、知识和学习”。关心，意味着以人为本，和谐共生、共存，关爱、同情、友善等良好品质，是未来社会和每个个体得以发展的关键和希望所在。学会关心，有利于人与人、人与自然乃至人与社会的和谐发展。关心、理解和尊重意识实现了对功利性的超越，体现了一种普遍的人文关怀。教会学生学会关心，就是使学生心中有他人、有集体、有亲情、有友情；就是使学生有热心、有爱心、有善心。学生要在知识上学会关心之手段，在伦理上养成关心之品德，在情感上学会关心之爱意。只有学会关心，才能让学生以平等的眼光看待每一个生命，尊重人的尊严、基本权利和劳动，爱护自然生态环境，也尊重自己，就会对他人充满爱心和感恩，也就拥有了做一位高尚的人的思想基础。

学会创造。创造多在有激情、有想象力、精力旺盛的青年时代，因此在中学时代要特别注重培养学生的创新精神、创新意识和创新人格，使学生学会创造，逐步成长为创造型人才，推动民族的进步、国家的兴旺发达。培养学生的创新精神，要养成推崇创新、追求创新和以创新为荣的意识，应该善于发现并提出问题，具有强烈的“问题意识”；培养学生的创新思维，要能够打破常规，突破传统观念，具有敏锐的洞察力和丰富的想象力，从而使思维具有一种“超前性和超常性”；培养学生的创新人格，必须具有献身科学、献身人类事业的内在动力和坚强意志，具有敢闯、敢于怀疑和批判的科学精神，具备良好的精神状态和心理素质。

全面发展。学生的全面发展应包含三层含义：一是德、智、体、美等方面全面和谐发展；二是智力因素和非智力因素全面和谐发展；三是人文素养与科学素养全面和谐发展。全面发展不是数量上平均发展，而应是方向上（各方面）和谐发展；不是不承认差别让所有学生在一个水平线上发展，也不是指一个学生在各个方面都要平均发展，而是基础素质与个性特长的和谐发展。全面发展不仅不排斥个性发展，而且是以个人合乎本性的自由发展为条件的。由于不同个体所处环境不同，具有的自身素质和客观条件也不同，因而会形成不同的个性、兴趣和特长。要让每个学生最大限度地发挥自己的主观能动性和个性特长，在德、智、体、美诸方面，智力因素和非智力因素两个方面，人文素养与科学素养两个方面都能得到和谐发展，只有这样，才能保证人才培养的规格和质量。

初露才华。在中学阶段，以学生发展为本，在全面和谐发展前提下鼓励创新，支持学生的挑战勇气和创新精神，在合格的基础上鼓励和支持冒尖，在规范要求的前提下发展个性，给学生留有更大的选择余地和自由发展空间，要让学生的个性特长充分健康地发展，使每个学生的创造潜能尽可能地发挥出来，在某一方面或某几方面显露才华，成为才华横溢的人才苗子。

为培养高层次国际型、领袖型、创新型优秀人才打基础：国际型、领袖型、创新型人才具有其必备的品质和能力等特征要素，这些基本要素在中学阶段就要开始培养。

国际型人才是指具有国际意识和胸怀、国际一流的知识结构，视野和能力达到国际化水准，在全球化竞争中善于把握机遇和争取主动的高层次人才。国际型人才要具有关心地球、关心人类、适应变化、创造未来、公平竞争、友爱合作、自尊自爱、自信自强的国际态度；具有国际理解意识、相互依存意识、和平发展意识、国际正义意识等方面的国际意识；具有独立思考能力、竞争参与能力、信息处理能力、终身学习能力、经受挫折能力、国际交往合作能力等方面的国际活动能力；具有了解国际时事、世界发展的历史与趋势、东西方文化的精华、中华民族在国际社会中地位和作用等方面的国际知识结构。国际型人才还必须具有中华传统优秀文化的底蕴。

教育要担负起培养未来领袖的工作。一个国家的主席，一支军队的将军，他们是领袖；一个学术领域的权威者，一个现代企业的董事长，他们是领袖；一个乐团的指挥，一支球队的队长，他们也是领袖。大到一个社会、国家，小到一个组织、团体等，从政治领域到经济领域、文化领域、学术领域，各行各业都需要领袖人物来支撑。因此，领袖型人才是一个广义的概念，是社会发展与进步所需要的一大批“领军人物”。领袖型人才要具备一种具有公信力和征服力的内在品质，在品德风范、道德情操、理想志向、认知能力、管理能力等方面具有一种折服众人、堪为人表的示范性；要具有一种富含亲和力、凝聚力、号召力的人格魅力，体现在善于与人沟通的交际能力、准确传情达意的表达能力、深入打动人心的鼓动能力等方面；要具有很高的办事效率，很强的独立思考能力、团队精神和合作能力；要具备在认识事物时表现出视野的开阔性，在分析形势时表现出判断的准确性，在组织活动时表现出策划的缜密性，在实施计划时表现出控制的有效性，在面对突然时表现出应变的机敏性，在实现目标时表现出追求的坚定性。因此，在学校里要培养学生的领袖意识，给学生锻炼、展示领袖才能的机会，使学生产生“领袖体验”，为日后的领袖生涯打下基础。

创新型人才就是具有创新意识、创新精神、创新思维、创新品格、创新能力并能够取得创新成果的人才。创新的意识、精神、思维和能力并不是凭空产生的，也不是独立发展的，它们与人才的其他素质有着密切的联系。创新型人才的基础是人的全面发展，创新型人才应该是个性自由、独立发展的人。创新是一个民族进步的灵魂，是一个国家兴旺发达的不竭动力。一个国家和地区的发展，必须依靠强大的综合实力、不断的创新能力以及科技进步的力量。人是知识创新的主体，是生产力中最活跃的因素，只有掌握了系统的科学文化知识，具备了创新精神和创造能力，才能在知识经济时代站稳脚跟、有所作为。

创新型人才一般都应具有不断探索创新的浓厚兴趣和强烈愿望，勤于思考，善于发现并提出问题，求新、求异；具有敏锐的洞察力和丰富的想象力，有胆识，勇于突破思维定式，善于提出新观点、新理论和运用新思路、新方法解决问题；具有扎实、广博、综合、前沿的知识，有较强的学习能力、获取信息能力、研究能力和实践动手能力；具有健全的人格和良好的心理素质，有鲜明的个性特点，独立性、主动性强；具有敢于怀疑、敢于批判、敢于冒险的科学精神，在挫折和困难面前不灰心、不动摇，为实现既定目标勇往直前。

（二）面向新时代的学校办学目标

学校培养目标决定了学校的办学定位，只有把学校办成现代化、国际化、创新型的学校，才能培养出优秀人才。东北育才外国语学校根据学校培养目标，制定了“面向 21 世纪全球化、国际化、高科技化时代，创建融合中西方教育优势的现代化、高效能的中学教育模式，为培养高层次国际型、领袖型、创新型优秀人才打下基础，把东北育才外国语学校办成具有中华文化底蕴的现代化、国际化的优才学校”的办学目标。

东北育才外国语学校是现代化学校。邓小平同志早在 1983 年就提出“教育要面向现代化，面向世界，面向未来”。我们所理解的教育现代化是指建立现代教育体系，采用现代教育理论和方法；现代化学校指具有现代基础设施、现代学校制度，采用现代教育理论、课程、教材、教育技术、手段和方法的学校。我们认为办成“现代化”学校要“内外兼修”，并且学校教育理念和教育模式的现代化比硬件设施的现代化更为重要。

东北育才外国语学校是国际化学校。“学校国际化”是世界各国学校在相互交往过程中所形成的文化交流与对话过程，也是文化互惠与交织过程，这一过程既包括世界各国教育所共同遵循的原则，更包括各自的文化特色和本土精神。“国际化”要考虑以国际标准和国际惯例办学，加强对外交流与合作，充分利用国际优质教育资源培养国际型人才。

东北育才外国语学校是具有中华文化底蕴的学校。在教育走向国际化的进程中，我们必须弘扬中华文化。中华民族在几千年的历史长河中，创造了灿烂的中华文明，形成了优良的文化传统，这是中华民族生存和发展的基础。为中华民族的伟大复兴、为国家的繁荣昌盛培养高层次优秀人才，必须首先培养其认同中华文化，具有中华文化底蕴，使其成为真正的中华儿女、真正的中国人。为此，学校就必须具有浓厚的中华文化底蕴，使其在中华文化的沐浴中成长。

东北育才外国语学校是优才学校。有关统计资料显示，我国人力资源总量很大，但是人才资源中存在两个“5”现象值得警惕。一是人才资源占人力资源总量的5%；二是高层次人才仅占人才资源总量的5.5%左右，高层次优秀人才中的国际型人才则更少。国际竞争，更重要的是优才的竞争，即高层次优秀人才的竞争。培养优才，已经是关系民族复兴、国家兴旺的重大战略性问题。面对时代的召唤，东北育才外国语学校的办学定位是办成为高层次优秀人才打基础的“优才学校”。

创建融合中西方教育优势的现代化、高效能的中学教育模式。为在21世纪使我国的基础教育有一个根本性的发展，我们必须思考：当前我国基础教育与西方发达国家的基础教育相比各有什么优势？我们应该继承什么，借鉴什么？我国基础教育的优势是学生基础知识和基本技能比较扎实。英国教育大学的专家曾经作过调查表明：在空间、数字以及非语言认知的测试中，各种年龄、各种文化层次的中国人都比相同年龄、相同文化层次的白种人得分高。由此可见，中国传统的基础教育在基础知识和基本技能方面的优势是国际教育界有目共睹的。那么，为什么到了大学之后，中国学生的后劲就没有了，缺乏创新精神和实践能力呢？看来，传统的教育格局给中国基础教育带来两个突出的弊端：一是作为学习过程主体的学生在整个教学过程中始终处于比较被动的地位，学生缺乏自己可以支配的时间与空间，缺少独立思考、动手实践的机会，这样不可能培养出创新型人才，这就是传统的以教师为中心的教学结构的最大弊病；二是基础教育分科过细，学科间综合较少，学生知识面狭窄，缺乏知识与知识之间的联系。

相比较而言，西方一些发达国家的教育注重发展学生的能力，强调个体学习和自我管理，强调学生自主选择、主动学习和自由学习，重视研究性学习，强调与他人（教师或其他学生）的对话与交流。国外中小学的教学长处是充分考虑青少年身心发育的特点，根据他们好奇和好动的天性，寓教于乐，着重培养他们的想象力、创造力和动手实践能力。中小学教师都拿出很多课堂时间让学生发表意见，从不简单地否定学生的设想，总是分析每种方案的优点和不足，最后由教师和同学一起进行总结。中学阶段开始实行学分制，各校都设必修课和选修课，往往有几十种课程供学生选修。学生修满基本课程的学分即可毕业，如果有余力修高水平课程，则学分为大学所承认，可谓“丰俭由人”。

由上述分析可见，东西方教育各有优势，如果能将双方教育优势相结合，取长补短创建融合中西方教育优势的现代化、高效能的中学教育模式，培养出适应经济全球化、社会国际化、高科技化时代，具有国际意识、国际交往和国际竞争能力的复合型人才，是中国基础教育现代化的一个具有重要时代意义的课题。

加入 WTO 之后，各种机遇和挑战已经摆在了我们面前，我们可以走出去融入国际教育市场，引进国外优质教育资源，如课程、教师、教学策略、教学方法、教学手段、管理模式、评估方法等，加快教育改革开放进程，加快教育现代化步伐，缩小我国教育与发达国家的差距。

三、优才教育的实践模式

东北育才外国语学校在近七年的探索中创立了独具特色的中学六年

一贯制优才教育模式。这既是时代的呼唤，国际教育的发展趋势，又是与时俱进、改革创新的成果，还是顺应广大人民群众和学生的呼声与渴求。

（一）优才教育模式的构成

中学六年一贯制优才教育模式是学校统筹发展的基本方略，是我校顺应时代要求、自主开创的一种教育模式。通过在实践中的不断探索和发展，目前已形成了自己的品牌特色，具体体现为以优才教育为核心，以中学六年一贯制、外语高水平为办学特色，以自主选择性、多元开放性和创新发展为特征的优才教育模式。

1. 以优才教育为核心

我校自主探索、创新打造的中学六年一贯制优才教育模式，简要地说就是在 21 世纪新时代的社会背景下，本着"以学生发展为本"的理念，重视培养高层次优秀人才的特殊需求所进行的教育创新。该模式一个突出的核心理念就是优才教育。

心理学家认为，人类大脑的潜能一般只被开发了一少部分，人的脑力还有发掘空间。充分发掘人的潜能，给适合的人以适合的教育，让人更加优秀是完全能够做到的。因此，应该把优化的外部教育条件和适合的教育对象结合起来，力求最大限度地发掘和发展人的潜能。优才教育就是基于这一教育理念而诞生的。

优才教育是对智力和非智力因素中等以上的中学生，采取与以往不同的教育教学方法，针对其个性特长和能力倾向所实施的特殊教育，促进学生个性的充分发展与潜能的最大限度发挥，为成为高层次国际型、领袖型、创新型优秀人才打好基础。优才教育在教育思想、教育内容、教学方法及管理等方面均以"因材施教"的理念为核心，是一种高层次的素质教育。

我校优才教育体现在学校学制创新、德育系统创新、课程设置创新、教育教学创新和师资培训创新等诸多方面，最终要达成"学会关心、学会创造、全面发展、初露才华，为高层次国际型、领袖型、创新型优秀人才打基础”的培养目标，以适应社会和个人发展的双重需要。这既是时代发展的迫切需求，也是以人为本的理念要求，更是国家培养杰出人才的历史诉求。

2. 以中学六年一贯制和外语高水平为特色

东北育才外国语学校在优才教育模式的自我定位和自身发展过程中，日渐明确了该模式创新发展的两大特色，即中学六年一贯制和外语高水平，并在具体的教育教学实践中摸索出了自己的一套方法。

（1）中学六年一贯制

所谓中学六年一贯制，即初、高中连读，不分段，初中升高中直升，不参加中考。它的好处在于学制本身具有一定的弹性，学生可根据自身的发展水平、学习能力和其他方面的实际情况，选择在5—7年完成中学学习任务。实行中学六年一贯制的现实意义在于，免除中考给学生带来的精神上和学业上的不必要的压力和负担，可为学生节省至少半年不必要的备考时间，学校能够整体合理安排中学阶段六年的教学，使中学高标准外语教育具有连续性，提高学生中学阶段学习的效率和效益，提高其生命质量，并为教育教学改革实验提供了非常有利的环境和条件，更为学校办出特色和学校发展带来活力。中学六年一贯制的实行，需要学校认真研究中学生不同年龄阶段身心发展的特点、潜力和最佳教育期，建立科学、有效的教育教学体制，使学生能够得到快速、充分、有效、和谐的发展。

学生作为个人，具有不同的个性和兴趣，这些都会影响他们在学习上的反应和取向。另外，学习是一个连续的过程，学生基于个人智力、成熟程度和学习基础等因素会有不同的进度。既然我们肯定学生在个性和学习进度上会有差异，那么就应该针对学生的差异性，尤其是优秀人才的特殊需求，提供具有可选择性的学制，打破原有教育体制的统一标准，承认差异，鼓励多元，为学生的个性发展提供最大的自主发展空间，从而体现教育公平。

（2）外语高水平

所谓外语高水平，是指加强英语，选学第二外语和开设“双语”教学课程，满足未来社会对高素质人才外语水平的高要求，并且学生将来毕业时，既可以选择在国内上大学，也可以选择出国留学，具有更大的选择余地和发展空间。这样的课程创新和大胆尝试，不仅可以使在国内上大学的学生节余20%—40%用在外语学习上的精力，而且能够很好地适应大学“双语”教学，求得其他方面的更好发展；而对于出国留学的学生，其好处在于不需要再读预科学习外语；另外，学生多学一门外语就多一倍的竞争力，为将来升学和就职打下坚实基础。正是基于这样的理念，东北育才外国语学校的实验班在完成国家规定的中学课程高层次要求的同时，提高外语教育标准，学生学习两门外语，都要主学英语，中学阶段要达到大学公共英语4—6级水平；选学第二外语，第二外语现设有日语、法语，将开设德语、西班牙语，中学阶段要达到出国留学水平。对于其他学科，学生也要达到重点高中优秀毕业生水平。另外，学校还实行“双语”教学，不但能很好地提高学生外语水平和学科学习质量，而且能促进学生对两种不同文化的积极适应和沟通，培养学生的跨文化意识。不同语言有着不同的信息组织方式和思维方式，不同思维的碰撞对培养学生的创新思维大有益处。

为保证外语教育高水平发展，学校创设了多元文化的教育环境，使学生了解多元文化，能够以多元文化视角分析问题，培养学生适应和参与多元文化社会的能力，从而打造国际化学校的特色品牌文化，推动学校和谐文化的建设。这些尝试包括：在课堂教学中有机融入多元文化教育内容，增加对多元文化的感性了解；围绕国际上一些热点问题，定期组织学生或师生国际问题论坛，让学生逐步学会从多元视角分析问题、解决问题；邀请外籍教师以及校外外国专家、外国留学生，举办学校国际文化节，加深对外国文化的了解；加强国际教育的交流与合作，通过国际交流活动，开阔学生的视野，让学生亲身体验多元文化。文化潜移默化的熏陶渐染也使学生真正融入外语语言学习的情境中，取得了前所未有的教育效果。

保证外语教育高水平发展是当前时代多元文化的碰撞交流，全球化、国际化发展趋势日渐明朗的必然要求，应对全球化、国际化潮流成为每个国家都必须面临的机遇和挑战。美国在《美国2000年教育目标法》中特别强调："所有学生都要了解关于本国和世界其他地区在多元文化传统方面的知识"，"学习有关各国之间的种种问题；学习有关制度、生态、文化、经济、政治和科技之间的交叉联系，通过他人的眼光、心理、心态来看待事物"。将全球的观念渗透到所有的课程领域、所有的课外活动中，在学校中建立一种开放性的、世界性的、国际性的氛围。东北育才外国语学校意识到国际化背景下，培养学生国际化的视野、国际化的知识和国际化能力的重要性，而这需要多元文化的理解和熏陶，需要语言作为应用的载体，这一切都要求保证学生的外语高水平。

3. 以自主选择性、多元开放性和创新发展性为特征

我校在中学六年一贯制优才教育模式的探索中，不仅明晰地凸显了自身特色，还彰显了三方面主要特征，即自主选择性、多元开放性和创新发展性。

（1）自主选择性

作为中学六年一贯制优才教育模式的主要特征之一——自主选择性，强调作为选择主体的学生在教师的指导和帮助下，在能够达到国家中学课程标准的前提下，可以在学制上和课程上根据自身发展水平和学习能力享有自主选择权。

其具体表现首先是学制上的自主选择性。中学六年一贯制实行适合于学生自身发展的弹性学制，使在读的学生可以根据自身发展水平和学习能力，自主选择在5—7年期间内完成中学学习任务。学校给予学生充分的自主选择权，以激发他们最大的潜能投入到学习中。其次是课程上的自主选择性。学校建立了丰富多彩的课程体系，充分体现了时代的需求和多元文化的碰撞交流，学生可根据自身的发展需求选择相应的课程。学校开设的第二外语课程、基于思维的数学等校本课程，以及高中为在国内上大学，或赴日本、欧美等不同国家留学所需要准备的课程，供学生选学，充分体现了学校在以人为本的理念指导下提供给学生的自主选择性的“优才教育”。

（2）多元开放性

中学六年一贯制优才教育模式的主要特征之二——多元开放性，在办学理念、办学标准上充分体现多元文化碰撞下的国际化标准，课程设置上融入多元文化的交流。

开放教育包括教育观念开放、教育过程开放等方面，我校不仅在课程设置上抱着开放的心态，体现多元文化、多元需求，而且充分利用各种现代教育教学手段，突破传统学习方式对学习的限制和障碍，走出去，请进来，充分利用社会教育资源和国际教育资源，建立一支专兼结合的高水平的专家型教师队伍，满足教育教学的需要，为“优才教育”的持续发展提供环境支持和理念熏陶。

（3）创新发展性

中学六年一贯制优才教育模式的主要特征之三——创新发展性，体现在学校办学理念、培养目标、办学目标、办学特色和校本课程等方面的创新。

我们认为，教育创新的实质就在于通过实现学校教育的现代化发展，以超常规方法培养高素质人才。学校自创建以来，就不断探索教育创新。我校从一所普通高中，到外国语学校，到增设初中，开始中学六年一贯制“双语”“双外语”教学实验，进行中学六年一贯制优才教育模式的探索，到2008年形成较完善的六年一贯制优才教育模式，就是一个在学校文化建设、教育、教学和管理等领域不断突破、改革、创新、发展的过程。

（二）优才教育模式实施的总体框架

中学六年一贯制教育模式创新，在具体的实践层面上体现为一个全方位的体系，涉及学校教育系统中的多个层面和多个要素，它与学校的办学目标、学制、课程、环境、管理等要素密切相关。事实上，一个学校的办学方略和教育模式创新只有走上了实践的道路，才真正具有生命力。立足于此，东北育才外国语学校对校内的各个要素及其结构进行整体、系统、有层次的改革与创新，构建了中学六年一贯制优才教育模式实施的整体框架，如图 1 -1 所示。

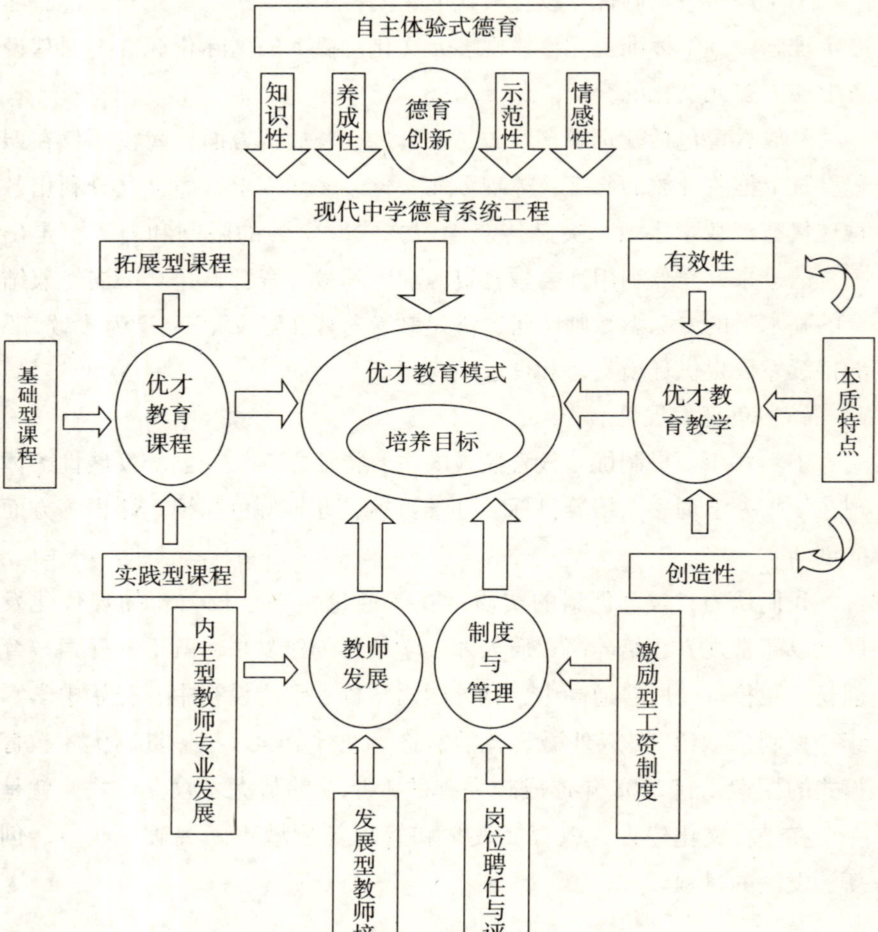

图 1 -1　六年一贯制优才教育模式总体框架

图 1 -1 显示出，学校以优才教育作为改革与创新的理论出发点，辐射到学校工作的各个层面。在德育上，突破了传统德育模式，提出了

现代德育系统工程，使德育成为硬性实体，形成立体网络，达到整体优化。在课程建设上，融基础型课程、拓展型课程、实践型课程于一体，构建了优才教育课程体系，在教学实施上，抓住学科教学的本质特点，以有效性和创造性作为教学改革的出发点。学校倡导以科研促发展，为教师搭建职业生涯发展的良好平台，并通过激励型工资制度等管理创新，提高教师的工作积极性和责任感。

第二章 优才教育的德育

东北育才外国语学校多年来，在德育工作中，根据办学目标和培养目标，针对新形势下学生在思想品德、行为习惯、心理等方面存在的问题，大胆创新，努力探索一个与“为培养高层次国际型、领袖型、创新型优秀人才打基础”的培养目标相匹配的德育思路，使德育成为为优才奠基的德育。我校构建了以“优才先优德”为理念，以学生的自主体验为基本途径，融知识性德育、示范性德育、养成性德育和情感性德育为一体的现代中学德育系统，使德育的过程具有很强的针对性和可操作性，学校德育真正落到了实处，成为了硬性的教育实体，形成了立体的教育网络，达到了整体优化。

一、优才教育的德育理论体系

优才的德育理论体系包含三方面内容，即理念、途径、核心。

（一）理念：优才先优德

优才先优德的理念是根据国家教育方针、学校发展尤其是学生发展的需要而作出的必然选择。

1. 优才先优德是落实党和国家教育方针、顺应社会发展的必然选择

21 世纪的竞争归根结底是人才的竞争、国民素质的竞争，特别是高层次优秀人才的竞争，而我们现在培养的正是 21 世纪祖国社会主义事业的建设者和接班人。坚持改革开放、推动科学发展、建设和谐社会、实现中华民族的伟大复兴，使中国进入世界发达国家行列的宏伟目标将在他们手中实现，这就要求学校教育必须以党和国家的教育方针为指导，坚持正确的育人方向，培养德才兼优的全面发展的高层次人才。因此，我们必须站在历史的高度，顺应社会的发展，用战略的眼光来认识新时期学校德育工作的重要性，坚持育人为本、德育为先、优才先优德。

2. 优才先优德是新形势下学校发展的必然要求

经济体制转轨的新形势冲击着中国社会的各个领域，其所具有的双刃剑性质给学校的发展既带来了机遇，也提出了挑战。一方面，具有多元视角的教育理念和随之而产生的方法和技术等，打破了原来学校大一统的模式，为学校的发展注入了鲜活的力量。但另一方面，与之相伴随的却是多元价值观之间的冲突、多样化的信息渠道与社会上出现的道德滑坡现象所带来的困扰与冲击，使学校的德育工作面临着新的严峻形势。理想的德育系统应该是学校教育、社会教育以及家庭教育相互协调、配合的产物，应该是三者相融相生的共同体。但在现实当中，社会教育和家庭教育与学校道德教育并不总是同步的，相反，有时候还是相互抵触的。社会教育和家庭教育对学生思想道德成长的影响往往是在潜移默化中发生的，是无形的。面对这一情况，作为能有组织、有计划进行德育的教育实体——学校，应该并且能够发挥重要的作为。而学校的作为就体现在将德育放在整个学校教育的核心位置，以德育带动并促进其他各育长足的发展。对于一所培养高层次优秀人才的学校，中学阶段就要为学生奠定坚实的道德基础，培养有责任感、有理想、讲公德、求创新、具有领袖素质的人才，这就更需要我们坚持优才先优德的理念，构建德育系统工程，使学校教育与社会教育、家庭教育有机结合，重视其整体效益，达到良好效果，这是我校培养目标和办学目标的必然要求。

3. 优才先优德是学生自身发展的必然需求

中学阶段是青少年长身体、长知识的时期，也是他们的世界观、人生观、价值观初步形成与确立的时期。由于社会转型期的多元价值观、多样化的信息渠道、社会和家庭的影响，这一时期的中学生在思想行为等方面存在着一定的问题与困惑。教育是直面生命的、充满人性化的活动，是“成人”的活动，而学校德育则是使受教育者走向“成人”的基础性教育活动，要成为“成人”教育中的催化剂和润滑剂。这主要体现在以下两个方面。

首先，良好的品德和修养是学生成功、成为优秀人才不可缺少的条件。大凡那些在事业上取得成功的人士，大都对儿时接受的教育（其中更多的是品行的教育和人生态度的教育）念念不忘，将日后的成功一部分归功于儿时接受的谆谆教导。因此，面对正在逐步形成自己人生观、价值观、渴求进步的学生，我们不仅要让他们掌握知识、提高能力，更重要的是让他们在学习生活过程中形成正确的态度和价值观。知识会随着信息时代、知识经济时代的更新换代而逐渐地更新，但态度和价值观却如影随形地跟随人一生。在我校的培养目标中，把“学会关心”放在第一位，就是要重视对学生基础品德和责任感的培养，使学生学会做人、做优秀的人。

其次，智力因素的发展离不开非智力因素的同步支撑和润滑，一个人的成功是智力因素和非智力因素共同作用的结果。有人调查过诺贝尔奖获得者的情况，发现他们都具有很好的非智力因素：热爱自己的事业，有锲而不舍的精神、坚强的意志、善良的心态和很强的幽默感。同样也有人跟踪调查了一批高智商的学生，二十多年后，其中一些人有了卓越成就，另一些人却很平庸。这些差异主要是非智力因素造成的，前者有事业心和成就欲，后者则安于平庸，没有进取心。学校对德育的重视正是出于这个考虑，意在培养“德才兼优”的人才。

（二）途径：自主体验

自主体验作为学校德育的基本途径，是把德育工作的目标转化为让学生拥有体验并获得真实感受，是通过让学生尝试、探索、明理，以达到导行的目的。摆脱了单纯的说教，将德育渗透于学生日常的学习生活、社会生活以及一切活动中，实现知、情、意、行的高度统一，引导学生在亲身的实践中体验到生活中的真、善、美，并求索之。

将学校德育的基本途径定位为自主体验，是对学生主体性的尊重。受教育者在教育活动的过程中，不是消极的被教育对象，而是能动的教育主体。学生是学习活动不可替代的主体，又是教育活动中复合主体的重要的一半。学生作为独立的个体，都有自己的个性、自己的想法，这就要求学校的德育充分尊重学生的主体性，进而发挥学生的创造力。

自主体验，一方面是源于对学生自主性和创造性的尊重，另一方面也在于自主体验的功能，即培养学生良好的主体性。学生的主体性并不是与生俱来的，而是在社会的影响下，尤其是在学校教师的精心培养下形成的。根据青春期的心理特点，中学生具有很大的自主性和能动性，但在缺少正确引导的状况下，所谓的自主性和能动性也很容易变为盲目性和冲动性。所以，自主体验在尊重学生主体性的同时，要重视培养学生良好的主体性。

自主体验使学生由被动的受教育者，成为主动的自我教育者，引发学生主动探究真、善、美的欲望，促进思想品德的发展，将智力因素与非智力因素完美地结合，达到优才的实现。自主体验式德育与传统德育之间具有截然不同的特质和内涵，使学校德育实现了从传统的外烁德育到自主体验式德育的转变，克服了以往德育“讲得多、做得少”“要求多、自主少”的弊病，使学生在体验中和谐发展。

自主体验式德育的实施应该处理好以下三对关系。

1. 基础性与发展性

基础性与发展性二者关系处理得恰当与否直接影响着德育目标的确立、德育内容的选择、德育过程的实施以及后续的德育评价。德育的基础性与发展性主要体现在德育的目标和内容的确定过程中。基础性主要指的是德育目标定位较为基础，内容多包含日常生活中的一些基本品德、习惯和行为，主要倾向于基础性的、日常性的行为习惯的养成。而发展性则可以说是现代德育的本质性概括，体现了现代德育的核心价值观，即促进人的全面和谐发展，体现在德育目标和内容上就是，以人的主体性的发挥为前提，通过致力于发展的协调性、持续性和超越性，引导学生追求一种理想的精神境界与行为方式，从而不断地开发道德潜能，实现人与外部社会、环境等的和谐发展。在品德的要求上，基础性德育更接近于养成性德育，更为注重诸如关心、仁爱、忠孝、宽容、诚实、正直等基础性的品德，是发展性德育的基础；而发展性德育更为侧重于道德能力的培养、道德情感的陶冶、道德意志的锻炼以及道德理想的实现等更为高位的层面。

2. 个体与群体

个体与群体在任何形式的组织中都是一对基本矛盾，反映在德育这个系统工程中，主要体现在班集体、学生组织等的集体性和学生个人的个体性之间的关系。

目前存在的问题是：传统的德育模式由于对道德功能的片面认识，过于倚重正确知识的灌输，过于强调德育的社会群体功能，而忽略了学生在德育中的主体性，学生缺乏实践体验的过程，使德育出现了空洞的说教和流于形式的现象。针对传统德育的这一特点，我校在实施德育的过程中，充分发挥学生的自主性，使学生从原来的被动体验向自主体验转变。与此同时，考虑到中学生正处于人生观、价值观和世界观形成的关键时期，对待事物仍缺乏一定的判断和选择的能力，对于一些行为准则、规章制度存在自我约束能力还不是很强的问题，学校在强调学生主体性的同时，还特别注重对学生责任感的培养；在充分尊重学生个体主体地位的同时，也加强了向学生进行如何协调个体伦理与公共伦理之间张力方面的引导，从而使得学生个体是群体中的个体，群体是由个体组成的群体。具体如何将集体的建设和学生个体的发展和谐地统一起来呢？

第一，要重视学生班集体的建设，充分利用集体的力量，给每一个学生提供良好的成长环境，特别是对那些学习暂时有困难、行为一时有过失的学生，更要使他们时刻感受到自己处于集体的关心和帮助之中，产生对集体的依赖感。

第二，善于利用集体这个平台，使每一个学生都有一个充分展示自我的舞台。学生的个性、特长、兴趣爱好等是集体建设的重要资源，集体活动的组织和开展可以使不同学生的个性特点得到充分的展示，不仅能够让个体体会到自身的价值，调动其参加集体活动的积极性，培养他们关心集体、热爱集体的情感，而且，在丰富多彩的共同活动中，还会形成彼此接纳、相互欣赏、团结友爱的气氛，进而有利于集体的发展。

第三，运用民主程序，给每个学生参与集体建设的机会，使正确的集体目标、规范成为绝大多数学生的意志和行为。每个学生都会自觉地遵守集体的约定，维护集体的利益和荣誉，对集体产生信赖感，进而有利于学生的健康成长。

3. 自由与纪律

单从“自主体验式德育”的概念表述就可以看出，在这种德育理念下，德育过程倡导的是自由、自主的体验。但是缘于自主体验式德育的实施主体——学校，这种自由、自主的体验又与背后的纪律之间存在着张力。处理好自由、自主与纪律之间的关系，将会对学校范围内自主体验式德育的成功实施起着重要的作用。

首先应该明确的是自由和纪律的不可或缺性，学生既要有自由意识，也要有规则意识。首要的是充分给予学生自主体验的空间，从而为道德情感的提升、道德行为的显现提供丰富而鲜活的道德素材，改变原来僵化的、记诵式的、被动的体验。中学是学生长身体、长知识的时代，朝气蓬勃，如果这也不行那也不行，到处都是条条框框，必然会压抑学生的个性，不利于青少年敢想、敢说、敢干、敢闯特长的发挥，如果年轻人个个呆若木鸡，也将严重影响他们的成长。另外，纪律也有着不可替代性。要让学生明白，纪律是保障集体的共同利益，自由是有前提的，个人的自由不能损害他人的正当利益，不能违反公共道德，不能破坏人类共有的生态环境。纪律虽然带有一定的强制性，但没有了这种强制性，自由也就失去了保障。从另一个角度讲，纪律只是约束违反纪律的人和行为，只要不违反纪律，每个人都会有充分的自由。总之，自由和纪律缺一不可，自由与纪律必须是共存的，没有先后和轻重之分，两者的有机结合最有利于中学生的发展。在具体实践实施的过程中，主要通过制度和规范的张力来显现。作为一个组织，学校需要制定一定的规范和制度，以保证各方面工作的有序运行，如教育教学的各项管理制度、班级管理和宿舍管理的各种规定都具有一定约束力，对学生良好行为习惯的养成和规则意识的形成具有重要的作用。但与此同时，我们还要明白一点，就是制度和规定是具有张力的，是为了更好地为学生的发展服务的。学校的日常管理是按照“高标准、严要求”的原则来进行的，但并不是要把学生管死，思想上要活跃，行为上要规范，该自由的地方让学生充分享受自由，该规范的地方一定要让学生严格遵守规则，要很好地处理自由和纪律之间的矛盾。

（三）核心：知识性德育、示范性德育、养成性德育、情感性德育

优才教育德育的核心是知识性德育、示范性德育、养成性德育和情感性德育，几者相互交融、相互生成，四位一体，循序渐进，全方位涵盖了学校德育的核心内容，既符合学生生理和心理发育的特点，又符合德育本身的层次性、递进性和操作性。

1. 知识性德育

知识性德育并不完全是传统意义上的灌输式德育或知性德育。具有自主体验内涵的知识性德育更注重知识的实践性、思想的深刻性和学生道德理性的养成。知识性德育离不开知识的“灌输”，离不开理论的强化和理解。一方面，学生不能自发地产生一定的思想情感或思想深度，因此理论灌输是必要的。应该深入浅出地阐述德育基本概念，论证基本原理，强化基本观点，开发学生智力，提高学生分析问题、解决问题的能力，使学生懂得为什么要这样做，知道应该怎样去做。道德知识往往是生硬的，理论的概念往往是抽象的，如果教师纯理论化、教条化地说教，学生则不容易理解，会感到所学内容索然寡味，也往往会产生厌倦情绪。所以，即便是知识的传授，也应该具有思想性，能深入学生的心灵世界，引起学生的思想共鸣；应该寓思想性于理论知识的传授之中。另一方面，知识性德育的目的不仅是学生道德知识的积累，更为主要的是学生思想的深刻性和道德判断力的提升。因此，不能简单地将知识性

德育与知性德育混为一谈。在当前基础教育领域里生活德育、活动德育比较盛行的情况下，重新看待知识以及思维在德育中的地位和作用是很必要的。而且，目前在课堂教学中，“德育渗透”逐渐地成为了一个教学的原则，很好地体现了“教书育人”的使命和责任。这些都充分地说明了知识性德育作为自主体验式德育载体的重要性和不可替代性。

2. 示范性德育

在德育工作中，榜样的示范作用是不可忽视的。我国古代教育家孔子说过：“其身正，不令而行；其身不正，虽令不从。”身教重于言教，榜样的示范作用是不可忽视的。处于青少年时期的初、高中生的特点是可塑性大，模仿性强，行为、习惯、言语等都易于受到其身边榜样力量的影响，而教师作为与学生接触最多的榜样力量的代表，其一言一行最容易在有形或无形之中感染并引导学生的情感和行为倾向。而这种感染和引导是正向性还是负向性就取决于教师的道德水平。学校承担着教书育人的职责，在这一环节中，教师起着重要作用，他们扮演着教书育人的角色，每位教师在日常的教育教学和管理工作中都避免不了会渗透着自己对德育内容的理解，这种理解无形中影响着其对受教育者的态度和责任感。同时，我们还利用各种榜样人物的先进事迹来教育和影响学生，为学生的思想道德体验提供丰富的材料，也为思想道德体验的提升提供一个很好的基础。

3. 养成性德育

俄国著名教育家乌申斯基说过：“良好的习惯是人在某种神经系统中存在的道德资本，这资本不断增值，而人在其整个一生中享受着它的利息。”此言道出了良好道德习惯的养成对于一个人成长的重要性。养成教育是指少年儿童的道德品质和行为习惯的养成和教育，它是素质教育的根基，是德育中最“实”的基础部分，也是德育最“质”的指标，是学校德育的奠基工程。只有加强学生的养成教育，注重学生良好行为习惯的养成，才能培养学生良好的道德修养和道德素质，促进学生终身发展。1987年1月，75名诺贝尔奖金获得者聚会于巴黎，有人问其中一位获奖者："你在哪所大学、哪个实验室学到了你认为最主要的东西?"这位白发苍苍的学者回答："在幼儿园。""在幼儿园你学到了什么呢?"学者又回答道："把自己的东西分一半给小伙伴们，不是自己的东西不要拿，吃饭前要洗手，做错了事要表示歉意，午饭后要休息，要仔细观察周围的大自然。从根本上说，我学到的全部东西就是这些。"学者的这番话，"从根本上说"学的是什么呢？是学会了生活、学会了做人。学者的回答说出了最普遍而又最具有教育意义的道理——养成教育至关重要。

4. 情感性德育

从道德实践中，我们可以明显感觉到情感体验和道德品质的形成之间的密切关系。如果学生只有道德知识、道德榜样和一定的道德环境，但没有发自内心的、积极的、自主的情感体验，便不能形成良好的道德意识，不能获得明智的道德判断力，更不可能形成良好的道德行为。学生只有参与活动，拥有完整的道德体验，才能促进道德情感的升华，才能形成良好的道德判断力和道德意识，才能形成良好的道德品质。因此，情感性德育是运用情绪和情感的感染性、激励性和动力性，来促进学生对学校道德教育的认同。一个学生只有具备良好的道德情感，才能使其道德认知持久地指导道德行为，才能对某种行为作出合理的舍弃或追求，从而形成较强的道德意志。

另外，情感性德育也是解决当前学校德育时效性低下的一个有效途径。正如许多学者指出的那样，当前德育时效性低下的一个很重要原因就是学科教学与德育是"两张皮"。目前中小学校的德育目标注重考查学生德育知识的掌握程度，注重学生的行为是否合乎规范，而没有注重其内在情感和信念是否发生了改变，即使是对学生道德行为的考查，我们也往往采取简单的量化方式，如学生为老师办公室打了几次水、打扫了几次教室等，而对于通过各种形式的教育之后，学生的爱心、同情心、友谊感、自尊心、羞耻感、责任感等有没有得到发展，并没有真正成为学校德育目标之一而得到关注。因此，情感性德育的实施使道德认知转化为道德行为，帮助学生完成了认识上的飞跃，激发出学生真正的情感，为良好道德行为的发生注入了动力，也提供了发生的合理性。

二、优才教育的德育实施框架

优才教育的德育实施框架是从系统整体性和可操作层面考虑，将德育从目标、内容、实施、评价、保障五个方面构建成为一个网络（如图 2－1 所示），成为一项系统工程，即现代中学德育系统工程。

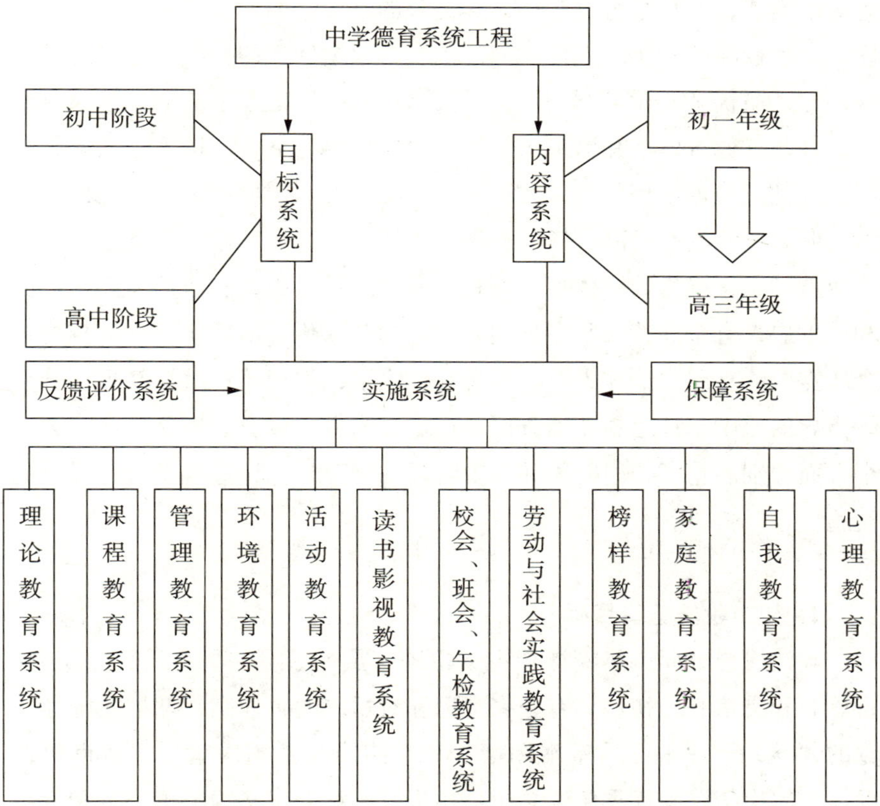

图 2－1　东北育才外国语学校德育实施框架

根据实践的有效性原则，现代中学德育系统工程包含目标系统、内容系统、实施系统、反馈评价系统和保障系统五个系统。五个系统之间彼此相互影响、相互生成。其中，实施系统中的 12 个子系统支撑整个实施系统，为整个德育实施系统的核心，勾连起了其他四个系统，从而形成一个相容、相生的硬性教育实体和立体的教育网络。

（一）目标系统

德育目标是教育目标的重要组成部分，是教育目标在德育方面的具体要求，它直接决定着德育的方向、内容、评价等一系列问题，既是德育的出发点，又是德育的归宿，是德育的首要问题。多年来，在办学理念上，学校在坚持优才先优德的基础上，根据优才的标准，恰当地系统地制定了与优才培养模式相匹配的德育目标系统。首先，在总的目标上，在坚持德智体美和谐发展的教育思想的引领下，坚持为高层次国际型、领袖型、创新型优秀人才打基础，培养学生学会做人、学会生活，做文明人，做具有高品位气质和健全人格的现代人，做有责任感、重事业成就的人，成为德智体美全面和谐发展，智力因素和非智力因素全面和谐发展，有个性特长和多种发展潜能的全球化、国际化、高科技化社会所需要的高层次优秀人才。在总目标之下，学校德育目标又根据分年级指导的原则，从思想政治方面、道德行为方面以及心理品质和能力三个方面分别制定了初中阶段和高中阶段的德育目标，进行了有针对性的实施。

1. 初中阶段德育目标

政治思想方面：热爱社会主义祖国、热爱家乡，具有民族自豪感、自尊心和自信心，初步具有国家观念和对祖国的责任感，拥护中国共产党的领导，了解中国的基本国情、基本路线和基本国策，了解世界概况，了解中华民族优秀传统文化，初步具有社会主义的思想情感和价值观，关心国家的经济、社会发展和生态环境，初步树立中国特色的社会主义共同理想、为祖国服务的思想。

道德行为方面：热爱生命、乐观向上，具有责任意识和积极的生活态度，有良好的道德品质，学会关心、孝敬父母、尊重他人、与人为善、诚实守信、团结合作、文明礼貌、勤奋学习、热爱劳动、感恩知报、尊重规则、尊重法律、遵纪守法、热爱科学、反对迷信。

心理品质和能力方面：具有自尊自爱、相容合群、宽容大度、积极进取、不怕困难等品质和一定的创新精神、独立思考能力，具有一定的适应能力和心理承受能力，能够进行自我调适、自我控制，具有良好的生活习惯和学习习惯，具有基本的道德判断和分辨是非的能力。

2. 高中阶段德育目标

政治思想方面：具有爱国主义、集体主义和社会主义思想情感，关心祖国的命运，懂得中国共产党是中国特色社会主义事业的领导核心，马克思列宁主义、毛泽东思想、邓小平理论、“三个代表”重要思想和科学发展观是中国共产党的指导思想，了解中国特色社会主义现代化建设常识，坚定走中国特色社会主义道路的信念，树立为实现中华民族伟大复兴而奋斗的志向和勇于艰苦拼搏、勇于献身的精神。能运用马克思主义的立场、观点、方法去观察问题、分析问题、解决问题，初步形成正确的世界观、人生观和价值观。传承中华民族优秀传统文化，热爱和平，尊重世界各民族优秀文化，关注全人类的共同利益，具有世界眼光，具有较强的民主与法制观念，能够依法办事、依法律己和依法维护自身权益。

道德行为方面：具有以爱国主义为核心的民族价值观和社会主义荣辱观，能正确处理个人、集体和国家之间的利益关系，对社会、对公众事业有责任感和正义感，热爱生活，懂得现代健康文明的生活方式和交往礼节，有高尚的道德情操，有良好的劳动习惯和勤俭节约、艰苦奋斗的思想作风，有较强的生态文明意识。

心理品质和能力方面：尊重科学，追求真理，具有科学态度、创新精神和独立思考能力，自主、自立、自强，具有较强的应变调适能力、交往能力、合作精神和竞争意识，具有一定的道德评价能力、自我教育和自我调控能力。

（二）内容系统

根据学生不同年龄的生理心理特点、不同层次的认知水平、涉世的深浅及德育内容本身的层次性和系统性，以《中学德育大纲》等有关文件为依据，结合学校实际情况，对初一到高三各年级的德育内容要点作出了有针对性的规定，形成了内容上相互联系且层级递进的内容系统。具体如表2－1所示。

表2－1　中学德育内容系统

年级	德育主题	具体内容
初一年级	注重养成 基础培养	（1）爱国观念和爱国情感教育，热爱祖国的壮丽山河、悠久历史、灿烂文化和著名的民族英雄、爱国志士、革命先驱、文化名人、杰出人物教育。 （2）基本的道德规范和行为准则的教育，《中学生守则》、《中学生日常行为规范》、《中学生礼仪规范》的教育和训练，校训、校风教育，学校的各项规章制度教育。 （3）热爱集体、维护集体利益，集体成员之间相容、合群、团结友爱，感恩知报、尊老爱幼、文明礼貌、乐于助人等优良品质教育和培养。 （4）热爱生命、亲近自然、爱护公物、爱护环境教育及节约意识的培养。热爱劳动、珍惜劳动成果教育，住宿生活指导及良好生活习惯的培养。 （5）热爱解放军，向解放军学习的教育，体验当兵的生活，了解军人的气质和风貌，学会自理、自立、自强，完成队列基本功训练。 （6）诚实正直、积极向上等良好心理品质教育，学习目的、学习态度教育，学习刻苦精神、良好学习习惯的培养及学习方法指导。

表 2－1（续）

年级	德育主题	具　体　内　容
初二年级	注重情感 健康成长	（1）热爱社会主义祖国教育，国家观念、尊重国家标志、维护祖国尊严、荣誉的教育，对祖国的情感教育。初步的社会发展规律教育，社会主义建设伟大成就教育，为实现我国的社会主义现代化而努力学习的学习目的教育。 （2）公民道德和社会公德教育，自由和纪律的关系教育，初步的民主和法制观念教育，道德判断能力的培养。 （3）尊重关心他人，与人为善，宽容大度，富有爱心、同情心等情感教育，集体主义观念教育。 （4）珍惜资源，爱护环境，勤俭节约教育，热爱劳动，注重实践，尊重他人劳动成果教育及生活自理能力的培养。 （5）青春期生理卫生、心理健康及情感教育，男女同学真诚友谊的教育。 （6）诚实守信，自立自律，坚毅勇敢，求知欲、创造力等心理品质教育及自我约束能力的培养，初步的审美情感和创造美的能力的培养。
初三年级	注重思想 全面发展	（1）热爱社会主义祖国，弘扬民族精神，中华民族优秀传统文化教育，坚持中国共产党的领导，坚持党的基本路线教育，中国社会主义常识教育，树立中国特色社会主义共同理想及责任感教育。 （2）尊重兄弟民族、加强民族团结、维护祖国统一教育，热爱和平、关心人类、同各国人民友好往来教育及国际交往能力的培养。 （3）宪法及有关法律知识教育，知法守法、运用法律武器保护自己教育。 （4）与改革开放和社会主义市场经济相适应的时间、效益、质量、服务等现代思想观念教育，生态环境保护、节约能源和低碳生活教育。 （5）热爱集体，具有责任感、竞争意识、团结合作和奉献精神教育，全面发展、做合格的初中毕业生教育。 （6）青春期自我保健、自我调节教育，高雅、健康的生活情趣、积极的生活态度、审美情趣及情感教育，适应能力、承受挫折能力的培养。

表2-1（续）

年级	德育主题	具 体 内 容
高一年级	注重品质 提升素质	(1) 热爱祖国，热爱人民，增强民族自信心、自豪感，树立为实现中华民族伟大复兴而刻苦学习、努力奋斗的志向的教育；热爱中国共产党、"三个代表"重要思想及科学发展观教育。 (2) 马克思主义常识教育，即初步的科学人生观、世界观、价值观，正确的人生理想教育，辩证唯物主义教育和历史唯物主义基本理论教育。 (3) 建设有中国特色的社会主义理论教育。社会主义的民主、法制教育，依法办事、依法律己和依法维护自身权益能力的培养。 (4) 社会主义核心价值体系教育，正确处理个人、集体、国家之间的利益关系教育，关注社会发展、参加社会实践、社会责任感和公民意识教育。 (5) 进一步深入进行校训、校风教育，进行行为规范、礼仪规范及学校各项规章制度、纪律的教育和训练。 (6) 中华民族优良传统与现代社会美德教育；热爱生活、昂扬向上、奉献社会、关心他人、乐于助人、团结友善等优秀品质的教育和培养。 (7) 学军教育，国防和国家安全教育，革命传统和军人铁的纪律等优秀品质教育。 (8) 自尊自爱、自强自立、积极进取、勇于创新、追求理想等良好心理品质教育及学习目的、学习方法、学习能力等良好学习心理品质的再教育、再培养。
高二年级	注重政治 体验责任	(1) 进一步的国家观念，关心祖国命运，勤奋学习，立志成才，为建设有中国特色的社会主义而献身的教育。 (2) 马克思主义常识教育，即以建设有中国特色的社会主义理论为中心的经济常识教育，我国社会主义初级阶段基本经济制度教育。树立与社会主义市场经济相适应的竞争观念、人才观念、国际意识、协作精神等现代思想观念教育。 (3) 坚持中国共产党的领导，坚定走中国特色社会主义道路的信念教育。

表2-1（续）

年级	德育主题	具体内容
高二年级	注重政治 体验责任	(4) 爱国主义、集体主义和社会主义思想情感教育，关心人民、关心社会、为人民服务、为祖国奉献的责任感教育。 (5) 正确认识中华民族优秀文化传统，树立体现中华民族特色、体现时代精神的道德规范教育、社会主义的人际关系教育、现代健康文明的生活方式和交往礼仪教育、社会生活中正确处理竞争与合作关系能力的培养。 (6) 社会实践教育，引导学生关心社会、体验责任、参加劳动、体验艰辛与快乐，进行劳动光荣、勤劳致富、艰苦奋斗教育。 (7) 社会主义民主政治、法律常识教育，依法行使权利、依法履行义务、依法规范行为，知法、守法、用法、护法教育。 (8) 健康高尚的审美情感和行为自律性、情绪稳定性、思维创造性等良好心理品质及高品位气质、完美人格、领袖型人才的教育、培养。
高三年级	注重理想 追求卓越	(1) 维护国家主权、关心祖国、关心世界，发展国际友好合作关系教育，人道主义与国际主义精神教育。 (2) 马克思主义常识教育，即以建设有中国特色的社会主义理论为中心的政治常识教育，运用马克思主义的立场、观点、方法分析问题、解决问题能力的培养。 (3) 全面把握科学发展观的科学内涵和精神实质教育，构建社会主义和谐社会教育。 (4) 职业理想和社会理想、正确选择人生发展道路的教育，为未来生活而自主学习、选择、探索能力的培养。 (5) 坚定的改革开放、健全的市场经济意识教育，热爱家乡，为家乡建设贡献力量教育。 (6) 关注全人类的共同利益，关注生态文明、和平发展，世界大同，敢为天下先教育。 (7) 社会主义民主生活制度教育，建设社会主义法治国家、发展社会主义政治文明、健全民主制度、树立社会主义法制理念教育。 (8) 尊重科学、追求真理、科学态度和创新精神教育。

(三)实施系统

德育的途径和方法主要可以分成12个教育系统，即理论教育系统，课程教育系统，管理教育系统，环境教育系统，活动教育系统，读书影视教育系统，校会、班会、午检教育系统，劳动与社会实践教育系统，榜样教育系统，家庭教育系统，自我教育系统和心理教育系统。这12个教育系统相互独立，自成体系，融知识性、示范性、养成性和情感性为一体，具有很强的操作性。它通过学生自身的体验和感悟，达到晓之以理、动之以情、示之以范、导之以行的效果，实现道德知与行的统一，道德认知、道德情感和意志、道德行为三个要素的完美结合。学生在自主体验中，探求生命的价值和生活的意义，为培养国际型、领袖型、创新型高层次优秀人才奠定基础。

1. 理论教育系统——理论学习，坚定学生发展方向

理论教育系统是以思想政治课、理论教育讲座、系列教育讲话等为载体，通过正面教育和灌输对学生进行有系统的理论教育，用以马克思主义为指导的理论观点和社会科学知识武装学生，培养学生坚定的政治方向，正确的世界观、人生观、价值观和思想方法，较高的思想觉悟和认识能力。理论教育强调的是正面的教育和灌输，但绝不是仅仅靠课本这种教育载体进行教条式的灌输，而要坚持在活动中灌输。一方面，思想政治课教学加入了很多活动因素，重视阐述理论的细腻性和生动性，引导学生去分析理论，把理论应用于实践；另一方面，教育讲座、系列教育讲话等也是鲜活的理论渗透的重要载体。如：学校在校本课程名人名家课程中定期邀请各领域出色的知名人士来学校讲学和演讲，并通过他们当中一些人的成功之路及切身体验为学生提供借鉴经验和发展动力，这样无形之中渗透着真、善、美，潜移默化之中激发了学生成为优才的梦想。

2. 课程教育系统——课程渗透，注重学生品德知行

课程教育系统主要是指在学科教学中以教学内容为载体，向学生进行最经常、最基本的德育渗透，把德育融入学科教学之中。课程教育系统重在充分挖掘学科教学资源当中的德育因素，充分发挥学科教学的德育功能，自觉地增强学科教学的德育意识，切实落实学科教学作为德育主渠道的作用，实现既教书又育人。

课程教育系统融知识性、思想性、审美性等为一体，既能增加学生的道德知识、增强学生的道德判断能力，又能提升学生的道德情感。比如，文科教学在对学生进行爱国主义、集体主义、社会主义教育，价值观教育，道德行为、审美教育及社会心理品质等教育时，还要善于运用教学中的语言环境对学生进行情感的激发和陶冶；理科教学可以培养学生严谨的作风，实事求是的科学态度和独立思考、勇于进取、勇于探索、勇于创新的精神，培养学生的理性思维和守信、守时习惯，帮助学生树立辩证唯物主义世界观和科学的方法论；艺术课程能够培养学生正确的审美观点、高尚的审美情趣，陶冶情操，净化灵魂，提高辨别真善美和假恶丑的能力；体育课程能培养学生顽强的意志品质、拼搏向上的精神和组织纪律性、集体主义观念及合作精神等；而劳动技术课程能培养学生热爱劳动、尊重劳动人民、珍惜劳动成果的思想和感情及吃苦耐劳、勤俭节约的作风，帮助学生养成良好的劳动习惯。总之，通过课程教学不仅增加了学生的道德知识，而且升华了道德情感、磨炼了道德意志、形塑了学生的道德行为。学校建立健全了德育的学科教学制度，编写了学科德育大纲，将德育要求与知识传授、能力培养、开发智力、发展个性等同样作为课堂教学的目标，对教师教学活动的全过程及教学过程中的每一个环节，都明确提出了德育方面的要求和规定；并通过开展学科教学德育研讨课、撰写德育论文、重视教学评估中的德育要求、发挥评估的导向作用、重视学科教学中的师表作用对学生的作用和影响等措施来强化学科教学中的德育。

3. 管理教育系统——管理育人，优化学生行为习惯

管理具有教育性、养成性的特点。管理教育是指学校在管理过程中对学生施加教育影响，以达到教育的目的。管理教育系统主要是以《中学生守则》《中学生日常行为规范》《中学生礼仪规范》及学校的各项规章制度、纪律要求为基本内容，通过管理教育及训练使学生提高对管理教育重要性的认识，明确基本要求，懂得遵守这些守则、规章制度、纪律要求的目的和意义，变成自觉行动，达到知行的和谐统一。在管理教育中，学校根据学生的年龄、心理特点有所侧重。具体来说，对初中学生通过管理强化训练使其对某种行为由开始感到一定的紧张和不自由到习以为常感到自由，从而形成定势，养成良好的行为习惯；对高中学生则通过管理强化、自我教育、自我约束，从而达到知与行、认识与实践的统一，变外部要求为内部自觉的效果。

管理教育虽然是外在的、非自发性的，但最终的目的仍然是要真正内化为学生的价值认同，并在自觉的基础上达到目标，是为“无为而治”，即形成一种管理文化。这主要通过以下几个方面来实施。

（1）新生入学教育，使学生了解学校各项有关学生的规章制度和规范，重在养成性和强化学生的认同。

（2）开展《中学生日常行为规范》《中学生礼仪规范》的实践活动，让学生在实践中体验、在体验中感悟、在感悟中完善，做到礼仪知识与文明素养并重、规范与操作结合，使养成教育真正落到实处。

（3）实行学生轮流值周、参与学校管理的制度，以促进学生自我管理、自我教育、自我服务、自主体验，并在此过程中培养责任意识。

（4）组织军训，在军训中培养学生的组织性、纪律性，增强集体主义观念，以及文明行为习惯的养成。

（5）充分发挥教师集体的管理作用，每一位教师都负有对学校学生管理教育的责任，并通过提高教师队伍整体的道德水平、行为风尚来影响学生的思想和行为。

（6）发挥共青团、学生会组织在管理教育中的作用，由团委、学生会组织的学生干部成立督察机构，在教育处、团委的指导协助下，开展工作，进行自我管理。

（7）强化宿舍管理，坚持以学生为本，重视发挥学生在宿舍管理中的作用，通过强化管理为学生创造一个文明、和谐、温馨的住宿环境，使其养成良好的生活习惯，提高其自理、自立和与人相处的能力。

4. 环境教育系统——浓厚氛围，陶冶学生品德情操

这里的环境教育系统，并不是普遍意义上的以环境作为教育的素材，而是充分挖掘学校内部的环境资源，使之上升为一种环境文化，以此影响学生的学习和生活，通过教育者的组织和利用，使环境产生积极的教育作用。

环境教育既包括显性的校园自然环境，也包括隐性的环境文化。

（1）自然环境。环境的育人功能，特别是优美环境、艺术化环境的美育功能是其他教育形式所不可替代的。优美、绿色、整洁、和谐的校园，坚实、美观、大方，刻有校风、校训等对学生具有激励作用的石头形成了校园中别具一格的寓意“求实（石）”，“实（石）实（石）在在”的石头文化，清新、高雅、温馨的室内环境，先进、一流的现代化教学设施和设备，走廊、楼道上悬挂的名画及学生的艺术作品，整洁、简朴、宽敞、明亮而又方便的学生宿舍和学生食堂，朴素、大方、美观的学生服饰，充满朝气、干净利落的短发头式等都共同美化着学校的环境，哺育着每一个学生。为此，学校着力校园环境的建设，从客观的外在的自然环境到可塑的人文环境，每一个层面都充分发挥校内师生主人翁的意识，将环境与人连为一体，环境中渗透着人的价值倾向，而人本身也组成了一道亮丽的风景。正如苏联著名教育家苏霍姆林斯基所说：“一所好的学校，连墙壁都能说话。”

（2）环境文化。环境教育不能停留在自然环境对学生的孕育，而需要把自然环境加进人的因素，上升为一种环境文化。学校环境是经过人改造过的环境，它具有一定的价值导向。自然环境对人的影响也许是盲目的，但是一旦加进了人的因素，环境就具有了文化的内涵，就能有目的地对人进行引导和孕育。除了和谐滋养的自然环境之外，具有人的内涵的学生文化、教师文化、班级文化、寝室文化等都属于广义的环境文化的一部分。为此，学校着力打造学校的校风、教风、学风、班风等无形却又具有重大影响力的文化力量。“求索真善美、敢为天下先”的校训，“学会关心、学会创造、全面发展、初露才华”的培养目标，“诚实、勤奋、创新、求实”的校风，“自信、自强、自豪”的“育才”精神及“爱生敬业、为人师表、求实求新、教书育人”的教风等，都属于这种巨大的教育力量。学生置身于浓郁的校园文化氛围中，产生了愉快、活泼、积极的心态和情感，促进了身心健康发展。

5. 活动教育系统——活动开展，促进学生自主体验

活动教育是自主体验式德育的重要载体。开展活动是促进学生身心健康的重要途径。参与活动可以为学生提供和创造各种体验的机会，丰富学生的生活、拓宽学生的视野、发展学生的个性特长，通过活动引导学生通过自我体验、自我教育、自我发展逐渐形成良好的思想品质、健康的心理素质、积极的情感和适应能力。

在活动教育中，我校本着立体化、人性化以及针对性、有效性等原则，根据学生的实际情况、德育目标和内容，有计划、有步骤地设计各种德育活动，目的就在于让学生在活动中获得体验、在活动中获得快乐、在活动中获得成长。总的来说，学校的活动教育主要分为三个方面：常规性德育活动、研究性德育活动以及国际交流活动。

其中，常规性德育活动又根据教育的素材分为节日、纪念日教育活动，仪式活动，校园文化活动，文艺活动以及体育活动等。研究性德育活动主要是通过一些研究性学习，让学生通过自己的研究，产生情感体验，形成一种自发的道德意识和倾向。比如，2008 年 6 月，学校组织学生参加由飞利浦中国电子集团和中国科协青少年科技中心联合举办的“08 中国看我的——中学节能推广活动”，参加的学生表现很积极，发挥自己的想象力和创造力进行设计和创意。这项活动的意义并不在于结果，而是在活动中，以绿色节能为重点，传承了勤俭节约的美德，促使学生树立了节能环保观念，培养了节能环保的意识，并引导学生以实际行动参与环保。国际交流活动主要是以学校自身与国外联系紧密的优势，每年组织学生去美国、法国等国家进行国际文化交流活动，同时也派出部分学生与新加坡等国家的学生进行互访。这些都扩大了学生的视野，丰富了学生的知识，增强了学生的开放意识和国际意识。

6. 读书影视教育系统——途径拓宽，升华学生精神世界

课外书籍和影视艺术，对学生的思想观念、道德情操、精神风貌等起着深刻的影响。利用读书和影视艺术开展教育活动，使学生的精神世界更为充盈、更为深刻，也是学校进行德育的重要内容和有效途径。

（1）读书

读书使人明智，读书使人聪慧，读书使人高尚，读书使人文明，读书使人明理，读书使人善辩。为了提高学生的内涵和知识素养，我校在读书教育方面作出了很大的努力，培养学生读书习惯，引领学生做文明人、做智慧人。

① 引导和指导：对学生的读书活动给予积极、正确的引导和指导，定期或不定期向学生推荐读书书目，并根据初、高中学生的不同特点，推荐不同的书目。如，向初中学生推荐一些科普读物、英雄人物传记、故事诗歌、散文、报告文学等，向高中学生推荐一些政治、法律、经济、青年修养、伟人传记、哲学著作、历史名著等。

② 保证措施：举办读书报告会、讲演会、读书心得交流、读书知识竞赛、读书征文比赛及读书小报评比、设立书报刊宣传栏等。学校每年举办一次读书征文比赛和读书小报评比，每学期举办一次读书报告会或读书心得交流，适时举办读书知识竞赛。

③ 制度保障：健全读书阅览制度，学生的阅览活动排入课表，读书活动纳入正常的轨道，形成制度化、规范化。

④ 服务型措施：定期设计读书问卷，经常了解学生的读书情况，有针对性地进行新书介绍和读书指导。

⑤ 组织形式：以学生个人阅读为主，特别是寒暑假，是学生读书

的好时机，要有计划、有目的、有重点地安排学生的读书活动，也可以组织读书小组，各班设读书管理员，设图书角，在图书馆老师的指导下负责学生读书的有关组织工作。

（2）影视

影视活动主要是从直观形象上对学生进行教育，鉴于学生的寄宿制生活的封闭性，学校定期或不定期地组织学生利用晚自习时间观看一些寓意深刻的影视作品。利用影视艺术形式开展教育活动，也要针对初、高中学生的不同年龄、生理、心理特点、认知程度，分别选择安排优秀影视作品，组织教育活动。

组织学生观看影视片的目的并不在于形式，而是通过影视片中所反映的价值观或精神对学生进行教育。活动的形式可根据具体情况进行改变，如在影视片的选择上，要把影视活动与学生德育的各项主题教育结合起来，围绕主题选定优秀影视片，如我们针对爱国主义、人生理想、道德修养等主题组织学生观看《论语》、《庄子》、《百家讲坛》、《大国崛起》、《让世界充满爱》、《感动中国十大人物》等优秀影视片，增强教育的效果。为了强化影视作品的渗透功能，培养学生的审美和鉴赏能力，我们一方面组织影评小组，在语文老师的指导下，对典型的优秀影视片开展影评活动；另一方面采取写观后感的形式，呈现学生内心真实的情感体验等。

7. 校会、班会、午检教育系统——主题突出，启迪学生理想追求

主题校会、主题班会是学校或班级集中的、有目的地对学生进行德育专题教育的一种经常且有效的教育形式，它能使学校或班级某一阶段的教育形成高潮，而且由于主题鲜明、形式生动活泼，能给学生留下深刻的印象，教育效果明显。基于此，学校根据实际情况，建立了主题校会制度和主题班会制度。按照常规，一般在5月份举行有关理想、人生观、世界观、价值观方面的主题校会，9、10月份举行有关爱国主义教育和中华文化优秀传统方面的主题校会；主题班会制度则为“五定”，即定时间、定主题、定方案、定检查、定总结。每学年学校都要举办主题班会观摩和开展优质班会评比活动，以促进班会质量和水平的提高，达到理想的教育效果。

午检是学校和班主任每天对学生进行集中教育的时间，为时 15 分钟，每周学校一般用 1—2 次，其他时间为班级利用。利用午检，学校或班级可以组织专题教育活动，开展各种专题教育讲话，如时事广播，学生行为规范指导讲话，卫生知识讲话，宿舍生活指导讲话，重大纪念日、节日专题讲话及专题讲演，读书报告会，社会调查专题报告会，班级总结等系列活动。各班午检可以由班主任组织，也可由学生组织，午检内容丰富多彩，形成系列，思想性、教育性强，形式生动、活泼、多样，达到了理想的教育效果。

8. 劳动与社会实践教育系统——实践参与，拓展学生社会视野

劳动与社会实践教育既是中学德育的重要内容，又是中学德育的重要手段和途径。一方面，让学生在劳动与实践中进行切身的情感体验，激发其对劳动的尊重，培养其劳动的习惯和技能，达到教育的目的；另一方面，对于学生认识国情、了解社会、体察民情、开阔视野、增长才干，形成正确的立场、观点、方法，培养理论联系实际的作风，加快成长的社会化过程，尽快适应时代和社会的要求具有重要作用。

劳动教育主要是通过开设相关课程，组织学生参加校内劳动以及自我服务性劳动、社会公益劳动等，培养学生的劳动观点及社会责任感。学校内除走廊和卫生间以外的所有室内外清扫工作都由学生来完成，每天清扫四次。特别是作为一所寄宿制学校，指导学生学会自我服务性劳动，做一些力所能及的劳动，养成良好的劳动习惯和生活自理能力是非常重要的。学生从劳动中体验到丰富的道德内容，责任意识油然而生。同时，我校初中的创造力开发课，学生进行创意设计，通过动手制作，把设计变成模型；高中的通用技术课，学习技术与设计、简单机器人制作、家政与生活技术等，都是劳动教育良好的载体。

社会实践教育主要是组织学生走出校门，进入社会、了解社会、服务社会，进行社会体验，开展调查、研究等活动。如，任课教师结合教材有关内容指导学生进行实践调查，以丰富和巩固书本知识，加强理论与实践的联系；学校有组织、有计划地定期组织学生进行参观、考察；每年的5月份学校都组织全校性的“我爱祖国”春游活动，组织学生到大自然中去，游览祖国美丽多姿的壮丽河山，考察祖国闻名于世的文化古迹、历史文物、古代建筑及现代重大建设工程等，使学生的情感得到陶冶、心灵受到感化；每年学校组织初一、高一学生统一进行军训，直接到部队营地，体验军旅生活，感受军队的氛围，学习解放军的优良作风，增强集体主义思想、组织纪律性、吃苦耐劳精神和自理自立能力；利用假日组织学生志愿者从事社会公益活动，培养学生公益意识和社会责任感。

9. 榜样教育系统——榜样示范，激发学生成长热情

法国著名教育家卢梭曾说过：“榜样！榜样！没有榜样，你永远不可能成功地教给儿童任何东西。”现在看来，这样的评论未免有些夸张，但却形象地说出了榜样教育的力量。榜样的力量是无穷的，青少年处于学习知识、形成价值观和态度的重要时期，是模仿力较强的时期，也是一个可塑性强的时期。结合时机，运用榜样的力量来教育学生，会对学生起到示范、激励和导向的作用。榜样教育是德育的一个十分方便可行的途径。

首先，教师榜样不可小视。教师是与学生接触最多的人，他们的一言一行，学生看在眼里，日久天长也会慢慢地产生模仿倾向。教师榜样的形象要靠自身的学识和修养两个方面来树立。学校在为学生树立英雄、模范、名人名家榜样的同时，还充分利用学生身边以及学生内部的资源，通过树立学生标兵、评选优秀、评选“感动校园十大人物”等活动，使榜样教育更接近学生的实际生活，更具现身说法，增强可信度。

10. 家庭教育系统——家校配合，形成教育合力

家庭教育是社会教育的一个重要组成部分，是实施德育系统工程的一个重要渠道。德育是一个复杂的工程，需要学校、家庭、社会的合力

才能共同促进学生德性的成长。而当今整个社会，对家长的教育和培训还很不够，使得家庭教育成为学校、社会、家庭三大环节中薄弱的一环。通过大量典型案例的分析和调查，会发现学生中出现的很多问题与家庭教育有很大关系，具体表现在：一是在独生子女家庭的“四二一”结构中，学生由于家庭娇惯，生活优越，逐渐养成贪图享乐、互相攀比、不愿意付出却想得到的思想行为习惯，造成一部分学生缺乏责任感、非常自我、不思进取；二是家长过分看重学生的学习成绩，重智轻德，有的与孩子沟通少，有的家长还缺乏方法，简单粗暴，因此造成有些孩子在生活上应有尽有，但在精神上却缺乏家庭的真正关心，造成学业不良、行为不端；三是家庭变故或不稳定因素，给学生的成长带来很多负面影响，有的父母离异，有的家庭氛围不和谐，使孩子在心理上产生很多不良倾向。为了引导家长树立正确的家庭教育观念，掌握科学的家庭教育方法，提高教育孩子的能力，我校作了很大的努力。具体的指导工作通过以下途径来实施。

（1）班主任家访。即有计划、有目的、有重点地进行家访，或邀请家长来校，沟通学生在校、在家情况，共同协商对学生的教育问题。

（2）学校定期召开家长会。学校每学期期中、期末共召开两次；各班级、年级可根据班级、年级情况，经学校同意，不定期地召开全体或部分学生家长会。

（3）开展家庭教育咨询，设立家长接待日。办家庭导报，了解家长对子女进行教育的情况，特别是对那些单亲家庭、父母离异等不健全家庭以及不良家庭更要多做工作，尽力解决家长在子女教育方面存在的问题，为学生健康成长提供良好的家庭环境。

（4）成立班级家长委员会，建立家长反馈单制度，制定家庭教育的有关章程。家长委员会的成员可参与学校教育教学的某些活动，对学校工作提出意见或建议，并为学校教育活动提供适当帮助。

（5）成立家长学校，开展家庭教育讲座。向家长宣传和普及先进科学的教育理念与教育方法，推广家长教育子女的成功经验，使家长懂得教育的规律，树立正确的教育观和人才观，能正确地、有针对性地对子女进行教育，并能以自身的表率作用影响子女，特别是对初一新生家长要重点进行培训指导。

11. 自我教育系统——自我管理，挖掘学生内在动力

马克思主义德育论认为，教育与自我教育是统一的过程。德育过程是教育者与受教育者的自我教育的双边活动过程，是学生在教师的引导下认识世界、认识自己，努力提高自己的内化过程。自我教育在一定意义上来说既是教育的结果，又是进一步教育的条件或内部动力，它是教育的最高层次。自主体验式德育的实施本身也需要学生的主体能动作用，因此，自我教育是德育系统工程中一个重要的方面。

自我包括个人自我和群体自我。据此，活动的主体也分为个人自我和群体自我。个人自我方面，首先，充分重视学生的自我教育意识，启动学生的自我教育机制，通过创设自我教育的环境和条件，建立激励自我教育的制度（如自我评价制度、自我批评制度、自我成才计划等），开展自我教育的活动（如开展十八岁成人仪式、十四岁生日活动），引导学生不断学习，通过对自己的反省、反思、总结等办法正确认识事物和自我；其次，培养、锻炼学生自立、自律、自强的意识和能力；再次，增强学生的成人感、公民感，及对自己、对社会的责任感等。群体自我方面，主要发挥班级、团队、学生会及学生组织的教育作用。其中，班、团以及学生会的组织管理、学生社团活动的开展、值周班长制度、寝室的督察制度、民主生活会制度等都很好地发挥了学生的力量，锻炼了学生的自我管理能力，培养了学生的自我教育意识。

12. 心理教育系统——心理疏导，引领学生健康成长

良好的心理素质是人的全面素质中的重要组成部分。心理健康教育是提高中小学生心理素质的教育，是实施素质教育的重要内容。中小学生正处在身心发展的重要时期，随着生理、心理的发育和发展、社会阅历的扩展及思维方式的变化，特别是面对社会竞争的压力，他们在学习、生活、人际交往、升学就业和自我意识等方面，会遇到各种各样的心理困惑或问题。但以往的教育没有把学生当成真正有血有肉的人，在一定程度上忽视了学生心理的健康发展，同时随着时代的发展、变化，学生的思想状况和心理素质也在发生变化，不了解学生当前的心理实际，而沿用以前的教育观念和方法去教育学生是不科学的，也注定是不可能成功的。因此，在中小学开展心理健康教育，是学生健康成长的需要、是推进素质教育的必然要求、是基础教育在实现人性化上的一种回归。心理健康教育的目的就在于培养学生良好的心理品质和心理能力，使学生具有健康的心理、健全的人格，最大限度地开发每个学生的心理潜能，促使学生整体素质的提高，为成功的人生奠基。

多年来，我校的心理健康教育是从学生心理发育的内部动因出发，遵循学生心理发育的规律和特点，将外塑和内化有机统一。心理健康教育的内容主要是以“发展心理”和“成功心理”为主，包括青春期心理卫生常识教育、健全人格教育、学习心理品质教育与社会心理品质教育、社会适应性教育等。在方法上，主要是坚持正面教育引导、全方位多层次渗透、创造良好的人文心理环境、重视实践体验，具体做法主要是通过课程的知识传授、活动教育的渗透、心理咨询室的开放、集体辅导与个别辅导相结合、班主任及科任老师的指导以及建立学生心理档案等途径来进行。与此同时，我们还建立起了一支以班主任教师、心理教师、卫生保健教师、思想政治课教师及生物、体育等有关学科教师为骨干的包括全校教师在内的心理健康教育师资队伍，他们努力地走进学生的心灵，了解学生心态，关心学生变化，做学生的良师益友，保证了心理健康教育的实施。

（四）反馈评价系统

反馈评价系统的建立是德育系统工程得以顺利实施，保证质量，取得成效的关键。反馈评价系统包括两个方面：反馈系统和评价系统。反馈是经常性的对德育系统工程的实施情况及时地了解、掌握，对实施工作不断进行调整和改进。评价是在平时积累的大量反馈信息和定期检查、考核基础上形成的结论，是对班主任、任课教师及学校工作人员实施德育系统工程的情况，对学生的德育表现情况进行评价。反馈与评价是密切相连的，没有正确的反馈，就没有正确的评价；没有正确的评价，也没有正确的反馈。

1. 反馈方法

（1）通过每周的学年组长、班主任例会汇报情况；通过领导深入年级、班级听取汇报，直接与教师、学生接触了解情况。

（2）通过教育处人员每天深入年级、班级检查了解情况，再通过教育处例会将了解的情况集中起来加以研究、分析，以便及时对德育系统工程的实施工作进行指导和调整。

（3）通过值周班检查。

（4）通过召开学生座谈会和学生干部座谈会了解情况；通过召开家长座谈会、调查问卷等征求家长意见。

（5）通过对学生进行德育系统工程实施情况的问卷调查了解情况。

（6）通过每学期学年组长、班主任、任课教师的工作总结和各班级的工作总结，了解德育系统工程的实施情况及效果。

2. 评价

（1）评价原则

① 实事求是、掌握第一手材料的原则。

② 主观评价与客观评价相结合的原则。

③ 过程评价与终结评价相结合的原则。

④ 定量评价与定性评价相结合的原则。

（2）评价方法

① 每学期期中、期末由教育处负责对德育系统工程的实施情况各进行一次全面的检查、考核。

② 每学期由教育处负责把平时所掌握的德育系统工程的实施情况进行整理，写出书面总结、评价材料，存入资料档案。

③ 自我评价，即学校各部门、各年级、班级、教职工个人在每学

期结束时，都要把自己分担的德育工作任务的完成情况、达到的效果进行总结、评价；学生则对自己德育方面的表现进行总结、评价。

④ 民主评议（也可称为他评），即每学期分别对学生的德育表现，对班主任、任课教师及学校工作人员的德育工作情况，对班级、年级贯彻实施德育系统工程的情况进行民主评议，全方位、多角度、客观地评价。

⑤ 问卷，即对班主任教师、任课教师的德育工作情况，通过问卷让学生进行评价。每学期问卷调查一次。

⑥ 校评，即由主管德育工作的校长和教育处综合上述①②③④⑤方法对年级、班级、班主任教师、任课教师及有关人员的德育工作情况作出总体评价，存入业务档案。

（3）评价内容

德育评价内容直接关系到评价的结果，科学可行的评价内容可以客观地评价德育工作，为后续的德育工作提供指导思路和方向。评价的内容根据德育工作所涉及的主体和领域来展开，主要有学生德育综合素质测评、班主任工作评价和科任教师德育工作评价。学生德育综合素质测评包括德育素质、身心素质、日常行为表现纪实、综合素质报告单等（具体内容见表 2－2 至表 2－7）。

（五）保障系统

德育系统工程的顺利实施，要有一定的保障措施，即保障系统。具体包括如下几个方面。

（1）德育系统工程由校长负责指挥实施，建立健全校长—教育处—年级组—班主任—班级教导小组的工程实施指挥系统，建立以学校党政领导、教育处、工会、共青团、思想政治课教师、年级组长、班主任教师为骨干的包括全校教职工在内的工程实施队伍。

（2）强化德育工作指挥系统，做到组织落实。学校的一切工作都坚持了以育人为本，德育为先，强调和体现了德育的效果，形成了德育的整体氛围，保证了德育系统工程的实施。

（3）树立全员德育意识，建立了全员德育制度，做到了全员参与、全面渗透、全程管理，形成了教育合力，教书育人，管理育人，服务育人，环境育人，学校的每一位教职工都处在德育工作的组织之中，直接参加德育系统工程的实施，体现了德育的整体功能。

（4）强化班主任在德育系统工程实施中的首席地位，特别是重视对青年班主任的培养提高工作，通过配备指导班主任，实行见习班主任制度，成立青年班主任工作研究会，坚持每周班主任例会制度，组织班主任进行学习、开展经验交流、工作研讨等，建设一支素质优秀的班主任工作队伍，在德育系统工程的实施中发挥了重要作用。

（5）建立家庭、社会、学校的三位一体的立体教育网络，努力做好校内外教育资源的深层次开发和利用，保障了德育系统工程的顺利实施。

表 2－2　东北育才外国语学校学生品德素质测评

班级：____________姓名：______________

评价项目			评价结果		
			学生自评	班级评价 小组评价	年级组 审核
道德品质	1. 是非观	崇尚科学，信仰真理，不参加任何迷信活动； 明辨善恶，有正义感，敢于同不良现象作斗争； 对事物或事件作出符合社会正确价值取向的合理判断。	□优秀 □较好 □合格 □尚待改进	□优秀 □较好 □合格 □尚待改进	□优秀 □较好 □合格 □尚待改进
	2. 亲社会	响应集体号召，参加集体活动，关心集体，关心弱势群体，乐于帮助他人，富有爱心，懂得感恩，尊重交往对象，理解他人的情绪情感，合群，不偏激； 有团队精神，集体荣誉感强，能服从集体决定； 积极参加社会实践活动。	□优秀 □较好 □合格 □尚待改进	□优秀 □较好 □合格 □尚待改进	□优秀 □较好 □合格 □尚待改进

表 2 – 2（续）

<table>
<tr><th colspan="3" rowspan="2">评　价　项　目</th><th colspan="3">评　价　结　果</th></tr>
<tr><th>学生自评</th><th>班级评价
小组评价</th><th>年级组
审核</th></tr>
<tr><td>道德品质</td><td>3. 诚实守信</td><td>实事求是，言行一致，知错就改，没有欺骗他人的言行，拾金不昧；
坚持践行自己的诺言；
负责任地完成所承担的任务；
考试不舞弊。</td><td>□优秀
□较好
□合格
□尚待改进</td><td>□优秀
□较好
□合格
□尚待改进</td><td>□优秀
□较好
□合格
□尚待改进</td></tr>
<tr><td rowspan="3">公民素质</td><td>4. 热爱祖国</td><td>具有爱国主义思想，拥有民族自尊心、自豪感，不卑不亢；
尊敬国旗、国徽，热爱国歌；
关心国家、家乡的建设。</td><td>□优秀
□较好
□合格
□尚待改进</td><td>□优秀
□较好
□合格
□尚待改进</td><td>□优秀
□较好
□合格
□尚待改进</td></tr>
<tr><td>5. 社会责任感</td><td>关心时政，有社会责任感；
自觉维护公共利益，爱护公物，积极参加各种公益活动；
具有环保意识，积极参加环保活动，自觉维护环境卫生；
具有节约意识，勤俭节约；
不做危害社会、影响学校的事情；
对违反社会公德的行为能够以合适的方式予以劝阻和反对。</td><td>□优秀
□较好
□合格
□尚待改进</td><td>□优秀
□较好
□合格
□尚待改进</td><td>□优秀
□较好
□合格
□尚待改进</td></tr>
<tr><td>6. 遵纪守法</td><td>有法律意识和规则意识；
知法、懂法、守法；
遵守校规校纪；
自觉遵守公共秩序和交通规则。</td><td>□优秀
□较好
□合格
□尚待改进</td><td>□优秀
□较好
□合格
□尚待改进</td><td>□优秀
□较好
□合格
□尚待改进</td></tr>
</table>

表2－2（续）

<table>
<tr><th colspan="3" rowspan="2">评 价 项 目</th><th colspan="3">评 价 结 果</th></tr>
<tr><th>学生自评</th><th>班级评价
小组评价</th><th>年级组
审核</th></tr>
<tr><td>公民素质</td><td>7. 文明习惯</td><td>礼貌待人，语言、行为文明；
见到师长主动问好、让路；
无不良嗜好，不进入网吧及“三厅一社”；
不吃零食。</td><td>□优秀
□较好
□合格
□尚待改进</td><td>□优秀
□较好
□合格
□尚待改进</td><td>□优秀
□较好
□合格
□尚待改进</td></tr>
<tr><td rowspan="3">在校日常行为规范表现</td><td>8. 课堂规范</td><td>不迟到，不早退，不旷课，积极认真参与教学活动，课上不做与教学无关的事情；
课上不看与教学无关的书籍；
尊敬师长，不做影响正常教学秩序的事情。</td><td>□优秀
□较好
□合格
□尚待改进</td><td>□优秀
□较好
□合格
□尚待改进</td><td>□优秀
□较好
□合格
□尚待改进</td></tr>
<tr><td>9. 仪容仪表规范</td><td>穿着打扮朴素、大方、得体；
不穿奇装异服，不留长发和特殊发型，不佩戴首饰，不穿高跟鞋，不化妆；</td><td>□优秀
□较好
□合格
□尚待改进</td><td>□优秀
□较好
□合格
□尚待改进</td><td>□优秀
□较好
□合格
□尚待改进</td></tr>
<tr><td>10. 宿舍和食堂规范</td><td>宿舍内务整洁干净，按时起床、就寝；
宿舍内不大声喧哗；尊重宿舍工作人员；
遵守食堂纪律，尊重食堂工作人员，不浪费食物，勤俭节约；
遵守就餐秩序，排队就餐，不大声说话，不打闹。</td><td>□优秀
□较好
□合格
□尚待改进</td><td>□优秀
□较好
□合格
□尚待改进</td><td>□优秀
□较好
□合格
□尚待改进</td></tr>
</table>

表 2-3　东北育才外国语学校学生身心素质测评

班级：____________姓名：______________

<table>
<tr><th colspan="2" rowspan="2">评价项目</th><th colspan="3">评价结果</th></tr>
<tr><th>学生自评</th><th>班级评价
小组评价</th><th>年级组审核</th></tr>
<tr><td>1.
价
值
取
向</td><td>有正确的人生观、价值观、世界观、荣辱观；
有正确的审美观；
有崇高的人生理想，积极上进；
追求真善美，有识别美丑、善恶的能力；
情趣高雅。</td><td>□优秀
□较好
□合格
□尚待改进</td><td>□优秀
□较好
□合格
□尚待改进</td><td>□优秀
□较好
□合格
□尚待改进</td></tr>
<tr><td>2.
意
志</td><td>具有不畏困难、克服困难、战胜困难的意志；
具有顽强拼搏、坚持不懈的精神；
能抵制各种不良诱惑。</td><td>□优秀
□较好
□合格
□尚待改进</td><td>□优秀
□较好
□合格
□尚待改进</td><td>□优秀
□较好
□合格
□尚待改进</td></tr>
<tr><td>3.
情
绪</td><td>经常保持积极乐观向上的情绪状态；
正确认识自己，客观评价自己，不骄不躁，对自己充满信心；
有自控能力，遇事冷静、不冲动，能根据情境，采取适当的表达方式并控制自己的情绪。</td><td>□优秀
□较好
□合格
□尚待改进</td><td>□优秀
□较好
□合格
□尚待改进</td><td>□优秀
□较好
□合格
□尚待改进</td></tr>
<tr><td>4.
心
理
健
康</td><td>正直诚实、豁达乐观，不自闭，不自卑，始终保持“阳光心态”；
与人为善，不嫉妒，不猜疑，对不如自己的人不嘲笑、不讽刺；
不任性，不以自我为中心，思想不偏激、不极端。</td><td>□优秀
□较好
□合格
□尚待改进</td><td>□优秀
□较好
□合格
□尚待改进</td><td>□优秀
□较好
□合格
□尚待改进</td></tr>
</table>

表2-3（续）

<table>
<tr><td colspan="2" rowspan="2">评 价 项 目</td><td colspan="3">评 价 结 果</td></tr>
<tr><td>学生自评</td><td>班级评价
小组评价</td><td>年级组审核</td></tr>
<tr><td>5. 自尊自爱</td><td>珍爱生命，热爱生活，懂得珍惜；
爱惜荣誉，有羞耻感，珍惜自己在他人心目中的形象；
不做不适合自己身份、有损自己人格的事情；
能正确把握男女同学交往尺度，不早恋。</td><td>□优秀
□较好
□合格
□尚待改进</td><td>□优秀
□较好
□合格
□尚待改进</td><td>□优秀
□较好
□合格
□尚待改进</td></tr>
<tr><td>6. 适应能力</td><td>具备适应外界环境变化的能力；
具有一定的抗挫折能力；
适应集体生活，积极融于集体。</td><td>□优秀
□较好
□合格
□尚待改进</td><td>□优秀
□较好
□合格
□尚待改进</td><td>□优秀
□较好
□合格
□尚待改进</td></tr>
<tr><td>7. 交流与合作</td><td>善于与人沟通，能明确地表达自己正确的思想；
尊重对方，耐心倾听对方的观点，能设身处地地思考问题；
能听取别人意见，虚心接受他人的忠告和建议；
有合作精神，注重合作方式、技巧，不独断专行，能与他人一起确定目标，并努力去实现目标。</td><td>□优秀
□较好
□合格
□尚待改进</td><td>□优秀
□较好
□合格
□尚待改进</td><td>□优秀
□较好
□合格
□尚待改进</td></tr>
<tr><td>8. 生活方式</td><td>不吸烟，不喝酒，拒绝毒品；
珍惜时间；
有良好的生活习惯和卫生习惯；
合理安排课余生活；
拥有健康意识；
养成锻炼的习惯。</td><td>□优秀
□较好
□合格
□尚待改进</td><td>□优秀
□较好
□合格
□尚待改进</td><td>□优秀
□较好
□合格
□尚待改进</td></tr>
</table>

表 2－3（续）

<table>
<tr><th colspan="2" rowspan="2">评　价　项　目</th><th colspan="3">评　价　结　果</th></tr>
<tr><th>学生自评</th><th>班级评价
小组评价</th><th>年级组审核</th></tr>
<tr><td>9.
体能</td><td>达到学生体质健康标准。</td><td>□优秀
□较好
□合格
□尚待改进</td><td>□优秀
□较好
□合格
□尚待改进</td><td>□优秀
□较好
□合格
□尚待改进</td></tr>
<tr><td>10.
体育锻炼</td><td>积极参加早间操、体育课、体活课及各类体育活动；
养成体育锻炼的习惯，每天保证一小时的锻炼时间。</td><td>□优秀
□较好
□合格
□尚待改进</td><td>□优秀
□较好
□合格
□尚待改进</td><td>□优秀
□较好
□合格
□尚待改进</td></tr>
</table>

表 2－4　东北育才外国语学校学生综合素质报告单

20 ____—20 ____年学年度______学期

学生姓名________________　　学号______________　　班级_____________

<table>
<tr><th colspan="8">学业成绩评定</th></tr>
<tr><th>成绩
科目</th><th>期末总评成绩</th><th>成绩
科目</th><th>期末总评成绩</th><th>成绩
科目</th><th>期末总评成绩</th><th>成绩
科目</th><th>期末总评成绩</th></tr>
<tr><td>语文</td><td></td><td>数学</td><td></td><td>英语</td><td></td><td>物理</td><td></td></tr>
<tr><td>化学</td><td></td><td>政治</td><td></td><td>地理</td><td></td><td>生物</td><td></td></tr>
<tr><td>历史</td><td></td><td>体育</td><td></td><td>美术</td><td></td><td>音乐</td><td></td></tr>
<tr><td>心理健康</td><td></td><td>第二外语</td><td></td><td>研究性学习</td><td></td><td>通用技术</td><td></td></tr>
<tr><td rowspan="2">校本课程评价等级</td><td>创造力开发</td><td>基于思维的数学</td><td>高中生领导力</td><td>中华文化精修入门</td><td></td><td></td><td></td></tr>
<tr><td></td><td></td><td></td><td></td><td></td><td></td><td></td></tr>
</table>

表 2－4（续）

<table>
<tr><td colspan="3">学业成绩评定</td></tr>
<tr><td>班主任寄语</td><td colspan="2"></td></tr>
<tr><td>主要表现和奖惩情况纪实</td><td colspan="2"></td></tr>
<tr><td>综合素质评定等级</td><td colspan="2"></td></tr>
<tr><td>班主任签字：</td><td>教育处（盖章）</td><td>教学处（盖章）</td></tr>
</table>

关于上述表 2－2、表 2－3、表 2－4 使用的几点说明。

1. 班主任在学生自评、班级评价小组评价和年级组审核的基础上，根据学生的现实表现，对每一个学生的日常行表现进行纪实，并进行综合评价。

2. 在学生的德育素质测评中，对学期末在各项评优中获得荣誉称号的集体和个人，对文体活动中取得优秀成绩的学生，对担任学生会、班、团干部，具有较强组织能力，有工作业绩的学生，均给予不同程度的加分。对于缺勤及违反校规校纪，受到学校纪律处分的学生，不履行职责的学生干部，影响不好、同学反应较大、意见较多的学生，则根据情况，酌情给予减分。

3. 这种评价办法，既有定量，又有定性，既有表现纪实，又有综合评价，能够比较全面、客观、准确、具体地反映出学生的德育情况。

4. 学生品行和身心素质测评表、日常行为表现纪实及综合素质报告单，在期末家长会经家长阅后，由学校存档。

表 2－5　东北育才外国语学校学生责任感评价表

评价者________年级__________班级________姓名__________学号___________

学号	姓　名	等　级				总　分
		A（很强）10 分	B（较强）8 分	C（一般）6 分	D（较差）4 分	

表 2－5（续）

学号	姓　名	等　级				总　分
		A（很强）10 分	B（较强）8 分	C（一般）6 分	D（较差）4 分	

一、参考项目

社会责任感

1. 热爱祖国，热爱社会主义事业，关心国家大事，关注国家前途命运，维护国家的利益和尊严。

2. 遵守社会公德，维护社会公共秩序。

3. 积极参加各种社会公益活动，关心、关爱弱势群体。

4. 有较强的节约意识，注意节约用水、节约用电，个人生活方面不铺张浪费。

5. 不制造、参与有损集体或他人合法权益的言论或活动。

集体责任感

6. 关心集体，积极参加学校、学年、班级组织的各项活动，集体荣誉感强，态度端正，能为集体积极作出贡献。

7. 积极参加学校和班级日常各项劳动，认真负责，按时完成劳动任务，保证劳动质量。

8. 爱护环境，不随地吐痰、乱扔垃圾，看见地面有垃圾能主动捡起。

9. 爱护公物，不到处乱写乱画，使用公用电话时能够注意保护周围墙面清洁。

对待他人责任感

10. 遵守课堂和自习课纪律，不影响他人；遵守寝室纪律，按时就寝，就寝后不讲话，不做与就寝无关的事情，不影响他人休息；在食堂就餐遵守就餐纪律，服从值周班管理，保持餐桌卫生。

11. 在公共场所不大声喧哗，不打闹，不干扰他人 。

12. 遇到不良行为时能及时举报，主动制止。

13. 自己犯错误后，能够敢于承担，不推卸责任，不狡辩，知错就改。

对待自己责任感

14. 勤奋学习，上课不迟到，不早退，认真听讲，积极参与教学活动；按时完成作业，不抄袭他人作业，考试不作弊。

15. 积极锻炼身体，积极参加“三操”（早操、间操、眼操）和体活课，态度端正。

16. 能够按时就餐，注意饮食健康，不吃零食，不吃膨化、油炸类小食品，不常喝碳酸类饮料。

17. 对待自己应承担的工作职责（班干部、课代表、小组长、寝室长等）能够尽职尽责。

家庭责任感

18. 热爱自己的家庭，关心、关爱家人，知道感恩，理解父母的辛苦，不向父母提不合理的要求。

19. 主动与家人沟通、交流，尊重家人意见，当与家人出现意见分歧时，能够充分反思自己，正确对待，冷静处理。

20. 能主动、积极地承担起力所能及的家务劳动，懂得替父母分担、解忧。

二、评价原则

1. 每名同学需对包括自己在内的全班同学进行评价，评价等级分为A、B、C、D四等，A表示责任感很强（10分），B表示责任感较强（8分），C表示责任感一般（6分），D表示责任感差（4分）。

2. 此评价为记名评价，每名同学需在评价单上写好自己的姓名、学号。

表2－6　东北育才外国语学校班主任工作问卷内容

评价维度	评 价 要 素
教育思想及方法	遵循教育规律，坚持教育原则，讲究教育方法，以学生为主体，真正关心、尊重学生，善于发现学生身上的闪光点，针对不同学生采取不同的教育方法，坚持正面教育，不讽刺、挖苦、体罚学生。做细致的思想工作，严格要求，动之以情，晓之以理，教育效果好。
师表作用	思想道德高尚，行为文明，仪表端庄，以身作则，事业心、责任感强，工作态度积极热情，在学生中有较高威信，是学生学习的榜样。

表 2－6（续）

评价维度	评　价　要　素
师生关系	民主平等，互相尊重，和谐融洽，共同发展。
公正廉洁	对每个学生都一视同仁，处理问题公正客观、坚持原则，不找学生家长办私事，不向学生及家长索取好处，接受礼物。
政治教育	坚持经常对学生进行热爱祖国、热爱中国共产党、热爱社会主义教育，邓小平理论、“三个代表”重要思想和科学发展观教育，有中国特色社会主义现代化建设常识教育和时事形势教育，帮助学生树立正确的政治方向。
思想道德教育	重视对学生进行世界观、人生观、价值观、责任感等方面的教育，培养学生诚实守信、与人为善、遵纪守法、宽容大度、乐于奉献的良好品格。
纪律教育	坚持经常对学生进行法制、纪律教育，严格要求学生遵守校内外各项纪律和秩序，努力培养学生成为遵纪守法的合格公民。
劳动教育	坚持经常教育学生热爱劳动，珍惜劳动成果，爱护公物，节约资源，培养学生较强的生活自理能力和良好的劳动习惯。
心理品质培养	重视培养学生具有良好的心理品质和心理能力，经常对学生的意志品质、兴趣爱好、情感、性格、交往、处事、适应性、创造力、自制力、健全的人格等进行指导，帮助学生形成完美的品格。
发展个人特长	重视因人施教、因材施教，尊重个性，善于发现学生的个性特长，积极创造条件，促进学生个性特长充分健康发展。
养成教育	高度重视学生文明行为习惯的养成教育，在班级日常各项活动，宿舍管理，早操、间操，值周等管理过程中，严格要求，并坚持经常进行规范性的指导和训练，评价总结及时客观。
学习指导	坚持经常对学生的学习进行教育，帮助学生明确学习目的、端正学习态度，能对学生进行学习方法指导，帮助每个学生提高学习成绩。

表 2－6（续）

评价维度	评 价 要 素
卫生工作	重视班级卫生保健工作，经常对学生进行卫生保健知识教育，注意培养学生具有良好的卫生习惯，重视学生个人卫生、班级宿舍环境卫生，使全班学生身体素质不断提高。
文体活动	积极开展各项文体活动，认真组织和指导早操、间操、体育活动及各项文体活动，保证文体活动时间不被占用，班级文体活动开展得好。
班会、午检及大型活动	具有较强的组织、策划能力，积极认真地组织好每次班会，做到主题鲜明、思想性强、内容充实、形式多样、教育效果好。每天都能坚持到班级认真组织午检，计划性、目的性、教育性强，内容丰富，注意为学生搭建展示自我的平台。大型活动能够以培养学生团队精神、组织纪律性和领袖素质为出发点，使学生在活动中得到锻炼和提高。
家长工作	重视家长工作，积极通过各种渠道和办法加强同家长的联系，争取家长的密切配合，做好学生的各项教育工作。
班集体建设	全班学生具有较强的集体荣誉感、责任心，形成较强的班级核心力量、和谐的同学关系、正确的舆论导向，班级有良好的班风、学风，有特色，成绩显著。班级被评为优秀班级或受到学校表彰。
转变后进生	全体学生在德、智、体、美各方面有一定提高，没有后进生或后进生有明显转变。

表 2－7　东北育才外国语学校科任教师德育工作问卷内容

评价维度	评 价 要 素
师德师表	品德高尚，举止文明，仪表端庄，事业心强，甘于奉献，以身作则，能严格要求自己，以自己的模范行为为学生作表率，言行对学生有良好的影响，在学生中有较高威信。
对待学生	面向全体学生，尊重学生人格，关心爱护学生，师生关系融洽，一切为学生的发展着想。

表 2－7（续）

评价维度	评　价　要　素
教育思想	既教书又育人，积极主动地做好学生的思想工作，全面地对学生负责。
教育方法	以正面教育为主，鼓励学生上进，不讽刺、挖苦、体罚学生。
学科德育	充分发挥学科教学的德育功能，挖掘德育因素，把德育融入学科教学之中，通过学科教学对学生进行相关教育。
学习指导	能经常对学生进行学习目的教育，有较强的学习指导能力，帮助学生掌握科学的学习方法，能培养学生对自己所教学科的浓厚兴趣。
组织教学	对学生严格要求，大胆管理，有较强的组织课堂教学的能力，能够驾驭课堂，课堂纪律好。
学生管理	身为科任教师，平时能经常对学生的纪律、道德行为等进行指导，并能重视学生良好心理品质的培养。
个别工作	不歧视后进生，能积极主动地做个别学生的思想工作，帮助学生进步。
参加活动	能积极参加所教班级学生的某些活动，协助班主任做一定的组织工作。

关于表 2－6、表 2－7 使用的几点说明。

1. 评价方法：班主任工作问卷内容为 18 项，科任教师德育工作问卷内容为 10 项，每项分为 A、B、C、D 四个等级，分值不同。通过对学生进行问卷调查，根据学生评价各等级人数的不同，计算出每位教师的得分。

2. 班主任工作问卷和科任教师德育工作问卷可供学校领导考核评价班主任和科任教师德育工作时参考。

3. 每学期末问卷调查一次。

4. 问卷结果不公开，但反馈给本人。

三、优才教育的德育实践

现代中学德育系统工程的实施场域主要是学校，其德育的理念与内涵也主要体现在学校日常生活当中。下面从五个方面谈一下我校优才教育的德育实践。

（一）着眼于公民意识培养的班集体建设

培养学生的公民意识既是时代对素质教育的迫切要求、是学生成人的必然要求，也是教育与国际接轨的需要。学生公民意识的形成与发展是其自然性与社会性的统一，是他们在日常学习、生活中能动地接受外界的各种影响，通过自身知、情、意、行的矛盾运动，逐步形成和发展起来的。班集体是青少年学生成长过程中接触最多，也是最容易影响学生学习和生活的组织。班集体的成员来自不同的社区、家庭，具有不同的文化背景、兴趣、经验和个性，他们带着从不同渠道获得的各种信息在班级中汇集、交流，相互影响，而且在共同的空间中寻求成长。从某种意义上来说，班集体就是社会的雏形，是一个小社会，学生不仅要在班集体内学习，而且还要在班集体内生活，体验生命的成长。学生在班集体这个小社会中同样需要具有社会中公民具有的要素，包括一些基本的素养和品格，诸如处理人际关系、自由和纪律的关系、个体和集体的关系，具有民主参与意识、主人翁意识与责任，自我管理意识等。培养学生公民意识是学校教育的一项重要任务。

1. 创建适合学生公民意识培养的班级管理机制

（1）值周班长制

值周班长制是对班干部特别是班级班长职务的创新处理。为了让每个同学都能参与班集体管理，锻炼提高学生的管理能力，增强其公民意识，班集体管理实行由班级学生轮流担任值周班长的制度。

具体做法是，每周由两名同学做值周班长，在这一周内履行班长的基本职责，如检查卫生、管理纪律，处理一些班级日常事务等，记录班级日记、班级备忘录，而班长则负责随时指导和监督这两位值周班长的工作。值周班长由班长根据需要安排，每周末由班长作出工作评价，老师作适当补充。经过做值周班长，同学们更能理解做班级干部的不易，增强服务意识和与他人合作及处理公共事务的能力。

（2）班干部轮流制

班干部轮流制是在班级管理规范化、制度化的同时加入了民主的成分，充分调动了学生主动参与的意识，培养学生自我管理的能力，增强学生的集体意识、民主意识和自我管理的责任意识。

班干部轮流制的目的：每个人都有机会担任一定的班级干部职务，让所有的学生学会在集体中承担责任，获得班级管理主人的积极体验，从而激发学生主动参与班级管理的积极性，并从管理者的角色中学会管理他人、学会自我管理。学生轮流担任班级的管理者，这就意味着每个人都需要别人的配合，同时又都要很好地配合别人，以此将配合别人内化为自己的需要，建立管理者与被管理者的一种互相促进的关系。另外，权力有多大，责任就有多大，让每一个学生都有机会接触权力并拥有权力，对于激发学生的积极性、培养学生的责任意识也是大有裨益的。

班级干部产生的机制：

班长是在班主任指导下，由班级三分之一以上学生联名提出候选人，经差额选举，超过班级人数半数者以上当选；各主要班委（如生活委员、学习委员、体育委员、组织委员等）由班长提名，征得班级半数以上同学投票同意后，由班长任命；各扫除组组长、寝室长将由生活委员提名，课代表由学习委员提名，最后由班长任命。在此过程中，班主任仅起指导和参谋作用。

班级干部的责任和权力：

① 班级干部必须树立全心全意为全班同学服务的思想，对全班同学负责；严格要求自己，以身作则，坚持原则；全体同学必须服从班级干部的领导，凡事以大局为重，如在某事情上出现意见分歧时，同学可

提出合理意见，当意见未被采纳时，一般情况下，必须先执行，后申诉，以保障班级干部的权威。

② 班级干部可根据工作需要制订相应规则或要求，由班委会和相关老师通过即可执行。

③ 班级干部在自己工作职责范围内，遇到具体事情有酌情处理的权力。

班干部轮流的周期：

班委会一学年换届一次，班干部任职期限一般不得超过一学年。

（3）学生代表委员会

学生干部拥有管理班级的权力，但若没有监督，权力可能被滥用，学生干部也容易放松对自己的要求。欲使学生干部健康成长，就需建立有效的监督机制。据此，我校有些班级建立了学生代表委员会，具体机制如下。

① 组成：学生代表委员会由班级学生选举产生，每学年换届一次，每次调整半数以上人选，每人任期不超过两届。组成如下：

主　任（1 人）
副主任（1 人）
委　员（3—5 人）

② 目的：监督班委会工作，帮助班级干部克服自身缺点，完善和改进工作方式，使其更快地成长。

③ 权限：a. 评议班委会工作；b. 定期帮助某些班干部测评自己的工作效果和支持率；c. 通过班委制定各项规则；d. 提议罢免不称职的班级干部。

④ 口号：帮助你做个成功的领导。

⑤ 工作原则：民主化。

测评内容为：工作责任心、服务意识、合作意识、学习态度、工作完成度、工作效率、举止仪表、人际关系、工作管理方式、组织能力等。全体同学对其逐项打分。对达到 90 分以上的给予表扬；对 80—89

分的视为合格；对 70—79 分者自定整改计划；对 60—69 分者提出警告，限其一周内改正；59 分以下者罢免，补选他人。

测评结果的处理采取半透明的方式，对每个人的测评结果不单独公布，而是将班委会全体成员的综合测评结果向全体同学公布，但需向班长及班干部本人通报本人的测评结果。对需罢免的班干部，则必须向全班通报，并召集全班同学讨论通过罢免该班干部的决议。

这项制度只在高中实行。

2. 有助于学生公民意识培养的班级管理制度

（1）班级管理积分制

班级管理积分制即学生综合积分方案，是对学生的课堂表现、自习表现、宿舍表现、早间操表现、卫生状况、仪容仪表、文明礼貌、各项活动表现等多个方面分别进行量化打分。每学期期中和期末，由班主任、科任教师和班委会相关成员按量化累计的分数和实际情况综合进行等级评定、纪实，并反馈给学生和家长。对于提高的学生，给予积极的奖励；对于下降的学生，给予积极的帮助和教育。这一制度的实施，对于学生清楚地认识自我、科学地规划自我、主动地发展自我，发扬优点，克服缺点，起到了一定的作用。

（2）班级备忘录

记录内容：班级纪律、卫生等方面的扣分情况；学生违纪情况，如上课被老师批评了、睡觉了，自习课随便讲话等；请假返校情况；班级重大活动情况等。有违规记录的同学必须找机会主动要求做公益性劳动，以表示悔改。安排有违规记录的同学进行劳动，他们一般都愿意接受。

目的：班级备忘录一方面便于班主任或任课老师了解班级情况，另一方面为班委会工作提供方便，同时也利于学生自我监督、自我教育。

实施：班级备忘录由值周班长负责记录，班长督察。

（3）个人信誉档案

建立“个人信誉档案”的目的在于帮助学生树立“维护个人信誉”

的意识，为自己树立良好的做人信誉。

评价指标：①不影响他人（如，上课不影响别人听课、自习课不影响别人自习、在寝室不影响别人休息等）；②诚实守信，不说谎话，言必信，行必果，遵纪守法，对自己承担的职责或事务尽到责任；③有合作意识，懂得配合他人；④讲原则，做事大气，不斤斤计较。

评选办法：个人信用等级分10级，每级为10分。每学期每位学生的初始等级均为第6级，初始分数为60分。每周末由10名同学（这10名同学中包括同学们推选出的6名比较公正的同学、2名值周班长、2名随机抽取的同学）投票确定本周各位同学的信誉分数的升降。每周表现好的同学信誉分数升2分，如有特殊的表现可升4—6分；表现不好的降2—6分；表现一般的不升不降；表现很不好的同学将会在信誉档案上留下不良记录。在考试、周练和作业中，只要有抄袭、作弊现象出现就会留下不良记录。评选结果出来后，要向被记录的同学进行反馈。自实行此项制度后，同学们的自觉性都有所提高，维护个人信誉的意识也不断加强。

评价原则：公平、公正、民主。

（二）着眼于学生领袖素质培养的德育实践

领袖素质，是指在先天禀赋的生理和心理基础上，经过后天的学习和实践锻炼而形成的，在特定团队内能引领自己或影响和引领他人实现目标的品质、素养、能力的总和。领袖素质虽然与先天的生理素质有关，但起决定性作用的是后天的社会实践。任何一位卓越的领袖型人才都是在实践中逐步成长起来的。在培养学生的领袖素质方面，我校采取了以下做法。

1. 在班级管理中培养学生的领袖素质

班级是学校最小的管理单位，是学习型社会中最具成长性的正式小群体，班级管理的能效体现为学生的发展。因此，班级管理的过程实质上是为了实现学生发展而引导学生行为活动的过程，同时它也是培养学生领袖素质和培养学生领袖的过程。多年来，一些班主任在此方面作了积极的探索，有很多创新，这里归纳总结了一些班主任的做法。

第一，多开展丰富多彩的班级活动，给学生锻炼的机会，增强学生做领袖型人才的迫切感和主动意识。我校一位班主任在《浅谈学生领袖能力培养》的文章中这样总结道："我班经常开展各种活动，一方面是丰富学生的日常生活，更重要的是锻炼学生的能力。对于每一次活动，我都会给学生更大的空间，让他们去组织、去发挥，这里有班级干部的作用，也有普通同学的作用，他们在为班级努力的同时，也提高了自己的组织能力。例如，广播操比赛前，学生自发进行的动员大会；篮球比赛时，他们自己组织的拉拉队；《做个幸福的一班人》演讲比赛时，每一名学生的热情参与；新学期班会时，大家的群策群力、群情激昂。每一次活动中，都会有新的风云人物产生，学生们收获着感动，也提升着自己的领袖素质。"

第二，班级提供更多的职位让每一名学生都有事做，使每个人的能力都获得更好的发展。我校很多班级在工作的安排上，尽量避免一人多职的现象，除班级干部、寝室长、课代表之外，还设置了寝室委员，同时班级还成立了各部，如学习部、体育部、表演部、外交部、宣传部、创意俱乐部，每个部各自选出自己的部长，而且部长一般不由班级干部担任，而由普通同学担任，他们带领自己的部员在班级的各项活动中创造出成绩。班级的很多午检、班会等活动都由各部来竞争承办，显示出了学生们前所未有的活力，而且有许多之前默默无闻的学生开始在班级的活动中崭露头角。在各项活动中，学生们的潜力得到了挖掘，能力得到了锻炼。

第三，许多班级在班级管理制度中，坚持了自主性、激励性的原则，关注学生成长过程中的主体意识，进而使学生的主动性、独立性、创造性等个性品质得到了发展。这既符合学生的成长需要，也促进了学生领袖素质的形成。

第四，有些班级建立了多样的班级干部组成制度。班级干部的组成借鉴了国外政府组阁制的做法，班长通过竞选产生，每一名参加竞选班长的同学都要组成一个竞选团队参加竞选，竞选成功的班长可以自主组成班级干部团队，经班主任和科任教师讨论通过后，这一团队成为班级管理的核心，负责班级的各项事务，工作期限为一个学期。这样一种竞选方式与干部组成方式，使学生形成了一种团队精神，培养了合作意识，增强了责任感。

第五，对学生的评价要体现综合性，用发展的眼光来看待每一位学生。对学生的评价不能停留在成绩的好坏上，因为这样会扼杀一些学生的天性和能力，从而影响学生领袖素质的培养。教师要用发展的眼光来看待学生，要看到学生的长处，并在班级中针对他们的能力特点设计一些活动，在大型活动中要注意让那些成绩不够理想、需要通过活动树立自信的学生来组织、主持，以对他们的能力进行调动。

第六，指导学生制订个人成才计划，激励学生追求卓越、追求成功，增强领袖意识。

2. 在各种大型活动中培养学生的领袖素质

学校每年都搞很多大型活动，如队列广播操比赛、祭扫抗美援朝烈士墓、歌咏比赛、修学旅行、军训、体育节、冬季长跑、文艺汇演等，还有校团委、学生会组织的各种辩论赛、知识竞赛、主题演讲比赛、感动校园人物评选、摄影比赛、学习纪念雷锋活动、球类联赛、灯谜会、外文歌曲大赛等。这些活动的开展，为学生提供了提高领导能力、锤炼领袖素质的舞台，学生在这个舞台上，淋漓尽致地表现和展示自己，能力得到最大程度的开发，为成功的人生作好铺垫。

3. 开展学生社团活动，培养学生领袖素质

社团活动在丰富学生的课余生活、拓宽学生视野、提高能力等方面起到了重要作用。

学校学生社团的领导机构是校学生社团联合会，是与校学生会地位等同的学生组织，这就更加凸显了学生社团活动的重要地位。

目前，学校学生社团办得较成熟的有广播社、语言文化学会、文学社、数码工厂、社会实践社、书画社等，戏剧社、礼仪社、国际文化学会、心理学会、球类协会、环保社等也办得不错。只要同学们有创意，并敢于付诸实践，社团联合会都会敞开大门，并将权力下放，充分发挥同学们的积极性和创造性，为更多的学生参加社团活动提供平台，使学生在社团活动的体验中提高各种能力。

表 2－8 社团情况举例

社团名称	主要职能	成员群体
高中生领导力社团	开展公共政策以及社区和校园服务项目研究，强化成员的政治参与意识、社会服务意识以及社会责任感，提高成员参与和管理社会公共事务的能力	高一、高二年级具有一定的领导能力和服务意识的同学
根与芽社团	关注环境问题，策划环保活动，提高环保意识	高一至高三年级热心环境保护的同学
广播社	早间新闻播报、学校重大活动采访与报道	初二至高二年级语言表达能力强、热爱广播的同学
文学社	进行文学创作，活跃全校文学氛围，为校刊撰稿	初一至高二年级有一定文学底蕴、喜爱文学的同学
数码工厂	进行摄影创作，负责学校重要活动的拍摄、各项活动留影、学校宣传素材后期制作，举办学生摄影展	初一至高二年级爱好摄影或擅长使用 Photoshop，Moviemaker 等图像视频软件的同学
社会实践社	参加社会活动，调动全校同学参与公益活动的积极性，进行志愿者服务	初一至高二年级有爱心、乐于奉献、课余时间较充裕的同学
语言与文化学会	了解多国文化，提高语言表达能力，感受语言与文化的独特魅力	初三至高二年级乐于与人沟通、对语言或文化有浓厚兴趣的同学

表 2-8（续）

社团名称	主 要 职 能	成 员 群 体
书画社	进行书画创作，营造全校的艺术氛围，提高个人艺术素养，为学校大型活动布置场景，举办学生书画展览	初一至高二年级在书法或绘画方面有特长的同学
心理学会	探索研究中学生心理问题、心理辅导，学会自我调节、控制情绪	高一、高二年级善于倾听与沟通、有耐心与热心、愿意帮助他人排忧解难的同学

部分社团活动列举

广播社开展的早间新闻活动，使学校的学生能及时了解国内外重大新闻，拓宽了知识面，养成了关心时事的好习惯。

国际文化学会结合我校学生高中毕业后很多人留学日本的情况，开展了日本文化礼仪讲座，举办国际美食节等活动，使学生了解了异域风情和文化差异，增强了国际意识。

社会实践社去养老院慰问，去社区做义工，做中德同行活动的志愿者，参与交通协勤，参观现代化工厂等，使学生们在实践中体验生活、体验社会、体验奉献爱心的快乐。

数码工厂对社员进行了记者、视频制作人、摄影师的培训，完成了学校大型活动的拍摄、制作任务。

环保社围绕世界地球日开展主题活动，在同学们中倡导低碳生活，使同学们增强了环保意识和节约意识。

书画社以庆新中国成立六十周年为主题，举办了“隽舞挥毫”书法大赛和画展，浓厚了校园文化氛围，为书画爱好者提供了不断发展提高的空间。

礼仪社、球类协会、文学社、戏剧社、语言与文化学会等都开展了大量的活动，在活动中，同学们获得了体验、受到了教育、得到了锻炼。

（三）着眼于学生自我管理能力培养的德育实践

1. 在寄宿制生活中培养学生的自我管理能力

学生住校过集体生活，不仅学习时间充裕，而且有利于培养学生良好的生活习惯和学习习惯，也有利于培养和提高学生的自理、自立能力、人际交往能力和团队精神，为适应大学生活和出国留学打好基础。

（1）寄宿制学生一天24小时都在学校里，除了上课、晚自修等学习时间和晚上的休息时间以外，还有较多的课外活动时间。学校给学生创造条件，使他们有自己可以自由支配的时间和活动的空间，开展各种有益活动，为学生创设多元化的学习生活经历，学生们的课外生活也变得更为丰富，自立能力和自我管理能力得到锻炼提高，能更好地促进学生的发展。

（2）住宿生每天从早操、早读、上课、午睡、课外活动、晚自习、晚睡等都有非常明确的时间规定，学生不但学习时间充裕，而且在有规律的集体生活中，更有利于他们形成的良好生活习惯、学习习惯和科学的生活节奏。

（3）实行寄宿制，学生势必要学会自我管理和独立生活。中学阶段处于从儿童向成人过渡的时期，如果家长对孩子溺爱、包揽，处处为孩子设想、安排，将使孩子的依赖心理增强，心理成熟趋缓。如果从这个时期开始，家长根据青少年的心理特点，让孩子适当离开父母，到寄宿制中学就读，使孩子从成功和失败的体验中获得自信心和克服困难的毅力，就能培养他们独立处理问题的能力和自我约束能力，提高其承受挫折的能力。

（4）学校作为一个社会的雏形，本身就具有一个组织的功能，有利于培养学生的团队精神、与人相处的能力以及适应客观环境的能力，为学生以后上大学、出国留学和步入社会打下良好基础，为真正的社会化提供铺垫。

（5）寄宿制生活为学生和学校的亲密接触提供了一个更为合理的

理由——学校是学生的第二个家，学生和宿舍以及宿舍的各个成员之间结下了深厚的感情，使他们在和谐的氛围中健康成长。

寄宿制生活让学生感受颇深，受益匪浅。在我校举办的宿舍演讲比赛中，学生尽情抒发着他们对寄宿生活的感触。

温馨飘散　温馨满屋

高一（3）班　郭××

2007 年 5 月 18 日

有一种默契叫做心照不宣；有一种感觉叫做妙不可言；有一种幸福叫做有你相伴；有一种理解叫做海纳百川；有一种情怀叫做寝室情怀。

醒里，梦里，总把这寝室牵挂；以一种痴情将这温馨的地方诠释。

为了美好的梦想，我们天南海北地相聚到一起，太多的共识让我们有着太多的了解，彼此呵护，彼此帮助，欢笑总是萦绕在这个充满温馨的小屋。

如此的温馨，如此的美丽，这是我们六个人共同的窝。我们如同刚刚出巢的小鸟，不会飞得很高，不会飞得很远，但我们可以互相帮助、互相关爱，不分你我、不分彼此。有一天我们可以足够坚强，可以飞得足够高、足够远。

有多少次，寝室为我们遮风挡雨；有多少次，寝室为我们避暑饱暖；有多少次，寝室给了我们安稳觉。那张熟悉的床上，有着我们无数次香甜的梦！

有一天，我们双眼的懵然会变成成熟的自信；有一天，我们稚嫩的双手不再颤抖，因为紧拉住的还有她们的手，我亲爱的室友，我们手拉手，肩并肩，共同努力，走得更远。

她们是最了解我的人，我是最了解她们的人，我们共同走在这段充满欢乐的路上，我们一路高歌。

我们共同用心用爱支撑，共同维系，你的，我的，我们大家共同的窝。我们微笑，我们开怀。我们互相勉励；我们共同追求的生活，很美很长，温馨飘散，温馨满屋！

六等于一，在数学中也许荒谬，但在我们寝室，却正是如此。六个人是一体，力量均匀的分给每一个人，曾记否大家互相帮助叠被，一同叠进去的还有热情；曾记否，生病时那一杯热水、一句关心的话语；曾记否，伤心时，姐妹们一声声安慰，都嵌进彼此的心里。而这些都不仅仅是过去，现在，它会继续，一直到永远。

宝剑的锋芒因磨砺而闪光，我们的目光因眺望而明亮。荣誉，在我们这里不只是一面旗帜，不只是一种形式，它是我们友情的保障，是我们和谐之歌中的重要一章。没有什么能阻止我们前进的脚步，因为就算跌倒，还有你们可以拥抱。只要大家在一起，无论是失败还是成功，都是一点一滴的感动。大家继续努力吧，团结是我们制胜的法宝，努力是我们共同的信念，我们没有理由不勇往直前！

我的室友

高二（2）班　阮××

2008 年 7 月 17 日

有这样一群人，她们有着同样的生活习惯，彼此扶持，互相帮助，就像姐妹一般。在学习上，她们互相竞争，共同进步，她们每天生活在一个叫做家的地方——这就是我们的 316 寝室。

我们的寝室组建在一年前，我们一同度过了三百多个日日夜夜。虽然我们一起的生活没有什么惊天动地的大事，但生活中每一个细小的片段都能串联起平凡却又不平淡的感动。

性格各异的六个女孩，就像六种不同的色彩：

绿色总带给我们一种充满希望、生机勃勃的感觉，而我们寝室 1 床的齐同学就是这样一个女孩。她喜欢一切绿色，这种喜欢已近似一种痴迷的状态。而她本人也像绿色一样，总是带给我一丝清凉的感觉和对生活积极乐观的态度。在寝室里，我们住对床，熄灯前闲暇的时间，我们经常一起逗嘴。她特有的冷幽默总是将我们的对话推向一个高潮。而早起铃响过之后，我总是会出其不意地探出头对着她说上一句“早上好”，她便会先是一惊，然后对着我憨憨地一笑。笑得十分可爱，总能带给我起床后的第一份好心情。

红色象征着热情，在我们寝室就是2床了，大大的眼睛总是闪烁着智慧的光芒。她是我们班的数学课代表，但是其他学科她也学得十分出色。学习上遇到什么不懂的地方，我都愿意去请教她，她也总会不厌其烦地为我解答，而且语言生动，肢体动作也很丰富。生活中，她也是个很讨人喜欢的女孩，总是会发明很多有意思的打招呼的方式。有时候，被别人看到，她们会觉得很奇怪，但我们却都乐在其中。在她身边，我也总能感受到她的执着与坚持，并且也时刻激励着我。

生活中需要红色的热情，绿色的希望，同时我们也需要紫色的稳重、细腻。接下来是我的下铺。从外表看，她的个子很高，并且喜欢体育，有时候看起来像男孩子一样淘气。但我相信，她身边的每一个人都会感受到她的善良和细腻。寝室里，她的内务总是最整洁的。当然她也有她独特的可爱，在她的MP3里，很少能听到一些流行歌曲，但一些相声段子倒是比比皆是。虽然平时我们总在一起打打闹闹，但关键时刻，她总是能提出一些建设性的意见。

还有最重要的白色，6床同学很勤快，人也特别好。我们总是和她开玩笑，她也不会生气。她喜欢听一些日本的歌曲，偶尔也会推荐给我，我也很喜欢。她总是我们寝室里起得最早的一个。前阵子期中考试，我们寝室的其他人都想早起复习，也都是麻烦她叫我们的。虽然我们每个人要求被叫起的时间都不同，她还是毫无怨言地叫我们。为此，大家心里都很感激她。

生活中离不开天空和海洋，当然也离不开蓝色。她就像天空和海洋般的自由，她就是我们寝室的5床。她不但短跑特别厉害，跳绳也是一名高手。看她跳绳都可以成为一种享受。寝室中，每周轮到她值日，她总是特别让人放心，从不扣分，虽然我们刚住在一起时她的内务不太好，但她很努力地改正了这个不足。记得前两周，我去考托福，离开学校前，她还特意跑过来和我说了一声“加油”，直到现在想起来，心里还是很温暖。

六个不一样的我们组成了一个团结一致的316。一直很喜欢听她们说“我们寝”这三个字，感觉就像是一家人；很享受和她们并肩站在寝室红旗评比台前，望着我们辉煌的战绩，一起感叹着；愿意和她们在寝室里分享喜悦与悲伤，然后，带着惬意酣然入睡。

以前的同学曾经问过我：“住校有什么好？”我说：“会让人变得无私。”现在我明白了，那还是一种只有家才能带来的温暖幸福。

2. 引导学生不断实现自我管理的宿舍管理制度

我校在多年的探索中，逐渐地完善了寄宿的各项管理制度，这些制度建设在培养学生自我管理能力方面起到了重要作用。

（1）根据实际，我们不断修订和完善了《学生住宿细则》《住宿生安全保障制度》《宿舍纪律、卫生管理细则》《宿舍物品摆放细则》以及《舍务管理人员工作职责》《寝室长工作职责》《宿舍督察工作职责》等规章制度，使学生做到有章可循，自觉地用制度来约束自己、管理自己。

（2）建立优秀宿舍评比制度。每周评一次标兵宿舍、文明宿舍及单项优秀宿舍，期末进行总评，评出优秀寝室、优秀寝室长和内务优秀个人。在宿舍管理中，要教会学生学会做人，更要教会学生学会生活、学会自我管理。通过宿舍日查、联检、内务评比等活动来规范学生的个人行为和习惯，激励学生争当优秀的热情和积极性，并详细制定了宿舍日查表、寝室个人内务评比表、宿舍扣分统计表、班级得旗统计表等量化评比程序。

（3）建立了学生自我管理的各项制度。如，寝室长例会制度，优秀学生担任宿舍督察制度，寝室成员民主生活会制度，由各学年轮流承办宿舍宣传栏制度等，使学生参与宿舍管理及自我管理真正得到落实。实践发现，学生的自我管理在宿舍管理方面发挥了非常重要的作用，例如，其中的民主生活会制度，大家共同面对问题，通过自我讲评、民主评议，促进大家发扬长处、克服缺点、友好相处、共同进步。

3. 有利于学生自我管理能力培养的值周制度

值周班活动是促进学生自我管理、自我服务的一种重要德育实践形式。这项活动的实施是加强校园文化建设、培养学生集体荣誉感、增强班集体凝聚力的重要途径，是对学生思想品德、行为规范、组织纪律、公平公正、服务意识、法制观念、管理能力和劳动能力的一种全面培养锻炼和检查考核，是展示学生自我管理能力的最佳机会。值周班工作要调动每一位学生的值周工作积极性，人人参与，扎实工作，全面发挥值周班的管理、服务、示范职能，促进校风学风建设。班级值周管理以《中学生守则》和《中学生日常行为规范》为准则，以学生文明礼仪行为习惯的示范和检查监督为重点，客观公正地进行评价，并及时向教育处反映学生中存在的不良倾向和偶发事件，尤其要指出学生中存在的问题，并提出一些建设性的建议。值周班活动对培养学生的自我管理能力发挥着重要作用。

值周的主要任务：

（1）对全校学生的品德、行为进行经常、全面、规范的检查、指导、督促、评价、总结，强化学生良好行为习惯的养成；

（2）负责全校出勤、纪律、卫生、早晚自习管理等的检查和管理；

（3）保持校园环境整洁；

（4）值周班全体同学要在遵规守纪、文明礼貌、仪容仪表等方面起表率示范作用。

同学们通过参加值周，承担起了管理者的责任，受益匪浅。有一个同学在值周感言中写道：

以前我一直认为当值周生很轻松，可以去管别的同学。可是当我第一次参加值周以后发现，我错了，当值周生并不是想象中的那么轻松有趣，第一天值周时，我就深深地体会到当值周生是多么的不容易。我刚站岗，不一会儿，苦恼的事情就来了，有人违反纪律不说，而且被我抓住后还死不承认，弄得我很无奈。作为一名值周生，站在岗位上，不仅要监督同学们的文明礼仪和纪律情况，更要以身作则，保持好自己的形象，给其他同学做个好榜样。我做了，虽然没有做到最好，但我已尽力去做了。但愿下次值周时可以做到最好。值周磨炼了我们的意志，锻炼了我们的能力，培养了我们的责任感，我相信，每个人都能从本次值周中获得益处！

还有的学生写道：

以前，看着别的值周生在自己的岗位上工作，心里真羡慕。带着值周生的标志，手中拿着扣分单，一句句正义的声音在走廊里回响，真是威风凛凛。当我成为了一名值周生时才知道，值周工作并没有我想象中那么容易。当好一名值周生，首先要以身作则，从自己做起，要使用文明语言、礼貌待人、衣冠整洁、不违反规章制度、遵守纪律，为其他同学树立一个好榜样。这些是做一名值周生的基本要求。

通过这次值周，提高了我与别人交往的能力，锻炼了我的胆量。以前，我甚至不敢向老师提问题，不敢和陌生人说话。而通过这次值周，我不仅敢于制止其他同学的不良行为，还敢于主动和其他同学交往。每到下课，同学们大都去操场上玩，而我要在岗位上工作，看到同学们像出了鸟笼的小鸟般快活，我特别想和他们一起玩。但是我是一名值周生，有责任在肩，于是打消了这种念头，继续站岗。值周，让我受益匪浅。感谢值周，提高了我的能力，锻炼了我的胆量，培养了我的责任感。

（四）着眼于学生责任感培养的德育实践

责任感是一个人日后能够立足于社会，获得成功人生至关重要的人格品质。对于学生来说，责任感是他们拥有健全人格和高尚道德素质的基础，是学生自我学习、自我保健、自我评价、自我调控和自我发展的内驱力，这对成为高层次优秀人才尤为重要。因此，抓住中学阶段这一关键时期，对学生进行责任感教育是非常重要的。

从学校层面上讲，培养学生的责任感有多种方法和途径，如每周一的升旗仪式，培养的是学生对祖国、对人民的责任感；参加社会实践，培养的是学生对社会的责任感；十八岁成人仪式，培养的是学生作为公民的责任感；感恩教育，培养的是学生对父母、对师长的责任感；参加集体活动，培养的是学生对集体和他人的责任感；学会对自己负责，培养的是学生对自己的责任感；等等。责任感的培养无处不在、无时不有，贯穿渗透于学生整个的学习、生活和活动中。

1. 鼓励监督学生坚持做好学习生活中的每一件小事，培养自我责任意识

（1）对学生的日常学习生活的关心要做到细致入微，教育学生不断增强健康意识。加强对学生早操、间操、眼操和课外体育活动情况的观察了解，有针对性地进行健康教育，让学生认识到拥有健康体魄的重要性，不放过任何锻炼身体的机会，认真对待每一次锻炼；通过调查了解学生的饮食习惯，学生的一日三餐是否有规律地在食堂用餐，是否做到营养配餐，是否过多地食用零食，是否过多地饮用饮料等，不断加强良好饮食习惯的养成和教育，让学生们通过养成良好的锻炼身体习惯和健康的饮食习惯，学会为自己的身体健康负责。

（2）定期在寝室中召开民主生活会，或通过调查问卷了解学生在寝室中的生活习惯，如个人物品摆放、早晚洗漱、衣物整洁、谈论话题、时间利用、环境保持、值日工作等，帮助学生对存在的普遍问题和个性问题加以分析、解决。树立具有良好生活习惯的学生为榜样，充分发挥这些榜样的力量，让学生看到良好的生活习惯给予这些榜样学生所带来的益处，同时让这些榜样带动寝室中的其他同学。这样长久以往，学生们深刻地意识到拥有良好的习惯将使自己的学生生活乃至以后的人生受益匪浅，也懂得了如何安排自己的生活，学会对自己负责。

（3）在班级工作中，更好地发挥监督机制的作用。比如在学习方面，每一名学生必须认真履行作为学生的职责——认真学习。如果一旦发生上课不听讲、作业没有完成等情况，教师和班级干部将共同教育督促出现问题的学生在最短的时间内补回相关课程或完成作业。在平时值日、劳动、值周和班级各项事务中，对学生应负的岗位职责都要充分发挥其监督机制的作用，严格要求学生必须履行自己的责任，任何情况下都不能逃避，要对自己应该和必须做到的事情负责。

2. 通过各种活动，在实践中培养学生的集体责任感和社会责任感

（1）通过加强学生们的团结协作，培养学生的集体荣誉感。积极地组织、支持、鼓励学生参加学校、班级的各项活动，如体育节、“一二·九”长跑、大合唱等。胜了，应及时地予以表扬，激发学生的拼搏精神；败了，则要及时安慰和分析，解除学生的精神压力。班主任要经常指导教育学生让他们懂得比赛过程比结果更加重要。在集体项目上，我们在过程中所体现出的积极进取、永不言弃、团结协作的精神是最宝贵的，而我们已经拥有了这些，成绩就并不重要了。在每次活动中都要发扬班集体团结向上的精神，越是自己的弱项，就越要展现我们独有的顽强毅力。这样，同学们对参加活动的热情都很高涨，每次集体活动结束后，作为班主任都会大加鼓励，学生们在下次活动中表现得也就越来越好。长此以往，学生则会在竞争中团结协作、积极努力，不断加强集体责任感和荣誉感。

（2）通过精心的组织策划，让午检和班会成为培养学生集体责任感的重要阵地。每天的午检和每月两次的班会成为学生的第二课堂。在这个课堂中每个学生都有锻炼、展示的机会，体验服务集体的快乐。在这类活动中，推行小组合作，让学生不断融入集体的合作之中，学会自觉遵守并维护集体生活中的一些基本规则、行为，为集体增光添彩。通过对班会、午检的精心组织策划，为学生们健康成长和建立良好的人际关系打下基础，让他们学会承担责任，在实践活动中不断体验成功的喜悦与进步的快乐，从而激发了他们对集体的责任感。

（3）值周工作对学生责任意识的培养具有非常重要的意义。班主任对学生值周工作的监督、情况反馈和及时评价是培养学生责任感的有效途径。班主任一定要结合学生的个人实际情况，亲自安排各岗位负责人员，特别注意把责任感不强的学生安排在教师最易于监督的岗位上。在班级值周工作期间，每天教师都总结学生们的值周表现，对认真出色完成任务的同学给予高度赞扬，帮助表现欠佳的同学分析、总结问题，并鼓励进一步做好工作。最后还要对新一天的值周任务提出更高的要求和希望。只有老师在值周工作中不断总结、激励，学生们才能更加有效地利用好这一契机，最大程度地提升责任感。

（4）抓住每一次教育机会，进行环保、节能、爱护自然等宣传教育，增强学生保护环境、珍惜生命的责任感和使命感。号召学生从身边的小事做起，组织学生学习节能减排、低碳生活的相关材料、信息，把节能减排、低碳生活带到学生们的生活中，让学生们充分认识到自己为人类共同生活的环境所尽的微薄之力体现了社会责任感的高尚品格。

3. 通过建立完善各项制度培养学生的责任感

（1）实行班级干部轮换制。班级干部在当选之后，责任心会大大增强。一个班集体的面貌如何，班级干部起着重要作用。班级干部轮换制能够激发学生们的进取心和责任心。

（2）通过每周反馈和与学生的沟通交流，增强他们的家庭责任感和社会责任感。在家庭反馈中，老师采用温馨提示的方法鼓励学生在家帮助父母分担一些力所能及的家务，增强学生的家庭责任感。在班级活动反馈中，老师还不断地去鼓励、赞扬学生们为集体的付出和所作的贡献，不断地激发学生的主人翁意识等。

（3）除每学期两次家长会外，班主任还定期、不定期召开小型家长座谈会，或约见个别家长到校。在小型家长座谈会上或单独约见某位家长时，老师可以更集中、更有针对性地与家长沟通交流学生的问题。在学习和生活上存在很多问题的学生往往是由于责任感不强，这就需要我们与学生家长进行更密切的沟通与交流，希望家长配合学校教育，在家庭教育中侧重孩子个人责任感、集体责任感、家庭责任感以及社会责任感的培养，与学校教育形成合力，共同为培养学生良好的品格而努力。

（4）完善学生评价体系，并把责任感作为学生综合素质评价的最重要依据之一。在综合素质测评中，纳入学生的“三操”、值日、劳动等方面的表现，在记录学生担任班级职务的同时附上该生工作的具体表现等，这都能起到激励学生重视、加强自我责任意识的良好作用。

（5）教师在期末的评优工作和给学生的评语中要把学生的责任感放在首要位置。在平时，教师要重视宣传树立具有很强责任感的学生榜样，这样在期末评优工作中才有可能选出具有很强责任心和责任感、综合素质优秀的学生作为全班同学的楷模。教师在期末给学生写的评语中要对学生的责任意识给予重点的评价，肯定优秀，鼓励后进。

我校十分重视从日常小事抓起，对学生进行勤俭节约、珍惜资源的教育，特别是在节约用水、用电方面做得较为成功，培养学生对国家、对人类、对生态环境的责任感。下面是一位初中班主任老师讲述的一个关于节电的教育案例。

初中学生因为年龄小，在小事上往往容易疏忽，而忘记了自己的责任。班主任需要及时发现问题，及时有针对性地进行教育。记得有一天，因为教室没有及时关灯，被值周生扣掉一分，我就嘱咐学生，尤其是靠墙的第一座学生想着关灯。可刚过了一个星期，班级又因为没及时关灯被扣掉了一分。午检时，我让靠墙负责关灯的任×同学站了起来，我对大家说：“灯没关，首先是我的责任，提醒不够。可是全班这么多人，怎么没有一个人想起来呢？集体就是我们的家，怎么没有一个人想着这件‘举手之劳’的小事呢？家里的电白白浪费掉，难道你们就不心疼吗？尤其是任×同学，还有今天的值日班长，你们的责任感在哪里呢？”这时，教室里很安静，我想还应该让大家发表自己的看法，这时有位同学站起来说：“老师，其实任×同学每天都关灯，虽然他今天忘了，可他平时是很负责的。”又站起来一位同学说：“任×同学平时表现真的很好，今天他忘了关灯，不是他一个人的错！”话一这么说，任

×同学就掉眼泪了，我马上对大家说："其实正如同学们所说，不是任×同学一个人的错，还有一些同学离开关也很近，我想请这些同学站起来！"这时任×同学身边的几位同学都站了起来，突然我发现，中间的同学、后面的同学、全班的同学也都站了起来！一瞬间，我话都说不出来了，心里充溢的全是感动……第二天，我看见开关旁边贴着一张小纸条，上面写着四个字：勿忘关灯！这件小事之后，我觉得他们似乎长大了许多，以后班级的许多事，他们都能想在我的前面了。责任心就这样种植在他们的心中了！

这个案例说明，教育学生、培养学生责任感，应重视从生活中的点点滴滴小事入手，使学生能感知到、触摸到，进而在思想和行动中提升自己的认识。

（五）着眼于学生国际意识培养的德育实践

培养国际型人才，就需要培养学生的国际意识。多年来我校通过设置国际教育课程，拓宽学生视野，扩大对外交流，利用国际教育资源，提高学生的素质，培养其国际意识。

1. 培养学生具有全球性视野

全球性视野关系到如何更有效地看待各种不同的文化，引导学生持着一种尊重和从不同角度来透视其他文化的态度，无论这些思想、理念最初是从哪个国家产生的，只要是好的并有助于我国的建设和发展，就应该被我们的社会所接受，并推动我们的社会更加开放，从而得到巨大收益。在全球性视野的培养过程中，我校从现实和历史事件中提出学生感兴趣的问题引导学生进行论述，通过对同一时期中外历史的比较，使学生在"从世界看中国，从中国观世界"的相互参照中，形成全球性视野。我校通过《中华文化精修入门》校本教材的教学，让中华民族的文化传统深深植根于学生的心灵，在继承中华民族优秀传统文化的同时，注重多元文化的吸收，使我们的学生成为大气大度、具有广阔国际视野的爱国主义者。学校社团中的“模拟联合国”活动，让学生在外交官的角色扮演中，体察国际时政，纵览世界风云。

2. 培养学生具有包容和尊重的胸怀

这是国际型人才的“德”。现代世界彼此交织，命运一系，谁都离不开谁，在国际事务中应寻求互利双赢。一个国家只关心自己的利益，在国际上是不会有地位的。人类文明群星灿烂，文明有多样之分，却没有高低之别。国际型人才一定要有自尊、谦虚、包容、尊重的品格，有为全人类服务的意识和以天下为己任的责任感。在国际意识教育中，我校引导学生认识到中国近现代两次闭关锁国使中国失去了发展的机会，结果中国与世界的差距越来越大，痛定思痛，我们确立了对外开放的基本国策。改革开放三十多年来的实践证明了开放不仅是手段，更是目的，更进一步证明了“中国离不开世界，世界离不开中国”，国与国之间需要相互尊重和包容。

3. 创设国际文化氛围

我校每个班级都有一个书报架，在书报架上汇集了《看天下》、《日本风情》、《21 世纪报》、《人物周刊》等各类报刊，这些报刊的利用率非常高。文科老师也经常会利用课前或课上时间开展新闻演讲活动或为学生播放国外影视作品，让学生在多元文化的情境下交流、碰撞，了解世界各地的不同文化。通过比较鉴别，为学生深入了解世界、拓宽国际视野和开放观察角度创造了条件。与外籍教师交流也成为学生了解外国文化的另一重要途径。每周二、周五是学校的日语角和英语角活动，这是一个非常难得的与外教面对面交流的机会，听一听外教们的看法，了解外国人的思考方式，从一个与自己不同的视角对事物进行分析，培养自己的国际化意识与心态。

每天的午检，由学生组织介绍国际上重要的科技前沿、文化信息和政治观点，介绍大家感兴趣和与生活息息相关的话题，如哥本哈根会议、奥巴马演讲、日本文化、世界前列大学等。有些班级还采用专题午检的形式，鼓励学生在了解内容的同时，参与评价和讨论。

我校毕业生遍布日本、美国、澳大利亚、加拿大以及新加坡等地，这些学生回国时也带来了不同的文化和理念，请他们给在校学生作报告，让他们扮演异域文化传播的角色，为学生在校园里就能接触到异国文化和增进国际知识与经验提供了机会。

第三章 优才教育的课程

课程是“为实现国家教育目的、学校培养目标而选择的教育内容的称谓”，它是国家对未来人才要求的意志体现，它是由学校培养目标决定的。为了实现优才教育的培养目标，我校在实践中不断探索，逐步构建了优才教育的课程体系。

一、铸就优才的课程体系建设

（一）优才教育的课程观

课程观是对课程及其价值的基本看法，有什么样的课程观就有什么样的课程体系。我校优才教育的课程观认为：

（1）课程作为学校教育的构成要素，不仅要反映社会的要求，体现国家对未来人才要求的意志，同时要适应学生的身心发展。由于学校最根本的任务是培养人，所以课程的最大价值在于促进学生文化素养和身心发展。学校的课程无论是在教学科目的设置上，还是在内容的选择和组织上，都要适应每个学生身心发展的水平和特点，促进他们健康成长。

（2）课程的价值主要在于为学生构建知识、能力、态度及情感和谐发展的基础。不但要注重课程的学科本位，更要重视课程的创新价值。

（3）强调教学与课程整合，突出教学改革对课程建设的能动作用。

（4）教师是课程研究、设计的参与者和实施者，同时学生是课程资源的提供者，而不仅仅是课程知识的接受者。

（二）优才教育课程体系的构建

我校从“为培养国际型、领袖型、创新型高层次优秀人才打基础”的培养目标出发，坚持“以学生的卓越发展为本”的指导思想，注重课程“目标整体、结构多元、尊重选择、差异发展”，构建了以基础型课程、拓展型课程、实践型课程为主干的课程结构。

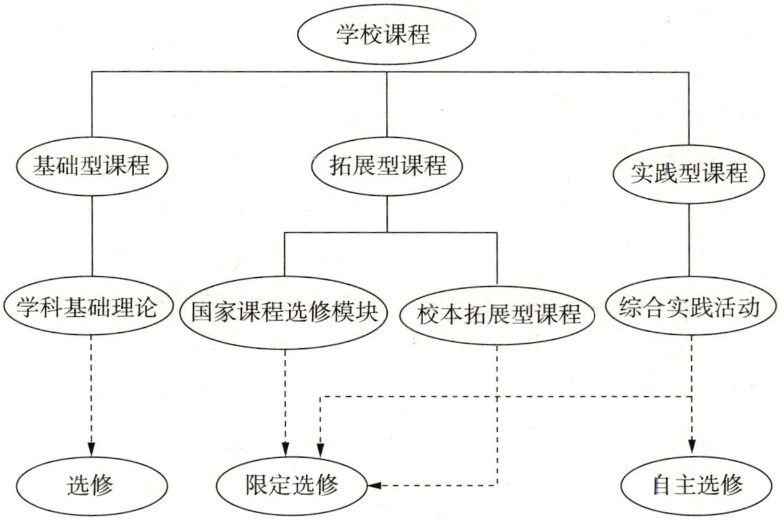

图3-1 优才教育的课程框架

1. 基础型课程

基础型课程是所有学生必须学习并要达到一定标准的课程，它以国家必修课程为主，由各学科体现共同基础要求的学科课程组成，注重未来公民基本素养的形成与发展。

2. 拓展型课程

它是通过对本校学生发展的需求进行科学评估，充分利用学校和社会的课程资源，开发的具有多样性、可供学生选择的个性化课程。由国家课程中的选修模块以及校本课程组成，涵盖学科型拓展课程和综合型拓展课程。在保证基础型课程的基础上，根据我校的培养目标，有针对性地开发了一系列校本课程，着眼于积极努力培养、激发、发展学生的兴趣爱好，充分开发学生的潜能，促进学生的卓越发展，形成学校的课程特色。

3. 实践型课程

它是以学生实践活动为中心，偏重于学生的实践体验和动手能力的培养，具有生成性、开放性的课程。主要由满足学生个性发展需要的实践活动组成，着重培养学生的创新实践能力、社会责任感、合作能力等。实践型课程包括研究性学习，学校、班级的各种主题活动、社团活动、社区服务、社会公益活动等。

在课程实施的过程中，上述三类课程有机结合，相辅相成，努力做到：通过基础型课程“打好基础”——打牢共同发展的基础；在拓展型课程和实践型课程中进一步实现学生的“差异发展”——根据学生不同实际有不同发展，追求现有基础上的最佳发展；通过不同课程的实施，“鼓励冒尖”——培养学生的个性特长，让优秀学生脱颖而出，实现卓越发展。

从课程选择的层面上，实现必修、限定选修和自主选修有机结合。通过必修课的设置，落实学科课程标准的共性要求；通过限定选修课的设置，落实学科课程标准对不同层次学生的不同要求；通过自主选修课的设置，满足学生个性化发展的需求，为学生成为高层次优秀人才奠基。

（三）优才教育的课程特点

优才教育课程是一种动态的、生长性的“生态系统”和优良文化。我校在实施优才教育课程的过程中，呈现出以下特点。

1. 学业年限弹性化

具有不同发展水平、不同学习能力的学生，虽然学习相同的课程，但所需要的学习年限是不一样的，特别是对一些学习能力强的优秀学生，没有必要与其他学生一样花同样的时间去学相同的课程。学校适度允许不同的学生，选择不同的学业年限。

2. 课程设置多元化

学校实行课程设置多元化，在类型上有学科课程、活动课程、综合课程、实践课程和潜在课程；在级别上有国家课程、地方课程、校本课程；在要求上有必修课程和选修课程。

3. 教材选用多样化

根据学生的不同情况、不同层次的需要和教材编写的特点，选择不同的教材。

4. 教学方法最优化

影响教学活动的因素是多方面的，因此，教学方法应该优化。一方面，本着“教学有法，教无定法”的指导思想，教师根据自己的特点和特长，发挥自己的优势，形成自己的教学风格和特点。另一方面，教师选用的教学方法要符合教学规律，要讲有效性和创造性，要讲教学艺术，做到短时高效，努力达到最优化。

5. 教学手段现代化

以多媒体、计算机网络等信息技术为基础的现代化教学手段，突破了传统教学在时间、空间和地域上的限制，为学生认知的广度和深度带来十分便利的条件，对提高教学效果、效率和质量，对因材施教实行个别化教学，发挥越来越重要的作用。学校每个教室都配置了多媒体和计算机教学设备，并对教师进行了相应培训，要求教师有效地使用。

6. 学习方法科学化

科学的学习方法，是优化学习过程、获得最佳学习效果、养成良好的学习习惯的必备条件。教师要在教学过程中，指导学生学习本学科的学习方法。学校根据学生的实际情况，开展学习方法指导讲座，组织学生交流与研讨学习方法，使他们掌握适合自己的科学的学习方法。

7. 选修、选学个性化

由于学生个性特长、兴趣爱好不同，学习能力不同，职业理想不同，他们高中毕业后所选择的方向、出路也必然不同。学校本着“重视扬长，有效补短，尊重选择”的原则，尽可能满足学生个性化的选修选学需求。

8. 作业、考试层次化

根据学生不同的能力和发展需求，尽可能减轻学生不必要的课业负担和精神负担，学校数学、物理、化学、外语等学科，将作业和考试分成2—3个层次，供学生选择。为了统一评价标准，期末在分层次考试的同时，还要进行统一的水平测试。

9. 教学德育一体化

立德树人是教育的根本任务，优才先优德。课堂教学是德育的主渠道，要求教师充分挖掘学科教学资源中的德育因素，充分发挥学科教学的德育功能，通过学科教学不仅要增长学生的道德知识，而且要升华其道德情感、磨炼其道德意志，最终形塑学生的道德行为。

10. 教师队伍社会化

随着课程设置多元化、选修选学个性化，学校专职教师越来越难承担所有的教学任务，聘请社会上的专家学者作为学校兼职教师，已经成为学校教师队伍建设的重要措施。

二、优才教育的拓展型校本课程开发

（一）拓展型校本课程开发的总体框架

校本课程开发的终极目的是为了学生的发展。在校本课程开发的过程中，我校特别强调要尊重学生学习的自主性和选择性，把促进学生各项基本素质卓越发展作为课程开发的核心，以满足学生多样化的需求。课程要贴近时代、贴近生活、贴近学生，实现学生的个性化培养，促进学生的个性化成长，为学生的全面终身发展奠定基础。我校基于优才教育的培养目标，着眼于高层次优秀人才所必需的创新能力、国际交流意识与能力、领袖素养等综合能力，设计了拓展型校本课程的框架，构建了中学六年既有整体组合又有分段侧重、既面向全体学生又保障学生差异的拓展型校本课程体系。

表 3－1　拓展型校本课程框架

培养类别 \ 课程名称	拓展型校本课程	
	学科拓展型课程	综合拓展型课程
走向国际的文化课程	中学高级外语课程	中华文化精修入门课程
培育优才的创新课程	基于思维的数学课程	中学生创造力开发课程 中学综合科学素养课程
培养领袖的特色课程		中学生领导力开发课程 名人名家课程

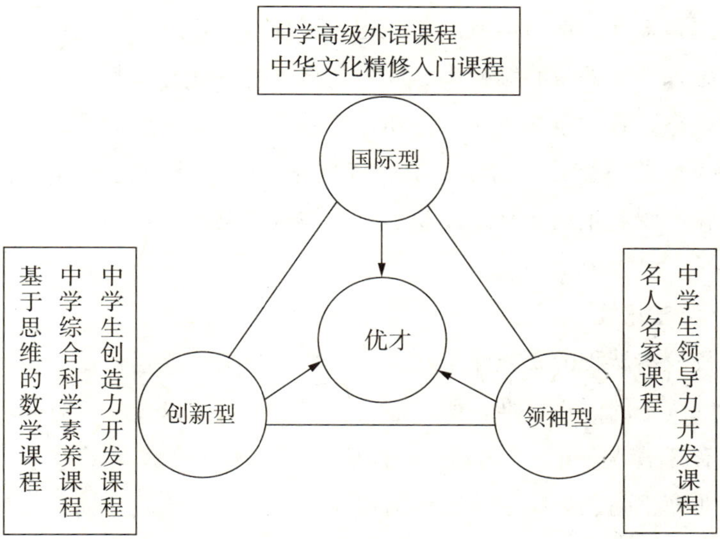

图 3－2　拓展型校本课程与培养目标的有机融合

（二）拓展型校本课程开发的特点

1. 开发精品

我校校本课程的开发，强调质量与精品。校本课程开发并不在于数量的多少，关键在于课程的质量。在课程开发的过程中，紧密围绕学校的培养目标，牢牢把握住课程的质量，改变随意开发、单纯根据教师特长设课和单纯根据学生要求设课的局面，使每一门课程都成为精品课程，做到“校本课程特色化，特色课程精品化”。

2. 整体融合

我校各类型、各科目课程，都在统一目标下，从学生素质培养的整体出发，针对我校学生特点，整体构建课程体系与配置课程科目，并侧重于功能互补。首先，注重校本课程内容、方法和学生基础的统整。课程只有扎根于学生的经验，才能更好地起到培育人的作用。学生的兴趣、需要、知识、能力以及经验等是课程统整的焦点，借此让所学的不同课程融入学生的身心结构中，成为其自身的一部分。其次，注重学科之间的统整，致力于学生对学科知识的融会贯通与综合运用，让学生获得完整、一贯的经验，而非零散破碎的事实，防止学生的知识体系窄化、僵化和脱离生活实际，促使学生个体全面发展。

3. 动态开放

我校校本课程的实施注重动态开放性。与国家课程相比，校本课程没有全国统一的课程标准，所以在内容、学习方式以及学习时间和空间上都具有开放性。第一，我校校本课程的主题和内容是动态的、开放的，并非静止的、封闭的，显示出很大的灵活性、地域性和开放性。第二，我校校本课程在实施过程中学习方式呈开放状态。校本课程因其内容的开放性，采用的学习方式很多也是探究式、讨论式、研究性的，师生交流，生生交流，师生与社会交流、与家庭交流、与现代媒介和网络交流，信息交流等都呈现全方位立体放射状态势。第三，我校校本课程在实施过程中呈现出时间和空间上的开放性，教学形式是多样的，不拘泥于课堂，不局限于校内，融调查访问、实地考察、观察分析、动手操作、交流展示、讨论争辩于一体。

（三）拓展型校本课程开发的途径

在拓展型校本课程开发的过程中，我校主要采取了以下三种途径。

1. 由教育科研成果转化为校本课程

我校在北京大学任定成教授的指导下，通过“中学综合科学素养教育模式研究”的课题引领，以中学综合科学素养课程推动学校科学课程的改革与创新。学校在中国科技大学刘仲林教授的指导下，进行了“中学综合人文素养教育模式研究”的课题研究，开发了中华传统文化课程，编写了33万字的《中华文化精修入门》教材（中国科学技术大学出版社2009年2月出版），强化了学生对中华优秀文化的认识，弘扬了中华民族的优秀文化，为奠定其中华文化底蕴发挥了重要作用。学校在东北大学罗玲玲教授的指导下，进行了“中学生创造力开发研究”的课题研究，编写了33万字的《让创意破壳而出》校本教材（教育科学出版社2008年5月出版），开设了中学生创造力开发课，全方位开发学生的创造潜能。在课题研究的过程中，学校多位教师积极参与课题研究，并承担了校本教材的编写工作，对科学素养教育、人文素养教育以及创造力开发等领域有了深入透彻的理解，也促进了教师科研能力的提高，这为校本课程建设奠定了非常重要的基础。

2. 由学校办学特色建设校本课程

作为一所外国语学校，必须要充分发挥外语教育高水平的办学特色，为培养精通外语的高素质人才奠定基础。我校从2002年起，就牢牢抓住这一特色，自主开发了中学高级英语、日语和法语外语课程，提高中学外语学习的标准和水平。该课程是学校特色之一“外语教育高水平”的充分反映。

3. 由特色活动课提升为校本课程

领袖型人才培养的重要途径就是在各种活动中锻炼学生领袖才能，产生领袖体验，塑造领袖气质，因此我校开设的中学生领导力开发课程就是对学校一些相关学生活动的整合。但活动课不等于校本课程，学校在原有活动课的基础上，用课程开发的程序及理念去审视原有的活动课，对其进行一次全面筛选，进行重新开发与规范，把活动课转化为校本课程。

三、走向国际的文化课程

（一）优化外语教学——中学高级外语课程

1. 课程开设背景

国际型人才一方面要了解国际惯例、具有国际视野和全球化的战略眼光，另一方面要掌握国际交流的语言工具，具备较强的跨文化沟通能力，这也是国际型人才应具备的基本能力之一。从我国目前的外语教育来看，中学外语教育标准低，外语课程开设单一，要求又整齐划一，部分外语学习能力较强的学生未能得到充分发展。此外，外语课时安排分散、教学方式单一、学习效率低等问题从一定程度上限制了国际型人才的培养。因此，若要培养高层次国际型优秀人才，必须加大外语教学改革的力度。随着全球一体化的增强，国际型人才仅仅掌握一门外语也有一定的局限性，精通英语并掌握第二门外语，已经成为 21 世纪高层次人才的重要条件之一。基于这样的形势与问题，学校开设了中学高级外语课程，在完成国家规定的中学课程高层次要求的同时，提高中学英语教育标准和水平，学习第二外语。

2. 课程目标

（1）具有较强的听说读写的英语综合能力，中学阶段要达到大学公共英语 4—6 级水平。

（2）掌握一门第二外语（日语或法语），中学毕业后要达到出国留学水平。

3. 课程构建

该课程自 2002 年开始开设，经过 8 年多的实践探索，基本上构建了比较完整的课程体系。

（1）提高了中学外语教育的标准和水平。我国目前的外语教育可以说是“马拉松”式，学生从小学到大学花费了十多年的时间学习外语，但是结果并不理想，依然是费时而低效。那么，外语教学能否换一种方式，变长线低效为短线高效的语言学习？经过认真研究分析，我们提出了外语应该在中学阶段集中强化学习的外语教育策略。小学阶段是学生学习母语的重要时期，过多地学习外语会影响母语的学习，而进入大学阶段，学生学习语言效率明显降低，因此中学阶段是学生学习外语的最佳学龄期，要提高中学生外语学习的标准和水平。

英语是当今国际交流的通用语言，现代权威的论文和著作 90% 以上用英文发表，世界上 70% 以上的信息由英语来传播，所以学生都要主学英语。学生在初三结束时完成高中的英语学习内容，达到优秀高中毕业生的英语水平，高一、高二年级主学大学英语，将大学公共英语放到中学阶段完成，高中阶段要达到大学公共英语 4—6 级水平。这样，可减轻在国内上大学的学生进入大学学习英语的压力和负担，使其有更多的精力投入专业课的学习以及其他方面的发展。若学生高中毕业选择去英语国家留学，则不需要读预科或语言学院，从时间、经济以及精力上都是一种节省。

日本是世界科技强国和经济强国，中日建立了战略互惠关系，加强中日之间的交流与合作是必然趋势，而日语作为交流的桥梁和纽带必将使日语人才大有作为。法语作为联合国 6 种工作语言之一，是遍布五大洲 40 多个国家和地区的官方语言或通用语言，有较广泛的应用。基于上述考虑，学校目前开设的第二外语有日语、法语。学生从初中三年级开始选学第二外语，中学毕业时要具有较好的听、说、读、写的综合语言能力，达到出国留学水平。从目前的日语学习情况来看，学生在高三毕业时一般都能达到国际日本语水平测试二级水平，大多数能够达到一级水平。从目前第二外语的学习情况来看，完全能够满足学生高中毕业后留学日本以及法语国家的需要。

（2）完善了外语教材体系。教材是教学之本，是知识传播的重要载体，必须根据教学目标进行选择和优化。在外语教材走向多元化和个性化的时代，选择适用的教材对外语教学至关重要。在外语教材选择方面，学校强调教材选用的稳定性和连贯性，把中学六年（第二外语学习时间为四年）的外语教学作为一个整体进行教材设计，做好教材在各个阶段的衔接，追求整体设计优化、梯度升级。在教材使用的过程中，注重统筹规划教材的内容，在词汇、语法、内容等各方面做好递升关系，形成有机融合、循序渐进，避免不必要的重复，体现出时代性、系统性、开放性、拓展性和趣味性。

依据上述原则，英语教材除了国家统编的中学教材以及大学英语教材之外，我校还积极开发了多种课程资源，选择了一些优秀的教材作为补充。选择的教材知识结构要搭配合理，难度系数要循序渐进，辅助材料要配备完善，符合学生的认知规律，有助于培养学生的各种能力。目前，我校选择的主要辅助教材有《新概念英语》、《洋话连篇》、*Step by Step*、《五分钟美语》、《美语路路通》等。为培养学生的听、说能力，外籍任教教师根据学生情况来选择教材，经过学校研究认可后确定，目前外教课选用的教材是《剑桥英语》系列教材。

在初三年级学生刚开始学习日语时，我校选用了日本原版教材《大家日语》。该教材以会话为主，适合初学者使用。在此基础上，我校选用了《日本语中级》J301 和 J501、《上级日本语》，这些都是日本原版教材，适合具有一定会话、听力基础的学生，侧重于阅读和写作。法语教材主要强调听、说、读、写的综合运用，目前使用的主要教材是外语教学与研究出版社出版的《法语》以及《法语 TEF 考试冲刺教程》。为了提高学生的交际能力，我校还选用了原版法文教材 *Reflets*。

4. 课程实施

（1）采用有效的教学策略推进学习进程。我校在外语教学中，注意符合学生生理和心理特点，遵循语言学习的规律，力求满足不同类型和不同层次学生的需求。教师依据课程的总体目标并结合教学内容，创造性地设计贴近学生实际的教学活动，吸引和组织他们积极参与，鼓励学生大胆地使用外语，避免单纯传授语言知识的教学方法。学校鼓励学生通过思考、讨论、交流、合作、探究、体验、实践等方式，发展听、说、读、写的综合语言技能；为学生提供自主学习和相互交流的机会以及充分表现和自我发展的空间，主要体现在会话表演、配音比赛等活动当中。

（2）注重外语教学过程中工具性和文化性的统一。要提高中学生外语学习的标准和水平，重点要构建集工具性和文化性于一体的外语课程。学校通过对现有外语课程的整合优化，不仅要教学语言知识，培养语言能力，还要培养学生应用外语进行跨文化交际的能力，提高学生对文化差异的敏感性、宽容性以及处理文化差异的灵活性。提高外语课程的文化性，主要从以下几个方面入手：在课堂教学中，教师加强中西文化差异的比较，将中外文化在语言表达方面和价值观念等方面的差异自然地渗透到外语教学中；开设报刊选读课、外国文学赏析课、视听课等多种选修课，利用多种渠道、多种手段，吸收和体验异国文化，让学生了解外国历史、艺术和风土人情；学校、学年组和教研组通过组织英语角、英语晚会、专题报告等丰富多彩的外语活动，创设形式多样的语言环境，加深对不同文化的理解；增大阅读教材所占的比例，使学生通过阅读加深对多元文化的理解。

（3）根据学生所需实行双语教学。双语教学不但能够很好地提高学生外语水平和学科学习质量，而且还可以促进学生对两种不同文化的积极适应和沟通，培养学生跨文化意识。学生进入高三之后，我校为满足学生赴日和赴欧美留学的需要，加大了双语教学的强度和密度。学校选用日本数学、物理、化学以及社会的原版教材，聘请了日本相关学科的教师，全部用日语进行教学。对于即将赴欧美留学的学生，数学、物理、化学和历史等学科选用了英文教材，由外籍教师和英语水平较好的中方学科教师以双语教学的方式共同完成教学任务。

（二）夯实中华文化底蕴——中华文化精修入门课程

1. 课程开设背景

中华民族有着五千年悠久的历史，我们的祖先给我们留下了源远流长、博大精深的中华文化。然而，面对西方外来文化汹涌而至的波涛，我们既不能因为曾有辉煌的古代文化而夜郎自大，更不能因急功近利而盲从西方文化。中共十六大报告指出："面对世界范围各种思想文化的相互激荡，必须把弘扬和培育民族精神作为文化建设极为重要的任务，纳入国民教育全过程，纳入精神文明建设全过程，使全体人民始终保持昂扬向上的精神状态。"长期以来，中华民族，尤其在中国大陆，因为诸多原因，传统文化呈现出很大的断层，尤其是现在的中学生，他们出生时就处于文化的断层期，对中华民族的传统文化了解不够，传统文化教育现状也不容乐观。为培养高层次国际型优秀人才打基础，首先要打好中华文化底蕴这个基础。

中学是教育的关键阶段，也是塑造健全文化人格的重要阶段，因此，在中学阶段加强文化素质教育，无疑具有重要意义。对于中国中学生而言，中华文化及其背后的人文内涵，是文化素质教育的核心。它不仅是中学生了解与传承的对象，更应成为创造力的来源和创造实践的最终目标。觉悟创造本性，追求真善美，获取文化知识与人文精神的需求与能力，应该成为中学生素质教育的基本要求。中学教育要使学生真正成为人类文明的获得者、传播者和创造者，成为拥有高度文化修养和健全人格的人才。这是促进学生身心和谐发展、塑造其健全人格乃至民族灵魂的关键。

学校在中国科技大学刘仲林教授的指导下，从2005年起开始进行"中学综合人文素养教育模式与应用研究"的课题研究，着手进行中华文化精修入门校本课程建设。从课题启动以来，课题组教师为了提高自身的传统文化素养进行了大量的学习。大家认真地研读了儒家、道家、禅家、易家、创家各家学说的重要经典原典，积极学习了刘仲林教授的《中国传统文化综合与创新》一书，查阅了大量的论文和研究性著作。通过学习，课题组成员对中国传统文化的基本精神、儒释道易精华、新文化的创造观和价值观等都有了更清晰、更深刻的认识。而教师自身修为的提升，为课程的建设作了良好的铺垫。

2. 课程目标

通过该课程的开设，强化学生对中国传统文化的认识，增强学生的中华文化底蕴，弘扬中华民族传统优秀文化，培养能够传承和发扬中华传统文化精华的、具有较高人文素养的优秀人才。

通过对中华文化的学习，引导学生对人本身，人存在的意义、价值及其自我完善问题，以及人类文化的前途、命运的思索，以期在终极关怀的层面重建人的意义世界和精神家园。除了对个体意义上的人具有强烈的人文关怀外，中华文化更注重对群体、伦理意义上的人的道德规范与教化。这种品德规范对于个体来说，内化为个人人格的修养，外化为在人伦关系中实践道德上的义务：尊老、爱幼、爱国等。让学生在体验基础上认同千百年来贯穿一线、不绝如缕的华夏心魂，在潜移默化中实现学生人文素养的提高，奠定了学生中华文化的基础。

3. 课程构建

该课程把道德情操、人文知识、人生理想、社会责任的教育结合起来，以“志于道”为总领，以“明德悟道”为核心，以对儒家、道家、禅家、易家、创家五家之道的觉解和实践为重点，以对中华文化的准确理解、系统传承、素质落实为目的，强化学生对中华传统文化的认识，使学生中华文化修为有显著变化，弘扬中华民族优秀传统文化，培养具有中华文化底蕴、能够传承和发扬中华传统文化精华的、具有较高的人文素养的优才，并逐步形成彰显学校人文特色和育人品位的校园文化。

本课程面向初三和高中学生，整个课程共用时2学年，每一学年完成两个板块，每周安排两课时。其主要内容如下。

（1）基础内容（初三学习）：以学校校本教材《中华文化精修入门》为基础内容，教学中以传中国文化之“道”为核心，分儒、道、禅、易、创五部分，前四部分为传统文化之道，第五部分为创新文化之道。每部分萃取学说精华，精选原典，通过深入浅出的解释与例说，让学生在中国文化中徜徉，引导他们求真、求善、求美。

（2）拓展内容（高中学习）：在中华文化精修入门课的基础上，进一步对课程内容进行拓展，选定中国传统文化阅读书目，组织学生阅读；开设中国传统文化讲座、“亲近经典”工程；以选修课的方式，通过组织参观访问活动、撰写文章、开展文化论坛等多种形式，强调学生的实践体验，在潜移默化中实现学生中华文化人文素养的提高。

4. 课程实施

（1）实施原则

发展性原则：实施中华传统文化教育要由浅入深，循序渐进，不断提高，不急功近利。

教育性原则：中华文化精修入门课程，具有认知、审美和教育的功能。随着课程的实施，要促进学生全面和谐的发展。

实践性原则：教学的最终目标是学生在学习生活中践行中华传统文化的精华，塑造和谐健全人格。

整体性原则：中华文化精修入门课程涉及学校多个年级的学生、多个学科的教师，所以在整个实验的过程中，兼顾教师的学习研修与学生的学习研修。

（2）实施方式

① 该课程的基础性部分，通过必选课的形式，以校本教材为载体进行少而精的原著学习，使学生初步建立起对中华传统文化及其人文内涵的认识，从而创建“中华文化”研究性学习平台，加厚文化底蕴、提升文化素养。

② 运用课内与课外相结合的教学方法，积极开发第二课堂，形成教学与研究相互促进的课程特色。举办中华文化学习沙龙、中华文化读书角，成立中华文化读书会，坚持定期开设中华文化讲座。

③ 通过教师向相关学科进行文化渗透。营造语文、历史等课堂的文化氛围，领略民族文化风采，接受人文熏陶。语文组与历史组实施“亲近经典”工程，向老师、学生推荐国学经典书目，组织老师、学生国学经典沙龙，增加传统文化的积淀，吸收经典营养。

四、培育优才的创新课程

（一）让创意破壳而出——中学生创造力开发课程

1. 课程开设背景

我校自1998年建校伊始，就把培养创新型人才作为人才培养的重要目标之一。我们深刻认识到，重视创新教育，把学生培养成充满活力、思维敏捷具有创新精神、创造品格和创造能力的高层次人才，是学校义不容辞的责任。为更好地培养学生的创造性人格和开发学生的创造力，我校于2002年开设了中学生创造力开发课程，这是学校独具特色的校本课程。

创造力开发是个非常复杂的理论和实践课题，既要受到文化、氛围、环境等诸多外界因素的影响，同时又要受到创造动机、创造思维、创造品格等被开发者个人内在环境的影响。中学生的创造人格培养、创造力开发可以通过创设情境，引发学生的创新意识、培养创造思维，同时让他们及早掌握创造的方法和技巧，在中学阶段就通过发明实践和创造活动等方式来实现。在充分了解中学生身心发展特点的基础上，结合中学生心智及知识水平，力求做到全面、系统、科学地进行中学生创造性思维的开发，让他们在创造中寻找教育的快乐，把中学生蕴含的创造潜力激发出来，并在这个过程中塑造影响其一生的创造性人格。

2. 课程目标

课程的总目标：培养学生对周围世界和科学的好奇心，强烈、旺盛的求知欲，开拓进取的精神和创新意识；开发学生创造力，培养创造性人格。课程的主旨：激发想象力，培育创造才能，积极参与中学生科学研究和发明创造实践活动。

该课程的学习给中学生提供一个发展创造力的契机，打破束缚创造性人格发展的框框，接通创造思维之源，点亮创造之灯，释放中学生内在的创造激情，让创造能力迸发、让创意破壳而出，带来人生的升华。初一、初二两年的课程的学习，让每个学生都能做出发明创造，使每个学生在课程内都能掌握科学研究的基本方法，都有自己的科学研究成果。具体课程目标如下：

（1）认识创造性思维在创造活动中的重要性，学会运用创造性思维；

（2）学会创造发明的技巧，掌握和提高创造发明的各种技能；

（3）初步学会创意设计并用图及模型表达，提高实践和创新能力；

（4）在实践和体验科学研究的过程中，运用科学研究的方法，完成每个学生自己设定的“科学研究”成果。

3. 课程构建

该课程主要面向初一、初二年级学生开设，每周 2 学时，总计 128 学时。该课程由在创新教育方面卓有成效的东北大学罗玲玲教授负责开发、组织并实施。2002—2005 年是课程探索和试验阶段，2005 年以后，基本确立课程的指导思想并逐步完善课程体系，目前该课程的教学任务由大学专门从事创造教育研究的教授、博士生以及学校教师共同承担完成。课程内容以学校的校本教材《让创意破壳而出》为蓝本，具体内容如表 3 -2 所示。

表 3 – 2 创造力开发课程的主要内容

专题名称	授课时间	授 课 内 容
开启创造性思维	初一年级第一学期	创造性思维培养是创造力开发的核心，本单元重点培养思维的发散和逆向思考，体验逻辑跳跃的效果，克服心理和思维上的障碍，敢于浪漫一点、自信一点、冒险一点、独立性强一点。
学习创造技巧	初一年级第二学期	创造发明是人类文明进步的突破口，本单元重点通过学习创造的技巧和方法，引导中学生提高对问题的敏感力、解决问题的想象力以及联想能力、思维变换能力。这些创造的技巧和方法，就像一把把闪光的金钥匙，带他们走入创造发明的殿堂，使学生人人都会发明、人人都能发明、人人都做出发明。
创意设计与实践	初二年级第一学期	本单元主要是提高学生的设计能力，亲身经历和体验设计活动的全过程，构思、设计出能解决实际问题的各种富有创造性的方案，形成基本的技术设计思路和设计能力，提高学生的科学素养和创新实践能力。
研究性学习	初二年级第二学期	科学研究本身就是创造，本单元主要是带领学生走入科学研究的殿堂，在教学活动中，使他们掌握科学研究的基本方法，开展探索性的科学研究活动，让学生体验科学研究过程，学会如何像真正的科学家那样，通过观察、实验和调查获得第一手材料，以及学会自己设计研究方案，并在此过程中进一步提高学生的科学素养、创新和实践能力。

4. 课程实施

在课程实施的过程中，把重点放在培养学生的创新精神、提高创造能力以及塑造良好的创造人格上，鼓励学生开展适当、适量的创造发明实践活动，制作出具有实践价值的创新作品。我们主要从以下几个方面开展中学生创新教育教学工作。

第一，教学内容与方法方面。在教学过程中让学生深切体会到创造是人类文明的源泉，是人类赖以生存和发展的重要手段，是社会前进的动力，是个人成才的基础。创造力开发课程与其他课程的不同之处在于在呈现基础理论知识时，不能以抽象的理论形态展示，也不能用教育者对知识正确性的强调作为学生接受的理由，更不能用科学家、教师、课本的权威去压服学生。知识的获取与能力的提高，只能通过学生自己的建构来完成，教师的角色是以潜移默化的形式指导学生运用自己的经验、信息与背景来分析知识的合理性，并使学生自觉接受。另外，还需要教师精心选择教材外的知识作为补充。例如，针对初一年级学生的特点，选择一些有关科学史上的资料、读物以及全国青少年科技创新大赛例子等作为补充教育内容，以激发学生的创造兴趣、培养其创新意识。而对于初二年级的学生，则可有意识地引导其掌握一些创造发明的原理，科学家进行科学研究的实例，使学生在更高的层次上掌握创造发明的原理与技法及进行科学研究的基本方法，并在这些艰难曲折的过程中体会创造力开发的快乐。

第二，教学组织形式方面。教学中课堂讲授、多媒体教学及课堂讨论相结合，理论教学与拓展训练相结合，课堂练习与课外作业相结合，教师讲授与学生动手实践相结合，练习与比赛相结合。同时，随着教学的深入，教师还广泛地使用了案例教学、实物教学、情境教学，并将头脑奥林匹克竞赛即兴题目穿插到教学过程中，引导学生动脑思考、动手制作，解决各种难题。

第三，课外活动方面。每学期初一、初二年级都要举行一次头脑奥林匹克比赛，由于它的灵活、新颖、有趣，可以充分展示学生的创造力和想象力，成为创造力开发课程中非常受学生欢迎的重要组成部分。在学校聘请的专家和学校教师的指导下，鼓励学生积极参加全国、省、市各种创新比赛。此外，每学期都举办初一、初二年级全体学生参加的创新成果展览，展板内容包括各种各样的发明、制作、问题探索等。当学校的长廊两边从上到下摆满了每一位学生的创新作品时，视觉的冲击力、环境的震撼力会使学生对自身创新能力的自信受到长期而深远的影响。

在课程实施的过程中，该课程与校内其他学科协调共振，以中学生创造力开发课程为核心，形成一个全校多学科协调开发学生创造力的立体课程体系，多学科、全方位地开发学生创造潜能，为学生今后具有高水平的创造能力奠定基础，使学生能适应未来社会对高层次创新型人才的要求。

（二）洞开科学之门——中学综合科学素养课程

1. 课程开设背景

科学素养是公民素养的重要组成部分。国务院于 2006 年颁布了《全民科学素质行动计划纲要》，这是我国提高全民科学素质的纲领性文件。该文件指出，“公民具备基本科学素质一般指了解必要的科学技术知识，掌握基本的科学方法，树立科学思想，崇尚科学精神，并具有一定的应用它们处理实际问题、参与公共事务的能力”。提高公民素养的一个有效途径是学校的科学课程。由于国家科学课程的基础性和统一性以及在实施过程中存在的一些弊端和局限性，不可能完全满足学校的培养目标以及学生个性化发展的需求，在这种情况下，充分利用社会和学校资源，开发适合学生发展需求的科学类校本课程，切实提高学生科学素养，为培养创新型人才打基础，成为学校课程建设的必然要求。学校从 2005 年开始在北京大学任定成教授的指导下，进行“中学综合科学素养教育模式研究”的课题研究，着手进行中学综合科学素养课程建设。通过课题研究，科学学科教师对科学教育的认识、自身的综合科学素养以及科研能力等方面都有了很大的提高，这为中学综合科学素养课程建设奠定了很好的基础。

2. 课程目标

通过该课程的开设，在国家课程的基础上进一步加强学生科学思想、科学精神、科学态度、科学方法和科学实践能力的培养，使学生的科学素养上升到新的层次。建立一个吸收世界各国尤其是发达国家20世纪80年代以来基础科学素养教育改革探索成果，融东西方文化和教育优点为一体，克服我国基础科学教育弊端，符合学生在未来终身学习社会和知识经济社会中生存与发展所需要的新的中学综合科学素养教育模式，构建综合性和应用性相统一、科学知识和科学精神相统一的科学课程体系。

3. 课程构建

本课程主要为初一至高二年级学生开设，整个课程共用时5学年，每一学年完成一个板块，每周安排一课时，由数学、物理、化学、生物等教师组织实施。

在课程内容上，拟以学校校本教材《中学综合科学素养读本》为基础，从现实问题和国际视角出发，融通科学与哲学、文学、艺术等诸文化因素，纵论科学与政治、经济、产业等社会诸侧面，关注科学、技术与社会之间的互动。读本分年级、按主题，紧扣科学技术和社会，注重系统性，兼顾不同年级的文化程度和成长需要选取专题，目标是提高学生的科学素养，培养他们成为关注研究与自然和科学有关的社会文化问题的、有见识的高层次优秀人才。

具有对科学学科有浓郁兴趣的学生，还可以通过组建科学实验室、开展研究性学习等体验性课程，使学生在学科学、用科学、探索科学的实践活动中得到更好的发展。

4. 课程实施

（1）注重体现整体性、开放性与时代性。该课程绝不仅仅是对国家课程的简单补充，所用教材也不是科普读物，而是在国家课程的基础上，在学生具有一定的科学知识和基本技能的基础上，作为提高学生科学素养的载体。因而在内容的选择上，要反映当代科学技术发展的新成果；通过对科学发展史的了解，认识科学发展的规律；注重与社会现实生活的密切联系；要反映自然的统一性、科学的整体性，注意不同学科领域知识与技能之间的融通与连接；注重各要素间的结合与渗透，体现科学精神与人文精神的统一。在校本课程开设中，重视挖掘科学课程本身所蕴含的人文因素，培养科学探索的热情，养成与自然界和谐相处的生活态度，了解科学、技术与社会之间的关系，有献身事业，服务社会、服务祖国与人类的胸怀与情操，把科学精神的培养与人文精神的塑造统一起来。

（2）突出科学探究，着力培养学生的科学探究能力。在课程实施过程中，彻底改变传统的讲授式的教学方式，采用讲授、自学与探究相结合的教学方法，强调发现问题—提出假设—科学验证—得出结论的探究过程，培养学生科学探索的热情。科学学习要以探究为中心。探究既是科学学习的方式，又是科学学习的目标。学生的科学素养离不开科学的认识过程，科学过程的本质是探究，在校本课程开设的过程中，特别应强调学生学习方式的变革，突出科学探究的学习方式。在科学探究的实践中，通过感受、领悟和理解的学习过程来实现一些重要科学素养的培养目标，而不只是被动地接受一些科学的结论。科学课的教学总目标是培养学生的科学素养，而科学探究是最能体现培养目标的一种方式。因此，要把以“教学”为中心的课堂活动转变为以“探究”为轴心的科学活动。

（3）以专题研究作为学生学习的主要形式。根据该课程开放性的特点，将专题研究作为学生学习的主要形式，引导学生就某一专题进行探究，要求学生周密地思考，独立进行分析、综合、判断，形成自己的结论，并能说明结论所依据的理由，这是一种在共同学习环境下实现的个别化学习方式。在专题研究的过程中，学生可以走出校门，接触自然或社会，以自主学习、合作学习、访谈等方式获得了经验、知识和多方面能力的提高。在学生专题研究的过程中，强调研究的过程，掌握科学研究的方法，既要强调学生的独立思考，也要注重团队合作。

（三）开发智能——基于思维的数学课程

1. 课程开设背景

基于思维的数学课程不是代数、几何、微积分等纯数学知识，而是这些知识中所蕴涵的深层次的智慧，那就是在数学学习过程中形成的思维方法、思想方法、研究方法等，常被称为数学的智慧和灵魂。基于思维的数学不仅仅是一种深层知智课程，更是一个人必备的素养课程。一个人，如果他不是以数学为终身职业，那么他的数学素养并不表现在他能掌握多少数学知识，解题有多快，关键在于他是否真正领会了数学思想、数学思维方法和研究方法，是否将这些思想方法等融汇到他的生活、工作和言行中去。

数学教育正处在一个重要的变革时期，人们对于数学的认识、对于数学学习的认识、对于数学价值与功能的认识都在发生着变化。诺贝尔奖获得者杨振宁先生说："我赞美数学的优美和力量，它既有战术的技巧与灵活，又有战略上的雄才远虑"。基于思维的数学课程就是以典型问题为载体，以思想方法为引领，凝结技巧与方法、思想和智慧的一门课程。

2. 课程目标

总体目标：通过学习基于思维的数学课程，使学生在学习数学课程的基础上，从数学思想、数学思维、数学方法上进一步提高数学素养，发展数学思维，增强创造思维，提高创新能力。

具体目标：

（1）学会数学逻辑思维、形象思维和直觉思维的基本方法；

（2）培养良好的数学思维品质；

（3）掌握中学数学基本的数学思想和数学方法；

（4）学习数学家高尚的人格品质、科学探索的精神、严谨求实的作风和勇于创新的意识；

（5）发展创造思维，增强创新意识，提高创新能力。

3. 课程构建

在教材编写中，选择了既联系课本又高于课本的有针对性、层次性和开放性的学习材料，整合了丰富有序的数学拓展课程资源。在教学中，将思想方法贯穿于问题解决过程之中，揭示问题的相关背景、探索问题的有效深度、思考问题的多样解法、研究问题的发展变化，以此引领学生感悟思想方法、锤炼学生思维、磨砺学生的心智，进而提升学生的思维水平。

该课程的开设以《基于思维的数学》校本教材为载体，注重知识与方法之间的有机联系，具体内容如下：

（1）数学的特点；

（2）学会数学思维；

（3）中学常用的数学思想方法；

（4）中学常用的解题方法；

（5）数学思维训练；

（6）数学大师传“真经”；

（7）怎样科学解题。

4. 课程实施

本课程的授课对象是初一至高二对数学学习有兴趣同时具备较好的数学基础与学习能力的学生。以年级为单位分别授课，每周 2 学时。在课程实施中，遵循以“课堂教学为主，课外活动为辅”的原则，充分考虑学生的实际情况，分阶段、分层次让学生逐步地去掌握。并根据学生的不同基础、不同水平给予具体的指导，从而使学生形成自己对数学知识的理解和有效的学习策略，帮助他们在自主探索和合作交流的过程中真正理解和掌握基本的数学知识与技能、数学的思想和方法，提高思维能力，发展数学能力。

五、培养领袖的特色课程

（一）为未来领袖奠基——中学生领导力开发课程

1. 课程开设背景

领袖素质是指领袖具有的素养、品质和能力的总称。领袖影响他人，激励他人，使众人能够团结一致向组织目标进军。领袖素质是一个人在先天禀赋的基础上，通过后天的锻炼和学习形成的、能够发挥领导作用的本质要素。教育要担负起培养未来领袖的工作。在中学阶段，要注重培养学生的领袖意识，给学生锻炼、展示领袖才能的机会，使学生产生“领袖体验”，为日后的领袖生涯打下基础。

2. 课程目标

通过该课程有意识地引导和熏陶，构建符合中学生身心发展需要的领袖素质培养体系，有效地培养学生领袖意识、领袖品质，提升领袖人格魅力和组织领导能力，提高综合素质。

3. 课程构建

本课程是一门以活动体验为主的综合课程，以提高学生领袖素质为目的，以学生活动为核心，以学生实践为主要途径，倡导“人人都有领袖的潜能，人人都有当领袖的机会”。

4. 课程实施

（1）以“中学生领导力”课题为引领，综合设计课程内容和活动。通过报告、讲座、工作坊等基础性课程，使学生了解领袖型人才需要具备的基本素质，开展领袖素质技能培训。目前，我校高一学生正在通过“公共政策”和“社区服务”等专项课题的研究，在相关教师的指导下，有针对性地开展实践研究，使学生在参与体验的过程中提高领袖素质。

（2）通过各种实践活动，给学生一定的开放空间，例如组织班级活动、策划学校大型活动、组建各种社团活动等，还可以走出学校，通过社区服务、慈善活动、社会调查等，在实践活动中提升领袖品质、人格魅力，提高领袖素质。在各种实践活动中，学校尽可能为学生提供锻炼的机会，例如每年的祭扫烈士墓活动、校园外文歌曲大赛等大型活动都是由学生策划组织，取得了非常好的效果。学校的社团活动是提升学生领袖素质非常重要的途径，学校现有社团大约 20 个，通过开展形式多样、内容丰富的活动，使学生的领导能力、交际能力以及合作能力等方面都有了很大的提高。

（3）通过拓展训练、领袖训练营等活动，给学生提供充分展示自我和与他人合作的机会，使学生学会在团队中建立信任、学习领导技能、提高交流能力、学会和不同文化背景的人相处、学会解决冲突的技巧和方法、增强领袖意识。

（4）通过参加模拟联合国等活动，激发学习热情，增加体验，锻炼提高领袖素养。

（二）树立榜样，开阔视野，启迪智慧——名人名家课程

1. 课程开设背景

青少年处于学习知识、形成价值观和态度的重要时期，是模仿力较强的时期，也是一个可塑性强的时期。在各个领域取得卓越成就的名人，具有很好的思想道德、文化科学、劳动技能和身体心理素质，具有代表性和典范性，有无穷的人格力量和“神秘的”魅力，是学生学习的榜样。运用历史名人名家和现实社会各界名人名家的力量来教育学生，会对学生起到示范、激励和导向的作用。通过名人名家的感染、激励、号召、启迪、警醒等功能，将会对学生的成长产生深刻影响。此外，由于学校教育的局限性，学生对社会热点问题以及科技最新发展的了解也较缺乏，学校邀请社会名人名家走进课程，除了个人的人格魅力

外，他们带来的最新信息也开拓了学生的视野，丰富了学生的校园生活。基于上述的认识，学校于2004年起开设了主题为“树立榜样，开阔视野，启迪智慧”的名人名家课程。

2. 课程目标

本课程致力于将优秀的人类智慧和人文精神传播到学生的心灵中，充分发挥名人的感染力和诱导力，通过潜移默化的影响达到教育的效果，同时开阔学生的视野，丰富校园文化生活。

（1）通过名人名家的生平事迹激励学生，使学生在思想上受到深刻教育，在精神上受到鼓舞，在感情上引起共鸣，从而达到净化心灵、塑造人格、教育自我、树立远大理想的目的。

（2）通过名人名家的报告，使学生学到很多在书本上、课堂上接触不到的知识，接受不同文化的熏陶，陶冶性情，提高素养。

3. 课程构建

每月聘请社会各界名人名家到学校为学生作主题报告。报告题材广泛，涉及励志教育、爱国教育、传统文化、心理引导、科学讲座、时事政治、文明礼仪等方方面面。

4. 课程实施

本课程平均每月一次，时间通常为90分钟（2课时），一般利用星期六或平日的晚自习时间。除此之外，为了丰富课程内容，弥补社会资源的有限性，学校还扩大了课程实施的途径，例如下载网络中的优秀视频资料及购买优秀讲座和报告的光盘播放，同时挖掘校园内资源，由部分教师就某些名人名家事迹进行相关讲座等。

第四章 优才教育的教学

作为一所为培养高层次国际型、领袖型、创新型优秀人才打基础的学校，我校在教学中结合学校的培养目标，根据学校实际情况，本着“有效性、创造性”的原则，大胆进行教学改革与创新，因地制宜、创造性地实施国家课程，实现由理想课程向实践课程的“软着陆”。

一、优才教育教学的特点

我校结合优才教育的培养目标，在教学中体现出了“三高、三注重，两突出、两统一，一推进、一优化”的教学特点。

（一）“三高、三注重”

“三高”是指高起点、高速度、高难度。“三注重”指注重教学整体性、实践性、简明性；注重知识核心和结构；注重学生的思维能力（特别是批判性思维能力和创造性思维能力）、自主学习能力和实践能力的培养。

1. “三高”：高起点、高速度、高难度

从优才教育的培养目标出发，在教学中，我校以“三高”作为第一位原则。“三高”是建立在“儿童少年存在着巨大的智能潜力，关键在于教育者如何去开发”这样一个认识基础上。这里的“高”是以具有一定智能素质的学生很好的接受能力和发展能力为基础的“高”，是教学要求与学习能力处于“跳一跳，够得着”态势的“高”。这样教学的实质在于要以学生的充分发展为主要目的，使学生在理解学习过程的基础上加快教学进度，在学生可接受的前提下，使学生得到尽可能大的应有发展。

高起点体现在教师对学生的期望值高、要求高，我校强调只有走在发展前面的教学才是良好的教学。

高起点、高期待、高要求要具有一定的“度”。教学必须要考虑儿童已达到的水平并要走在儿童发展的前面。儿童发展有两种水平：一是

现有的发展水平；二是在有指导的情况下借助成人的帮助可以达到的较高水平，或是借助他人的启发、帮助可以达到的较高水平。这两者之间的差距，即儿童现有水平与经过他人帮助可以达到的较高水平之间的差距，就是“最近发展区”。根据维果斯基最近发展区的理论，教学的起点应当是学生群体的“最近发展区”，也就是所提出的要求必须是学生在课堂的环境中、教师启发或合作的氛围里才能够达到的（而不是学生们能够独立达到的），以促进学生的转变和提升。

期待效应表明，只要对学生寄予厚望，学生就会产生相应于这种期望的特性。孩子的潜力是巨大的，关键在于教师如何去引导和开发。由于我校学生的智力水平和非智力水平处于中等以上的发展水平，因而在教学中，我校教师对学生提出更高的要求和标准，创设了学生发展的更大空间，使学生在较高的起点上有更好的发展。

高速度是针对教学中慢进度、多重复、效率低的弊端而提出来，目的是为了解决教学内容、教学时间、教学质量三者之间的矛盾。根据学生总体素质较好的实际情况，合理调整教学进度，提高单位时间内的教学效益，让学生在较短时间内学到更多的知识，思维得到更好的开发，能力得到更好的培养。

高速度，最根本的是要迅速开拓学生的知识视野，提高学习效率，使学生能够深刻理解各科知识的本质联系，从而更好地把握各个学科的知识，提高能力。在英语教学上，我校根据学生的实际情况提高了英语学习的速度，在高二上学期结束时要学完大学本科公共英语课程，对学生的听、说、读、写等语言综合能力提出了高标准，要达到大学公共英语4—6级水平。经过几年的实践，我校在英语教学方面取得了很好的效果。

高难度是要从设置困难障碍中唤发学生的智能，让学生通过自己的努力去迎接挑战、解决困难、排除障碍、攀登高峰，去探索未知领域。高难度，重点在于“克服障碍”和“自我努力”，我校以“设置困难障碍——唤发智能情绪——通过自我努力——排除困难障碍——获得问题解决——感受成功喜悦”的程序进行教学，并且始终以学生为主体，以激发他们的精神生活为动力，以疑难问题为诱因，以排疑解难为目的，学生的学习兴趣浓郁而热烈，精神集中而持久，思维活跃而敏捷，发展也就迅速而有力。

高难度，是作为一种学习动机和智能活动的催化剂，是一种动力诱因，是学生通往未知领域的云梯，是克服困难障碍的媒介。当然，教学并不是越难越好，掌握好难度分寸至关重要。因此，我校教师在实际教学中采用高难度教学是一个逐步提高、循序渐进的发展过程，也是一个随着学生的潜在智能的不断开发、随着他们知识和能力的积累而相应提高难度标准的变化过程。

2. “三注重”：注重教学整体性、实践性、简明性；注重知识核心和结构；注重学生的思维能力（特别是批判性思维能力和创造性思维能力）、自主学习能力和实践能力的培养

注重教学整体性、实践性、简明性。一门课程是一个整体，注重教学整体性是指在一节课进行的过程中，要重视每一节课的教学在这门课程中的地位、作用和前后联系，使学生对这门课程有一个全局的、整体的了解和把握，防止出现只知局部、不知整体，支离破碎、残缺不全的现象。实践是知识的源泉，知识来源于实践，又被应用于实践，注重教学的实践性是指教学中要让学生知道知识从哪里来，又到哪里去，重视提高学生应用知识的实践能力。教学简明性是指教学中要简明易懂，精讲精练，防止把简单问题繁杂化，故弄玄虚，搞烦琐哲学。

注重知识核心和结构。要力图让学生在学习过程中，掌握最核心的内容，理解知识内在的结构和规律。不论我们教什么学科，都务必使学生理解该学科的基本结构。所谓“基本”，就是普遍而强有力的适用性；所谓“结构”，就是反映事物的本质的概念、原理或规则及内在联系。“基本结构”即基本概念、基本原理或基本规则与内在联系。教学中，教师要注重知识的核心和结构，以有助于学生的理解、记忆和迁移。

注重学生的思维能力（特别是批判性思维能力和创造性思维能

力）、自主学习能力和实践能力的培养。思维是知识的源泉，思维是知识的钥匙。培养学生的思维能力，是教学改革和教学理论研究的一个重要课题，也是适应时代发展的需要、贯彻实施教育目标的需要。优才教育的教学要重视学生思维方法的学习、思维品质和思维能力的发展，尤其要重视批判性思维能力和创造性思维的培养。

批判性思维能力是改革创新的思想基础，创造性思维是人们思维活动的最高表现。自主学习能力是学生可持续发展的能力，是学习化社会终身学习必须具备的能力。教学不但要授之以“鱼”，更重要的是授之以“渔”。优才教育的教学应重视在教学过程中培养学生自主学习的意识、习惯和方法。实践能力是当前我国学生的弱项。实践是真理的源泉，真理要靠实践来检验。学习理论的根本目的在于指导实践、应用于实践。优才教育的教学必须把培养学生实践能力作为重要任务来完成。

“三注重”是以注重学生创造性思维能力为核心，表述了教学的重心在于构建学生良好的知识结构，注重培养学生的综合能力，同时也为高速度、高质量地学习提供了保证。

（二）“两突出、两统一”

“两突出”指突出教学的有效性和教学的创造性；“两统一”即教学的科学性和人文性相统一，教师的主导作用与学生的主体作用相统一。

1.“两突出”：有效性和创造性

有效性是衡量教学效果的重要标准。无效的教学不仅浪费了大量宝贵的教学时间，而且增加了学生不必要的学业负担，甚至限制了学生的思维，阻碍了学生的发展。在优才教育的教学中，我校要求必须讲求教学的效率和效益，在有限的教学时间和空间内，根据学生的实际，从教学内容、教学策略、教学方法等方面进行优化，求得真正对学生发展利益的最大化，彻底摒弃形式主义、烦琐哲学等无效教学。我校优才教育教学中倡导的“有效性”是和教学的“三高”“三注重”有机结合在一起的，“三高”必须建立在有效性的基础上，“三高”同时又是提高教学有效性的重要前提，“三注重”是提高教学有效性的重要途径。

创造性体现在教师教的创造性和学生学的创造性两个方面。

形成教学创造能力是教师从事教学工作、进行创造性教学的根本条件之一，也是进行教育改革、提高教师素质、增进素质教育力度的必要条件。只有当教师不断改革创新、改进教学，使自己的教学具有新颖性、独立性、首创性，他的教学工作才会高瞻远瞩、游刃有余，才会激发学生的创造性。教学有法，但教无定法。每个教师在通晓运用各种教学原则、教学方法的同时，又是具有独特的能力、气质、性格的不同的个体，要在教学实践中自主探索创造具有自己风格的教学方法。

教师创造性地教是为了学生创造性地学。教师在教学过程中要培养学生的创新人格，引导学生树立远大理想，培养学生旺盛的求知欲、不怕挫折和失败、勇于战胜困难的勇气、百折不挠的精神以及合作意识；培养学生要善于独立思考，具有创新的精神、批判精神，有强烈的好奇心、丰富的想象力、敏锐的直觉，要善于发现问题、提出问题，具有寻根究底的探求精神，不断开拓进取；使学生逐步提高创新思维，思维具有独创性和新颖性，善于从不同角度和多种途径，用简洁而巧妙的方法思考解决问题，敢于打破习惯的思维程序。

在教学过程中注重培养学生的创新精神、创造性思维和创造人格，开发学生的创造力是我们不断追求和探索的目标。

对教学有效性和创造性的追求贯穿于学校所有的教学活动，是学校用来衡量教学活动的一个重要指标。

2. “两统一”：科学与人文、主导与主体

“两统一”即教学的科学性和人文性相统一，教师的主导作用与学生的主体作用相统一。这些理念一直是新课改以来反复被强调的重点，也是我校优才教育教学改革和创新的基点之一。

科学与人文两者共同构成了完整的价值体系。人文是在人的基础上生长出来的价值体系，而科学则是在物的基础上生长出来的价值体系。

在教育教学过程中，既要重视对自然科学知识等客观知识体系的掌握，又要重视对人文社会学科知识的多元性、内在性和境域性的掌握。把科学精神和人文精神统一于课程的“文化内涵”之中，科学和人文走向整合，是我校优才教育教学的一个重要特征。

主导与主体，即教师主导作用与学生主体作用是辩证统一的整体。学生的主体观就是承认学生是学习的主人，主体性是人的本质的最深层次，是全面发展的人的根本特征。教学中学生的主体性是在教师的指导、帮助下有目的、有计划、主动地去获取知识和能力的过程，但不意味着摒弃教师的主导地位。教师的主导作用在于在学生学习的整个过程中，发挥组织教学，调动学生学习的积极性、主动性和创造性，引领、启发、指导、传授、辅导、解惑、促进等作用。教师的主导作用要因不同的受教育对象，有不同的方向、方法、层次和程度的把握。由于我校进行优才教育，学生的智力因素和非智力因素相对较好，因而在有效发挥教师主导作用的前提下，我校特别强调给予学生更广阔的学习空间，充分发挥学生的学习主体作用。例如我校的晚自习时间全部交给学生，教师不允许讲课，从初一开始就注重培养学生的自主学习能力，学生有充裕的空间和时间来安排自己的学习，从而更好地实现自主学习、创造性学习。

（三）“一推进、一优化”

“一推进”，即因材施教、分类推进，差异发展；“一优化”，即教学达到整体优化。

1. “一推进”：因材施教、分类推进，差异发展

分类推进，差异发展，主要应对“差异性”问题。学生个体之间是存在着一定的差异的，这种差异不仅表现在先天遗传的差异，也表现在后天发展的差异，包括智力、健康状况、情绪意志、社会适应能力、动手能力等方面。教育的目的是给所有的孩子机会，以发挥他们各自的才能，为他们提供适合的教育，使他们在自己原来的基础上得到最佳发展。因此在优才教育的教学中，我校教师要注重面向全体学生，尊重学

生的个性，针对学生的个别差异，因材施教，尽量满足学生的不同需求，根据学生不同的学习态度、学习能力，分类推进，尽可能使每个学生都在自己原有的基础上得到最佳发展。我校的分类推进体现在教学的各个环节之中，课堂教学、作业布置、课后辅导都要根据学生的不同差异进行分层次教学，测验、考试也要根据学生的差异进行分层次，既要使学生有适度的学业压力，又要使学生产生足够的信心和学习动力，真正实现每个学生的最佳发展。

2. “一优化”：教学整体优化

课堂教学的整体优化，强调整个课堂教学系统的各种要素发挥最优功能，达到最优组合，在具体条件下，取得整体最优效果。其目的是使教育与教学的目标相统一，教师主导作用与学生主体作用相统一，各种教学形式、教学方法、教学内容、教学条件相统一，学生的智力因素与非智力因素相统一，教与学的动机和效果相统一。这是提高课堂教学质量乃至提高教学质量的有效保证。

课堂教学的整体优化，要求凡涉及课堂教学的各个方面均作为一个整体来研究，整体性是其基本特征之一。研究课堂教学的整体优化，是从宏观的高度，把课堂教学作为整体来考察和研究，从课堂教学各要素的相互联系和相互影响中来揭示教学的规律，而不是把有机的课堂教学这个整体机械地分成若干部分，然后把它们机械地相加。

二、优才教育教学的行动指向

根据我校中学六年一贯制优才教育的特点，结合学校的办学目标和培养目标，以课堂教学改革为核心，优化教学方法，统整教学内容，对国家课程进行了二次开发，实现国家课程的校本化实施。

（一）立足“有效性”和“创造性”的课堂教学改革

课程实施的基本途径是课堂教学，课堂是课程改革的主阵地。任何教育教学改革如果没有触动课堂，那么这种改革就不能说是彻底的。因此，回归课堂已经成为教育教学改革无法回避的选择。

1. 课堂教学改革的理论支撑——主体教育

我校的课堂教学改革从主体教育理论出发，提出了要提高课堂教学的有效性和创造性。主体教育是指根据社会发展的需要和教育现代化的要求，教育者通过启发、引导受教育者内在的教育需求，创设和谐、宽松、民主的教育环境，有目的、有计划地组织、规范各种教育活动，从而把他们培养成为自主地、主动地、创造性地进行认识和实践活动的社会主体。主体教育的核心是强调承认并尊重受教育者在教育活动中的主体地位，将受教育者真正视为能动的、独立的个体，以教育促进他们主体性的提高和发展。主体教育要求通过教师的引导，使学生张扬个性，积极主动地掌握各学科的基础知识和基本技能，发展智力，养成良好的学习习惯，使其意志、品质、情感和行为能力得以发展。只有这样，学生才能主动地、创造性地学习；也只有这样，才能使教师“有效地教、创造性地教”和学生“有效地学、创造性地学”。因此，主体教育和教学的“有效性、创造性”的终极目标是一致的，主体教育是保证有效教学、提高课堂教学创造性的理论基础。

2. 课堂教学改革的主要途径——改革教学模式，转变学习方式

（1）体验式教学

体验是用心智去感受、关注、欣赏、评价某一事件、人物、事实和思想。只有经过体验，才能把一个陌生的、外在的、与己无关的对象变为熟悉的、可以交流的甚至是融于心智的存在。体验式教学是学生通过实践来认识周围的事物，用亲身的经历去感知、理解、感悟、验证教学内容的一种教学模式。体验式教学强调学习者从对事物的感性认识上升到理性认识，形成对事物的独特看法，在体验中让认知得以深化、情感得以升华。体验式教学模式的提出是以建构主义的学习观为基础的，并遵从它的基本理念，即学习是学习主体主动建构的过程。根据体验式教学的特点，我校提出了“情境设置—主体体验—评价体验—迁移体验”的教学基本流程。在体验式教学模式之中，教师对学生进行正确的引导和客观的评述，充分发挥了教师的主导作用。学生带着积极的情感感悟知识，并用实践来证实，促进了学生学习过程中知识、情感、智能的统一。

（2）接受学习与探索发现学习的结合

诺贝尔奖获得者、法国心理学家贝尔纳指出，所谓创造力教学，指的是学生要真正被鼓励开发并发表他们想法的机会，如此才能发展他们富有创造力的才能。教学过程要结合教学实际，多采用启发式、讨论式和探索研究式的教学方法，启发、引导、鼓励学生独立思考。

在教学过程中，学校要求教师辩证地看待探究发现式学习和接受式学习，只有解决好这个问题，才能提高教学的有效性和创造性。首先要防止两种倾向：一是防止形式化倾向，教师不去精心研究设计教学如何才真正有效，而去追求表面化和形式化；二是防止教师不讲条件和方式地滥用发现式学习，结果费时费力，造成大量的教学工作无效。在教学方式的选择上，一定要按照教与学有效性的原则来选择。接受式学习更适合于知识学习目标的有效实现。在中小学课程中，有很多体现事物名称、概念、事实等方面的陈述性知识，就不应花时间去探究，运用接受式学习方式会更为有效。探究发现式学习更适合于创造力培养目标的有效实现，它可以具体化为具有不同特征的学习形式，如有利于培养探究发现能力的定理、定律、法则的学习，基于问题解决的学习，以课题方式进行的研究性学习，体现创造的创新性学习，重视过程的探究性学习，与生活经验密切结合的体验性学习等。

因此，教师在教学过程中，根据不同学段、不同年级、不同学科、不同教学单元内容和不同课型的不同情况，灵活地运用了两种教学方式。凡是应用接受式学习方式更有利于有效实现教学目标和学习目标的，就选择接受式学习方式；而对于有利于开发学生潜能，培养学生探究、发现、独立思考能力的教学内容，就选择应用探究发现式学习方式；凡是把两种学习方式结合起来更有利于有效实现教学目标和学习目标的，就把两者有机地结合起来。总之，由过去被动的、机械的接受式学习向积极主动的、有意义的接受式学习转变，由单一的接受式学习向接受式学习与探究发现式学习相结合的学习方式转变，这种新的学习方式更强调学生的主体地位，强调自主、合作、探究。

3. 课堂教学改革的重要保障——《东北育才外国语学校课堂改革实施要点》

为了提高课堂教学质量，我校制定了《东北育才外国语学校课堂改革实施要点》，以此作为教师上课和评课的重要依据。该实施要点对课堂教学的环节以及不同课型需要注意的问题进行了阐述，学校在组织教师学习领会的基础上将其落实到课堂教学中。

例如，对于教学中最重要的备课环节，实施要点中明确提出：

在备课的过程中，需要重点解决以下几个问题。

（1）备教材——钻研教材，解读并超越教材

A. 要认真研读课程标准，明确其对所教学科的学年和各章节的教学目标、教学重点以及教学方法等方面的要求；

B. 要吃透教科书，根据学生和教学实际对教材结构、顺序进行调整，实现对教材的二次开发；

C. 广泛阅读，认真研读与教学有关的参考资料；

D. 关注时代发展的新动向，吸收生活中的素材，融合到教学中。

（2）备学生——了解学生，以学生为本

A. 备课时应了解不同学生原有知识和技能的掌握情况；

B. 备课时还应了解不同学生已经具备哪些学习能力、养成怎样的学习习惯、掌握哪些学习方法。

（3）备目标和重难点——目标明确，有层次，重、难点突出

A. 教师设定的教学目标不能仅仅局限于认知方面，还要涉及过程与方法、情感态度和价值观等其他维度；

B. 课时教学目标不是孤立的，要从整个教学目标体系出发，要在

明确课程目标、学段目标、单元目标的基础上把握课时目标；

C. 要根据课程标准和学生实际确定重、难点；

D. 目标要有弹性、层次性，要顾及学生之间的差异，坚持上不封顶、下要保底的原则。

（4）备教学程序

A. 要根据教学内容的逻辑顺序、学生掌握知识的认知程序、师生之间和学生之间信息交流的活动形式，设计出一节课的教学程序；

B. 一节课的容量要适宜，要留有余地，一般以35分钟完成教学任务为宜（我校一节课是40分钟）。

提问是课堂教学中比较常见的教学形式，但是对于“什么时候该问”“问什么”“怎么问”“提问的对象是什么”等一些问题，教师有时候关注不够，因而导致提问的随意性很强、有效性不高，甚至简单地为了提问而提问，个别课堂还走向了“满堂问”的误区。针对课堂提问，我校先让教师明确了课堂提问的意义主要在于：检查学生对已学知识和技能的掌握情况，巩固复习，获得信息反馈；增进师生交流，活跃课堂气氛，激发学生的学习兴趣；启发学生思考，开阔学生思路，引导学生探究，启迪学生思维；集中学生注意力。在明确课堂提问的意义的基础上，我校提出课堂提问要把握以下几点。

（1）时机性——精心设计问点，抓住提问的时机。要抓住知识的疑难点提问和学生思维的发散点提问。

（2）思考性——提出的问题要有一定的思考价值，特别是具有高级思维价值。教师要给学生一定的思考时间和空间，学生需要独立思考或者小组研讨才能解决，而不是简单的一问一答式。

（3）适宜性——所提的问题难易要适度。提问要问在学生的“最近发展区”，让学生“跳一跳，够得着”。对于难度较大的问题，可将其分解，创设阶梯式问题情境，形成一定坡度，由易到难、由简到繁，层层推进，引导学生思维一步步延伸、扩展。所提问题不一定都要学生回答，教师可自问自答。

（4）层次性——提问要有层次性，面向全体。课堂提问，不能出现“遗忘的角落”，要让不同水平的学生都有回答问题的机会和获得成功的喜悦。

（5）明确性——要把问题交代清楚，增加所提问题的清晰度。要科学地确定问题的指向，问题的范围要具体明确，表述要清楚、详细而精确。

（6）充分性——留给学生充分思考的时间。从问题的提出到学生的回答之间要为学生提供看书、思考、组织内部语言的时间，不要仓促回答。教师在学生思考的过程中要善于等待，不要轻易打断学生的思维。

（7）反馈性——在学生经过思考、回答后，要给予学生清晰的、客观的、鼓励性的评价或必要的指引。

教学方法的选择对于提高课堂教学质量至关重要，针对课堂教学中比较常见的讲授式和探究式教学方法，实施要点中提出要注意以下问题。

（1）使用讲授式教学方法，要注意以下两点。

A. 把握讲授的时机。

- 学习新知时所必需的、而学生又缺乏了解的背景知识；
- 学生难以深刻理解的知识和难以分析解决的问题；
- 尽管难度不大，却易被学生忽视的基本知识；
- 易被学生混淆的相关词语、概念；
- 知识单元、教学环节之间的过渡、衔接；
- 学生独立探讨意义不大且时间不容许让学生进行充分的讨论、探索的教学内容。

B. 讲究言语表达的技巧。

- 满怀激情，使学生精神振奋；

- 清晰准确，使学生听得清；
- 简洁明白，使学生听得懂；
- 鲜明生动，使学生听得有趣。

（2）使用探究式教学方法，要注意以下几点。

A. 探究的问题一定要具有培养学生创新精神、探究发现能力的价值，在难度上要适度；

B. 要创设一个有利于学生进行探究发现的良好的教学情境；

C. 探究过程中既要注重科学方法的运用，又要注重基础知识的掌握；

D. 有序组织教学，积极引导学生的探究发现活动，既要发挥学生的自主性，又要充分发挥教师的主导作用。

（3）依据教学内容特点选择教学方法。讲授式教学方法适用于体现事物名称、概念、事实等方面的陈述性知识等，探究式教学方法适用于具有一定的开放性、探究性的问题的学习和研究。

（4）要正确看待不同的教学方法，教学有法，但教无定法，要注意不同教学方法的综合和优化。探究法有利于培养学生的探究精神和创造性思维能力，但它耗时较多，课堂教学组织困难，而且要求学生有一定的知识基础和能力基础，因此，探究法绝对不能成为教学的唯一方法。讲授法能保证在较短时间内接受大量知识，因此目前仍是一种重要的教学方法，但是讲授也要以启发式教学作为指导思想，讲授不等于灌输。

关于多媒体的使用，在教师中仍然存在着一些误区。针对这种现状，我校提出四点要求。

（1）多媒体使用要避免形式化。多媒体只是教学的辅助手段，要坚持服务教学的原则，要具有明确的目的性，不要单纯地为了用而用。

（2）不能用多媒体动画等代替演示实验（特殊实验除外），不能用直观形象取代抽象思维，限制学生思维发展。

（3）由于幻灯片不断变换，不能保持持久性，教师写板书的过程也是学生学习、理解、消化、记忆、掌握新知识的过程，因此不能用幻灯片完全取代板书。基本概念、定理、定律的学习，重点例题、习题的解题过程不能用幻灯片代替板书。

（4）课件制作要讲求实效，不追求花哨，不片面追求大容量。幻灯片要力求简洁，不要加入一些色彩鲜艳的图片或者动画，以免分散学生的注意力。

在教学中，不同的教学内容会有不同的课型，不同课型的教学目标的侧重点也不同。我校对不同课型授课的基本原则也提出了明确的要求。例如，在数学等理科教学中比较常见的概念课，正确地理解概念是掌握知识、形成能力的前提，也是理解和掌握学科基本原理、基本规律的关键。上好概念课，需要注意以下几点。

（1）在概念引入阶段，创设恰当的问题情境，为概念的引入做好准备。可以从实际事例、实物模型或学科的内在需要引入概念，具体问题具体对待。该阶段重点培养学生的观察、比较、分析的能力。

（2）在概念的形成阶段，要重点培养学生的抽象概括能力，重点通过引导学生分析，抓住表象各异的具体的事例中的共性——本质，使学生从具体的感性认识过渡到抽象的理性认识，把握实质。同时，为避免由于教师提供材料的片面性所造成的学生扩大或缩小概念内涵的现象，要从多角度、各方面加以补充说明。

（3）注意从概念的外延和内涵两个方面入手深入剖析概念的实质。概念反映物质的本质属性，具有高度的概括性。有的概念难度比较大，这就更需要抓住关键，突破难点加以强化。在概念分析的过程中要引导、启发学生关注概念的关键“词”。

（4）对于有内在联系的概念，可通过比较分析加深学生对概念本质的理解。许多概念有本质不同的一面，又有内在的联系的一面，教学中既要注意某一概念的本身特点，又要注意其与其他相关概念之间的联系与区别，采用找联系、抓类比的教学方法，可使学生区别异同，防止概念模糊。

（5）在概念应用阶段，要注意循序渐进，通过设置适合的题目，将已有概念再次形象化和具体化，使学生对概念的理解更全面深刻进而达到完善升华。

在教学中，我校发现个别教师在上试卷讲评课时，出现了课堂用来对答案、单纯就题讲题的现象，课堂无效环节比较多，浪费了很多教学时间，教学效果不好。对于各个学科教学中都要面对的试卷讲评课，我校先让教师明确该课型的重要意义，要在进一步落实“双基”、完善知识的基础上，总结经验，鼓励进步，反思教训，纠正错误、查缺补漏，使学生实现“认识—实践—再认识”的思维深化过程。在统一认识的基础上，针对教师上课过程中的一些具体问题，提出上好试卷讲评课需要注意以下几点。

（1）讲评及时准确，分析错误及原因。测验后，应做到及时阅卷、及时统计、及时反馈、及时讲评。教师在阅卷后，要分析总结学生的答题情况，分析各题的错误率，哪些地方答得好，哪些地方答得差，找出产生错误的症结，找出带有普遍性和规律性的问题。

（2）对典型试题要总结解题规律。试卷讲评前教师要把试题逐一分析，归档分类，不应从头到尾、面面俱到地串讲，而应有所选择、有所侧重。教师可以适度把原题变化，变换题设或结论，进行拓展，同学生一起做解题后的小结与反思。对知识点从多个侧面、多个角度进行分析，不要刻意求难，注重渐进及合理性。通过一题多解、一题多变、多题归一和多解归一等办法促进学生知识网络的形成和巩固。

（3）注重分析解题思路形成的规律。教师讲评试卷要对知识点分析梳理，从学生的实际情况出发，引导学生关注题目有哪些注意点，题目是怎么命制的，解题的突破口在哪里，什么是解题的最佳途径等，从而使学生体会到解题思路形成的规律。

（4）教师在讲评时要将严谨、规范的解题过程展示给学生，注重提高学生的书面表达能力，学会规范、简明、工整地书写解题过程。

在《东北育才外国语学校课堂改革实施要点》实施的过程中，我校教师普遍认为，通过学习，对课堂教学的很多细节问题都有了比较明确和清晰的认识，澄清了很多教学上的误区，使教师上课和评课都有据可依。在学习实践的基础上，很多教师和教研组又根据学生和学科实际，进行了有针对性的、比较深入的细化研究，结合不同的课例，提出了写作课、实验课、阅读课等更多课型教学中需要注意的问题，并制定了不同学科的课堂教学评价指标。我校通过对《东北育才外国语学校课堂改革实施要点》的“学习—研讨—实践—再研讨”的过程，提高了教师课堂教学改革的意识，加大了课堂教学改革的力度，提高了课堂教学的质量。

4. 我校课堂教学呈现的主要特征

（1）学生取向。在课堂教学中，教师关注的不仅是完成了学科课程标准和教材的要求，更为重要的是，学生获得了对其发展有价值的东西，既包括知识和技能层面，又强调能力和方法，还关注了学生情感态度和价值观方面的发展。因而，教师无论是在教学难度的把握上，还是在教学方法的选择上，都充分体现了以学生为主体，使每个学生在现有基础上都尽可能地得到最好的、最有价值的、充分的发展。

（2）主动参与。教学是学生在教师指导下的学习过程，更是学生主体发展的过程。课堂教学不仅要关注学生对知识的掌握程度，更要关注学生所掌握的知识是否是自己主动获得的。这就要求教师不断激发和引导学生的学习需要，给学生提供更多的思考和创造的时间和空间。在课堂教学中，教师非常注重学生的参与，而且这种参与不是表面的热闹，更强调思维上的参与，教师不仅要提出有价值的问题，还要创设有价值的问题情境，给学生足够的思考空间。

（3）合作学习。课堂教学是师生间、学生间信息传递的互动过程和情感交流的人际交往过程，学生间、师生间的互动交流是学生认识活动中的一个重要内容。在我校的课堂教学中，教师非常注重学生之间的合作学习，在教学实践中采取了很多不同的形式，例如针对不同问题所采取的小组讨论、互为师生、学习互帮小组等，这些教学形式为学生的主体发展提供了良好的氛围和条件。

（4）尊重差异。在教学中，我校强调“没有差生，而只存在有差异的学生”。针对学生的差异，在教学的各个环节进行了“分层教学”，教师做到心中有“层”，因“层”施教，激发学生学习的信心和动力，充分发展个性，实现差异发展。

（5）体验成功。传统教学往往对学生“揭短”，不少学生积累的是学习失败的体验，强化的是消极的自我意识。课堂教学要重视学生的个人感受，强调让学生获得成功的体验。在民主、轻松的课堂氛围与和谐、平等的师生关系中，学生能够生动、活泼、主动地学习，充分发挥了其积极性和参与性，有利于学生大脑思维的开放，从而迸发出创造灵感。我校的教师在课堂上要做到善于鼓励学生，对于学生的不足，也尽量挖掘学生的优点进行鼓励，在鼓励的同时提出希望。

（二）基于六年一贯学制的教学内容统整

中学六年一贯制优才教育模式的学制创新对于教学影响颇深，学校从六年一贯学制的整体出发，统整教学内容，为实现教学的有效性、创造性作了制度保证，同时也为优化外语教学、提高外语教育的高水平提供了前提条件。

1. 统整初高中教学内容，提高教学效率

基于六年一贯制的学制特点，我校在教学上做到了整体与阶段相结合，打破了初高中学制界限，重新构建了教学段，依据学生身心发展的特点和接受能力，重新整合了教学内容，最大程度地减少了教学内容上不必要的重复和不必要的应试训练。中考复习对于掌握基础知识有帮助，但是如果反复、机械地训练，学习的过程就简化成为“记忆＋训练”，不但增加了学生的精神压力，也使学生思维呆板、僵化，学生只

要多花时间和工夫去反复学习知识，记忆能力强、仔细的学生，就可以得高分，而有些学习能力强、思维能力强，但是厌倦反复机械训练的学生并不一定能够拔得头筹。很多普通初中，教师的教和学生的学大多只为一个目标——参加中考，拿高分。在这样的目标引导下，教师不可避免地会将大部分时间和精力集中在中考知识点和题型的教学上。

学校实行六年一贯制，免除了中考，教师在教学上可致力于学生的全面发展，克服了中考对教学改革创新的制约，在优才教育理念的指导下，大胆对教学进行了系统的、大跨度的改革和创新，重新组合了教学内容，避免了无意义的重复教学，减时增效，提高了教学效率，保证了教学的有效性，全面提高了学生综合素质。

例如，六年一贯制给予数学学科教学的循序渐进以充分的保障。一方面，我们在初三上学期完成全部初中教学内容之后，下学期一部分时间对初中重点内容进行复习和整理，然后进行高中部分知识（如函数、不等式等内容）的学习，为高中教学赢得时间。由于这一部分内容与初中教学内容联系较为密切，学生较容易接受，可以为高中教学做好铺垫，同时亦加深了对初中数学的理解与掌握。此外，在初中教学中对于与高中数学联系密切的知识点适度加深，有利于学生从初中数学学习到高中数学学习的过渡。例如，平面几何的教学，现行的初中数学教材弱化了逻辑推理与证明，同时减少了许多必要的定理内容，表面上看是减少了学生在初中阶段的学习任务，但却在某种程度上增加了学生在高中阶段的负担，因为在高中新课标中明确指出培养和发展学生的空间想象能力、推理论证能力、运用图形语言进行交流的能力以及几何直观能力，而且高考要求中还新增设平面几何专题内容，这就要求学生在初中阶段就应具备一定的数学直觉思维、识图能力和逻辑推理能力。为此，在教学中我校既要求重视学生对图形的直观认识，又要求学生达到一定的逻辑推理能力，重视对学生思维严谨性和数学语言运用的培养。另一方面，高中在新课程中增设了“数学建模，探究性问题，数学文化”三个模块内容，为了让学生在高中阶段能有较高的能力，做出有一定水准的研究性学习成果，我校在初中阶段就要求重视对学生数学建模、探究性问题的渗透与能力培养，学校有多位同学在这一方面的研究性学习论文曾在相关比赛中获奖。

对于物理学科，初中物理知识从生活实际、观察实验入手，直观性较强，相对简单；高中物理知识相对比较系统、抽象，理论性较强，对思维能力的要求高，相对较难。初、高中知识体系的差别造成初、高中台阶过大、衔接不畅。我校在加强初、高中物理教学衔接上进行了一些尝试。

（1）掌握初、高中物理教学衔接的难点，缩小台阶。在初中教学中不局限于教材，根据学生的可接受性，拓展学生知识的广度和深度，引导学生从形象思维到抽象思维。例如，在摩擦力的教学中，初中教学只要求学生能够认识生活中的摩擦现象，简单了解增大和减小摩擦的方法就可以了。但是高中教学中却增加了难度，要求会判断摩擦力尤其是静摩擦力的方向，刚进入高中的学生普遍认为这一部分很难。鉴于这一点，我校物理教师在初中物理教学中，引进了大量的实例、实验分析，适当加深了难度、广度，对静摩擦力进行了详细的介绍，引起学生浓厚的兴趣。通过初中的教学，学生已经对摩擦的种类、产生原因、大小、方向、作用点有了一定程度的认识，到高中就会顺利地过渡。再如，受力分析是高中物理学习的重点和难点，在初中教学中我校教师就经常有意识地引导学生对物体进行受力分析，并教会学生初步运用整体法和隔离法，由简单到复杂，逐步提高学生的抽象思维能力，引导学生逐渐掌握分析力学问题的基本方法，为以后的高中学习打下坚实的基础。

（2）加强科学方法的渗透。物理学习中蕴涵着多种自然科学研究的一般方法，例如，观察、实验、抽象、理想化、比较、类比、假设、数学方法等。初中物理偏重于观察和实验，重在加强学生的感性认识，而高中物理学习重视学生掌握一些自然科学研究方法，偏重于培养学生的理性思维、推理概括能力。为了使初、高中物理教学更好地衔接，使学生到了高中后能比较容易地掌握一些科学方法，我校在初中物理教学中就逐渐加以渗透。例如，假设法在弹力教学、摩擦力教学中的应用，理想化方法在讲授牛顿第一定律时的应用，数学方法在光学、电学、力学中的应用等。经过这样的尝试，学生在初中阶段不仅收获了物理学基础知识，而且为他们在以后的高中学习中可以灵活地运用这些科学方法打好基础，做好铺垫。

诸如数学、物理学科这样的承接整合，在其他很多学科中也有同样的体现。学科教学借助六年一贯相承接的优势，使初、高中教学整体优化程度不断提升。

2. 整体设计外语教学，提高中学外语教育的标准和水平

六年一贯制为优化外语教学，提高外语教育的高水平提供了前提条件。中学六年的学习时间是学生学习外语的最佳学龄期，六年一贯制保证了学生外语学习的完整性和连贯性，学校能够对六年的外语教学进行整体综合设计，提高了中学外语教育的标准和水平。

六年一贯制打破了初、高中英语教学在学段与学段之间的严重脱节，免除了中考的束缚，可以科学地统筹规划英语教学，提高学生的英语综合能力。在英语教学中，我校进行了如下整体规划：学生在初中三年完成初中和高中学段所有的英语学习内容，高中用一年半时间学习大学公共英语，高二下学期开始为考托福、雅思和 SAT 以及高考等做准备。根据学生外语学习的认知特点，结合不同学段学生的发展特征，我校在不同阶段英语能力培养上有所侧重，初中阶段侧重学生听说能力的培养，高中阶段侧重学生读写能力的培养，不同能力的培养循序渐进，有助于学生综合能力的提升。

由于免除了中考，省去的初三复习时间也为学生从初三阶段学习第二外语奠定了很好的基础，从学习时间和学习精力上都能够得到保证。

（三）体现选择性的教材使用创生

教材是课程的重要载体，是实现课程目标的具体体现，是学生学习新知识和教师实施教学的重要资源。我校提出，任课教师要善于结合实际教学需要，灵活地、有创造性地使用教材，对教材的内容、编排顺序、教学方法等方面进行适当的取舍或调整。新课改教材的灵活性，给予一个好教师得以充分展示自己个性的空间，教师课前的准备过程与课上的施教过程都是教师对教材开发的过程。教师不再是教教材，而是灵活地运用教材。先进的教学思想、先进的教学方法，是教师选用教材、资料，特别是提高分析运用与开发教材能力的基础。

在教材使用的过程中，我校教师结合学生的实际情况，联系学生生活实际和学习实际对教材内容进行了灵活处理与调整。除了对教材进行了创造性使用以外，也拓宽了“教材”的范围，结合学科特点和学生实际，开发了多种教学资源。

1. 英语教材创生

（1）整合中学英语教材内容，提高教材使用效益。在英语教学中，英语教师不是僵化地依据教材实施教学，而是从内容、结构、方法、进度以及资源整合等角度对教材进行了必要的处理。首先，教师不但让学生把握课文的内容主旨，学习语言知识，提高语言技能；还引导学生随时随地地挖掘其中的文化信息，加深学生对课文的理解，同时拓宽学生的文化视野。其次，教师设法改变教材的呈现方式，活化教材，采用了对话、图片、放录像、放录音、小组讨论、表演等多种方式，化难为易、化抽象为具体，让学生积极参与、自主学习、合作探究。此外，英语教师还根据教学实际情况，对英语教材尤其是选修教材内容进行了适度的压缩或删减、延伸或扩展以及模块之间的重新排序，在创造性使用教材的过程中提高英语教学的有效性和创造性。

（2）使用大学英语教材，提高学生英语水平。为了提高学生英语学习的标准和水平，学校在初中完成课程标准规定的初高中英语教学任务的基础上，将大学公共英语放到高中一年级和高二上学期来完成。在教材选择上，主学《新视野大学英语》。该教材的每个单元都围绕一个主题进行综合设计，把语言技能和交际能力结合在一起，有利于学生语言能力的综合提高。由于我校高中学生已经有了较好的中学英语基础，对于大学英语教材的使用，不能仅停留在目前国内大学本科公共英语教学的水平上，而要以该套教材为载体，提高英语教学标准，满足学生考托福、雅思或者 SAT 等的需要。教师在教授大学英语教材的过程中，对教材的内容进行了大量的扩充，首先对词汇教学加深了难度，注重大量相关词汇的补充；其次，对于大学教学内容中的相关文化信息进行了扩展，补充了与教学内容相关联的会话、阅读、写作等内容，在扩大信息量的基础上，提高学生语言能力。

（3）引进多种教学资料，拓宽教学资源

我校积极开发了多种英语课程资源，选择了一些优秀的教材作为补充。在教材选择上，我校注重教材知识结构搭配合理，难度循序渐进，辅助材料配备完善，符合学生的认知规律，有助于培养学生的各种能力。在教学中，我校教师将统编教材与自选教材创造性地搭配融合，产生了很好的教学效果。在补充教材的选择上，主要从以下几个方面入手。

补充注重外国背景知识介绍和阅读技能培养的教材，如《新概念英语》、《展望未来》等。根据这些教材的特点，从中选取出展示国外风俗、风土人情以及社会概况的文章供学生阅读学习。

补充注重听说能力培养的教材，为学生提供了丰富的视听材料，如原版英文电影赏析、原声演讲、英文歌曲赏析等，选用的教材有《洋话连篇》、*Step by Step*、《五分钟美语》等。另外，充分利用各种英语报纸杂志，注重教学内容与时事的结合，提高学生阅读能力。

充分发挥网络的作用，编辑网络教材。教师充分利用网络资源，下载了各种适合的英文资料，拓宽了教学内容。

2. 政、史、地教材创生

为了更好地和高中新课程改革衔接，我校重点对初中政、史、地教材进行了改革与创新。学校初中政、史、地教学选用的教材，也是整个沈阳市的通用教材——上海教育出版社出版的《历史与社会》《思想品德》等教材。这套教材与以往的教材相比较有很多优点，但由于三科教材在编写过程缺乏统一规划，各自自成体系，也使这套教材出现了很多不尽如人意的地方，内容上有很多交叉和重复的地方，而且这些重复往往就是简单的重复、低层次的重复。比如关于“家庭”“学校”“网络”等话题，《历史与社会》教材中有大量相关内容，《思想品德》教材中也有大量相关内容，而且这些内容看不出是从不同的角度或者是在不同的层次上探讨同一个问题，而只是简单的重复。这种情况的存在，显然是一种对教学资源的浪费。

单从初中《历史与社会》的教学内容安排来看，六册教材中只有三册是真正讲历史的；其他三册中，初一上册基本上属于思想品德课的内容，初一下册基本上属于地理课的内容，初三下册基本上也属于思想品德课的内容。这种内容安排导致的结果就是学生历史基础知识、基本能力较差，很难与高中新课程改革有效对接。

从初中政治和地理教材的教学内容安排来看，初一政治教材和地理教材要么内容空洞，要么内容太少。将初一《历史与社会》上、下册分别融入这两科，将会充实和丰富初一政治和地理课堂的教学内容，使这两科的教学效果更加突出；同时，历史课在课时安排不变的情况下，把教材《历史与社会》上、下册融入初一政治和地理课，使初中历史课有时间将教学内容进行拓展，夯实学生的历史基础知识，使其形成正确的历史观点和方法，以达到教学质量的提高。为此，我校文科教研组对初中政、史、地教材进行了创生，并制订了详细的教材调整、整合的计划。

对教材的创生，不仅体现在每一个学科，也体现在每一节课上。例如，历史教师对《历史与社会》（沪教版）八年级上册“举世闻名的古代工程”一课的教材内容进行了自我创生整合：本课按照教材的内容可分为四部分，即长城的历史，长城的修建，长城的著名关塞和长城的历史作用。教材这四部分内容从结构上来看是不完整的。对本课来说，对长城结构和功能的介绍不但不可或缺而且应该是本课的重点。其次，本课教材所述各部分内容也不全面，不利于学生对长城历史的全面认识。因此在进行本课教学之时，需要对教材内容重新进行调整和设计。基于以上这些认识，教师对本课内容进行了调整和设计，将全课的结构设计为四大部分，即长城的历史、长城的构成、长城的修建和长城的作用，并以长城的构成为重点、以长城的作用为难点。

3. 数学教材的创生

根据学校实施的六年一贯制教学的实际情况，本着“数学知识结构和学生认知结构统一，知识教学与能力训练统一，完整性与发展性统一”等原则，我校在初中教学中采用的是语文出版社出版的初中数学实验教材，既注重落实“双基”的教学，更注重能力的培养，突出数学思想、数学思维和数学方法的教学，教学安排兼顾与高中数学学习的连贯性，为学生能顺利过渡到高中阶段的数学学习做好铺垫和准备。而高中的数学教材是采用新课标 B 版教材，并参考教育部中学数学实验教材研究组编著的高中教材。现行的高中数学课程是以模块的形式呈现的，我校数学教师在教学中注意沟通各部分内容之间的联系，以专题的形式对相关内容进行了整合，通过类比、联想、知识的迁移和应用等方式，使学生体会知识之间的有机联系，感受数学的整体性，进一步理解数学的本质。此外，还注意数学与其他学科及现实世界的联系。例如，向量与力、速度的联系，导数与现实世界中存在的变化率的联系等，发展学生的应用意识和创新能力。通过丰富的实例引入数学知识，引导学生应用数学知识解决实际问题，经历探索、解决问题的过程，体会数学的应用价值。例如，运用函数、数列、不等式、统计等知识直接解决问题；通过数学建模活动引导学生从实际情境中发现问题，并归结为数学模型，尝试用数学知识和方法去解决问题，鼓励学生关注数学的应用。根据不同的内容、目标以及学生的实际情况，对有关课题作进一步探索、研究，例如，概率中几何概型的计算、排列组合中的圆排列、微积分中旋转体体积的计算、二阶导数的求解与应用等。我们进行课堂作业、课后习题的优化配置，增加创新题、开放题、情境题等，培养学生的理解、运用与解决问题的能力。

在教学中重视关注数学的文化价值。数学是人类文化的重要组成部分，在教学中尽可能结合数学课程的内容，介绍一些对数学发展起重大作用的历史事件和人物，反映数学在人类社会进步、人类文明建设中的作用，同时也反映社会发展对数学发展的促进作用。例如，在几何教学中向学生介绍欧几里得建立公理体系的思想方法对人类理性思维、数学发展、科学发展、社会进步的重大影响；在解析几何、微积分教学中，向学生介绍笛卡儿创立的解析几何，介绍牛顿、莱布尼茨创立的微积分，以及他们在文艺复兴后对科学、社会、人类思想进步的推动作用；在有关数系的教学中，向学生介绍数系的发展和扩充过程。通过上述教学拓展，让学生感受数学内部动力、外部动力，体会数学的科学价值、应用价值、人文价值，开阔学生数学视野，探寻数学发展的历史轨迹，提高文化素养，养成求实、说理、批判、质疑等理性思维的习惯和锲而不舍的追求真理精神。

三、优才教育学科教学的创新实践

（一）语文：从“大而空”到“精而实”的瘦身

语文课要多一点对民族文化的尊重，少一点形式主义，要让学生实实在在地接触文本，实实在在地触摸语言，实实在在地在听说读写中摸爬滚打。面对“大而空”的语文教学通病，学校提倡“精而实”的语文教学。

1. 对于语文课程的再认识

语文课程标准明确了“语文是工具性与人文性统一”的性质观，从这一性质观出发，我校对语文学科所要求的“语文能力”进行了重新审视，对其内涵获得了新的认识，形成了自己的见解。

“语文能力”是语文课程目标“语文素养”的重要组成部分，是语文学科素养的主要内容，是语文学科教育目标独特性的体现。关于语文能力目标，课标中具体表述为“识字写字能力、阅读能力、写作能力、口语交际能力”，概括的表述是“阅读理解与表达交流”能力。对于这些“语文能力”，容易单纯从工具性目标的层面来理解，而剥离了语文能力中所包含的人文素养因素，导致了语文教学中仅热衷技能训练、忽略人文态度培养的纯工具理性倾向。语文能力作为语文素养的重要组成部分，作为一种只有“人”才具有的交际能力，除了技能、方法这些基本因素之外，更包含着态度、情感、价值观这些重要的因素。

“新课标”的“目标三维度”将“知识与能力”“过程与方法”“情感、态度与价值观”分开表述，所以如按照一般的理解，“能力”与“方法”会被看成纯粹的工具性目标，而“情感、态度与价值观”会被看成纯粹的人文性目标。实际上，“情感、态度与价值观”这些人文因素本来就内在于“能力”之中，离开了“情感、态度与价值观”这些内在的精神因素，听说读写能力也就只是一具技术的僵尸。语文课程工具性与人文性的统一，首先应该在“能力”目标上达到统一。如果只把“能力”当作纯粹的工具性目标，是与语文课程“工具性与人文性统一”的性质观相悖的，也不利于语文课程总体目标的达成。

由于过分强调工具性，给语文教育带来了以知识传授为中心、以技能训练为中心甚至以应试为中心的技术化、标准化、机械化的弊端。为了扭转这种局面，我校语文教研组对“语文能力”目标的具体内涵加以重新审视，注重工具与人文的交融和渗透，进一步加深了对语文课程性质的理解，特别注重强调语文课程的人文性，用人文的视角来审视工具性，挖掘工具性的人文内涵，以纠正工具性膨胀给语文教学带来的偏颇。强调人文性，是为了“矫枉”，而不要“过正”。我校语文教学努力寻求工具性与人文性二者在实践上的平衡点、统一点、融合点，把“课标”的课程性质理念转化为具有普遍指导意义的实践理论，并把这种理论再落实到实践之中。

2. 语文教学改革的基本原则

（1）语文课堂教学强调教学的有效性

语文课堂教学应该在以学生为主体的前提下，改变以往对课堂表层效果的重视，而应强化对课堂深入的质化有效性的重视。课堂是否有效应该成为衡量课堂教学成败的根本标准。一堂课再活跃、再精彩，可是如果到了学生这里只有表面的热闹或兴奋，而缺少真正的收获与提高，这样的课堂教学只是空的、虚的。我校的语文课堂教学改革的重点落在“有效性”上，主要体现在以下几个方面。

第一，教学任务目标的集中突出。语文课堂教学经常过分追求教学任务目标的全面性，担心任何一个问题的缺少都可能会带来教学的漏洞，结果由词到句到文段，每一处教参指出的地方，都要分析、都要讲到，这样似乎全面而准确地完成了教学任务。但实际上，在有限的课堂时间内，不考虑学生的接受能力，不对教材作出有侧重点的取舍，面面俱到其实反而会导致四大皆空的窘境。所以，我们认为一节语文课应该从学生的实际出发，从教材的实际出发，教材解读的深度、广度与学生所能体会的程度对应起来，决定取舍，安排详略，任务目标明确集中，删芜存精，使学生有效地完成学习任务，而不是胡子眉毛一把抓。

第二，教师在课堂教学中问题交流的有效性。在教学方法上，满堂讲固然不可取，但满堂问、满堂演（包括多媒体展示）以及在交流中进行的假对话，掩盖真实意图的对话、游离主题的对话、不具实质的对话、独白式对话、互不碰撞的对话等，也并不是有效的教学方法，这其实也是变相地牵着学生走、对着学生灌，学生简单被动接受的处境没有改变，以学生为主体的要求也没有落实。应该提倡教师精问，学生多问。教师在课堂教学中的提问应根据教学及学生的情况进行仔细筛选，避免那种琐碎的无思考价值的提问，那种不能激发学生想象力、思维力的提问，那种浅显的无回味余地的提问。如果一段课文明白如话，学生一读就懂，就没有必要去提问。如果这段课文想象空间和思维空间很大，学生通过读、思、议可以自由发挥、自由伸展，教师就不应该用一个问题框住学生、限制学生的思维活动。当课文出现确实难以理解、学生不知从何入手的问题时，教师适当及时地提出一个有思考价值的问题，会起到事半功倍的效果。

第三，在课堂教学中教师要注意调控学生参与的有效性。在日常教学过程中，甚至在一些优质课大赛中，有些教师为了使自己的课堂教学顺利精彩，总是叫那些能力最强的学生回答提出的问题，找全班最善朗读的学生去朗读、最善表演的学生去表演……整堂课我们看到的只是那么几个学生在“跑龙套”，在支撑着他的教学框架，而其他层次的学生总是沉默寡言，其学习状态与程度不得而知。这就是教师在课堂教学中没有注意学生参与的调控。在课堂教学中，教师应该关注学生是参与了教学的全过程，还是仅参与自己感兴趣的部分；是形式上的消极参与，还是思维上的积极参与；学生参与的深度是感性参与，还是理性参与，甚或是创新参与；学生参与的态度是主动参与、积极参与，还是被动参与；学生参与的广度是全部参与、大部分参与，还是少数人参与。参与的广度不等于参与的有效，浅层次的参与和不参与区别不大，如果只是用大量无效的问题来达到扩大参与程度，是只追求形式而不讲实效的做法。在语文课堂上应该提倡学生独立或通过小组活动进行协作式的深入探究式的参与，提出的确实是自己经过动脑思考深刻体验后的想法。

（2）语文课堂教学体现师生的创造性

课堂是否有师生创造能力的发挥也是评价语文课堂教学的重要方面。课文中那些极富想象力、创造力且带感情色彩的句子，如果都让老师原先准备的那个单调、一成不变的答案所框住，那将是极大的浪费与悲哀。

第一，语文课堂教学要激发学生的创新意识，要保护学生积极的求异性。《普通高中语文课程标准（实验）》对文学作品的阅读和教学有着很清楚的指导意见：“对文学作品的阅读鉴赏，带有更大的个人色彩。作品的文学价值，是由读者在阅读鉴赏过程中得以实现的，学生阅读的过程，其实就是发现和建构作品意义的过程。教师应该鼓励学生用自己的情感、经验、眼光、角度去体验作品，对作品作出有个性的反应，对作品中自己特别喜爱的部分作出反应、作出富有想象力的反应，在阅读鉴赏过程中培养学生创造性思维能力。对文学作品的解读，不宜强求同一的标准答案。”根据这样的要求，语文教学应该立足于自由主体之上的体验式、发现式学习，教师不应该包揽一切，而应充分发挥学生的主动性和积极性。语文学习的过程是一个习得的过程，学生通过体验、感悟获得语文素养，这个过程是教师无法代替的，也不是教师通过讲授就能达到的。所以，语文课堂上必须以学生为中心，让学生成为学习的主人。强调以学生为中心，强调尊重学生学习的自主权、尊重学生的兴趣，强调体验与兴趣结合，生活活动与创造活动结合，强调课堂由“死”变“活”、由“静”变“动”，强调由“教”的课堂变“学”的课堂。引导学生从多角度、多层次、多结果等方面思考问题；珍惜学生想象的丰富性，让学生善于独立思考，勇于质疑，不迷信权威，可以带着主观臆测，哪怕是错误想法。激发学生灵感的活跃性是语文课堂最成功的魅力所在。

但要注意的是，教学中教师应发挥适宜的主导作用，过于放纵学生的主体创造，没有教师的必要、有效引导，会出现谬误。

第二，学生创新意识的培养离不开教师创造能力的发挥。语文教材作为一种静止的“产品”，只有在师生的创新运用中，才能焕发其生命的活力。就课程既定内容而言，教师可以对语文教科书作出适当的“裁剪”，取舍多寡、增删与否，要依据学生的实际情况作出相宜的安排，而不是盲目照搬学科专家的方案而忽视特定的教学情境和活生生的具体的“人”。要从学生的兴趣、爱好和个性化选择出发去拓深、拓宽语文课程的内涵和外延。另外，教师还注意将鲜活的现实与教材有机地统一，诸如让报刊、影视、广播、网络等素材，将演讲、辩论、表演等手段创造性地利用到教学中。

3. 语文课程改革的实践探索

在语文课堂教学中，紧扣语文教学特点，针对国家课程内容，以国家语文课程标准为准绳，以有效性为原则，为了进一步提高学生的语文素养，我们重点进行了如下改革与实践。

（1）注重情感氛围的营造

列宁曾说过：“缺乏情感的认识便失去了认识的深入。人的思想只有被浓厚的情感渗透时，才能得到力量，引起积极的注意、记忆和思考。”语文教学中，我校教师首先努力做到具有很强艺术感染力，自身的情感丰富而真诚。“感人心者莫先乎情。”可以说，语文教学也是情感教学，教师必须用自身丰富的情感引领学生感受作者文章情感上的美，进而内化为自己的思想情感。如在食指的《这是四点零八分的北京》教学中，教师认识到学生对那个特定时代的“知识青年上山下乡”运动的茫然，首先带领他们走入食指的内心世界，了解那个时代青年人的内心世界，再以教师内心所感受到的疼痛来营造课堂氛围，以教师“我”的情感感受来影响学生，教师走入了那个时代，为接下来学生对诗歌内容的理解作了很好的铺垫。

其次，语文教师善于深入挖掘教材中的情感因素，营造良好的情感氛围。有的教师善于借助多种媒介来营造氛围。当学习朱自清先生的《春》时，已是北方的初冬了，伴着轻松美妙的音乐，学生们闭上眼睛，听着老师优美的诵读，想象在草地上打滚的滋味，品尝花的芬芳，享受“吹面不寒杨柳风”，沐浴着江南无声的春雨，被深深地陶醉，心灵得到了最美的净化。有的教师在课堂设计上体现情感的层层深入。例如，在《水调歌头·明月几时有》的教学中，教师设置了初读并整体感知课文、反复诵读深入理解作品、教师范读与学生有感情朗读等环节，学生在一次次的朗读中对苏轼旷达的感情有了更加深刻的理解，体会到作者笔尖流淌的涓涓真情，从而受到心灵的震撼。

教师的情感教学，唤起了学生情感的升华和沉淀。在学习《石缝间的生命》时，一位教师写下了这样的文字：“当石缝间的一棵草、一朵花、一株松柏闯入了我的视野，生命两个字唤醒了我疲惫而麻木的神经，如果生命注定布满了荆棘，那就让我们勇敢地踏过。顽强生存、超越逆境才是对生命的尊重。假如环境注定我只能是一棵草，那么就让我用绿色点亮生命的灰暗。感谢《石缝间的生命》，是它让我们停下脚步，去体味这些乡野间生命的勇敢、去思考生命的强劲、去拣拾生命的伟大和崇高；我期待着我的学生每天都能用灿烂、坚强的笑容去享受生命，善待、珍爱生命”。再如，在《水调歌头·明月几时有》一课，学生写道：“每当走进苏轼笔下的月之世界，都被一种旷达和超逸的情愫所感染，这让我疲惫和浮躁的内心顿时感到宁静和平和。忽然发现，这种宁静、平和不就是我们忙忙碌碌的生活中时常缺失的吗？我们往往为生活中的阴晴圆缺所累，常常对生命中的坎坷挫折耿耿于怀，时常为命运的无法超越而不能释然。何不多一些旷达和宽容，用豁达和广博的心胸快乐地面对生命中的缺憾和挫折？或许坎坷不再是荆棘而是让你成熟和成功的一棵绿树。如果苏轼的旷达永远是我们仰视而无法企及的，那么我们的生命将是暗淡和平庸的。希望我们能豁达、从容、坦荡、平和地走在超越坎坷的路上。”

（2）注重对文本人文性的深度解读

语文教学不能仅仅停留在文本的表面，要对教材进行深层次的挖掘，以提高学生鉴赏能力、培养学生学习兴趣。在我校语文教学中，教师注意引导学生设身处地地去感受体验，重视对作品中形象和情感的整体感知与把握，注意作品内涵的多义性和模糊性，鼓励学生积极地、富有创意地构建文本意义。

例如，在学习莫泊桑的《项链》时，传统的观点是：“这篇小说尖锐地讽刺了小资产阶级虚荣心和追求享乐的思想，出乎意料的结尾加深了这种讽刺，又带有一丝酸楚的感叹——其中有对玛蒂尔德的同情”。但是，随着文学批评对阶级观点的淡化、对人文关怀的加深，单纯地从阶级角度来解读小说的主题，对学生已经没有了说服力。因此，在教学中要从多角度来引导学生多方位地理解小说的主题。通过对人物形象更为人性化的分析，对小说主题的挖掘便可以得出以下结论：（一）小说反映了小资产阶层生活的不稳定及其尴尬处境，表现了作者对他们的深切同情。从表象上看，玛蒂尔德的悲剧似乎由小资产阶层的虚荣心所致，但其实质却是由小资产阶层薄弱的经济基础与不稳固的社会地位所决定；（二）小说表现了玛蒂尔德夫妇之间真挚的爱情；（三）小说赞扬了主人公玛蒂尔德的坚毅勇敢，勇于承担责任的优秀品质，尽管她失去了十年的青春，但是却找回了自我价值，维护了自尊；（四）从作者的“人生是多么奇怪，多么变化无常啊，极细小的一件事可以变坏你，也可以成全你”这句议论中可以体会出作者表达了一种对人生无常的感慨，体现出命运的偶然性，但偶然中有着根本的必然性。对于前三种观点，学生能够很轻松地理解与把握，但对于第四种观点，学生认识起来比较困难，教师对学生进行逐步引导，让学生充分认识到正是小说情节中所存在的种种偶然因素决定了人物的命运。通过对文本深层次的挖掘，学生的思路得以开阔，学生能够积极地探讨文本的主题思想，在培养兴趣的同时，认知社会、理解人性，从而提高了学生的文学鉴赏能力。

对于文本的深度解读，教师们需要有深厚的学科知识与文学底蕴作为基础，带领学生走入深刻的语文世界。如在《奥斯维辛没有什么新闻》的教学中，教师紧紧抓住了文章中的细节，通过对“参观者庆幸他没有打开门进去，否则他会羞红了脸”“照片中的姑娘，临刑前她微笑着”等细节的深入分析，让学生深刻体会到集中营的恐怖、纳粹的暴行。再如通过对环境的深度解读，表现出作者在强烈愤懑的同时，感受到的生命的希望和力量。这些细节的深度解读，教师从文本出发，但又高于文本，引导学生对人性进行思考，这种理性的思辨既是对文本的一次深入的挖掘，也是对教师与学生心灵的一次深入挖掘。

（3）重视学生阅读能力的培养，提高阅读课质量

苏联教育家苏霍姆林斯基说过：“十年经验使我深信，学生的智力取决于良好的阅读能力。”培养阅读能力，是培养学生自学能力的基础。在语文教学中，学校重点对阅读课从阅读内容、阅读方法等环节进行了优化和改革。

在阅读课教学中，课堂步骤一般为：第一，激发学生的阅读兴趣，增强学生阅读的自觉性和主动性。为唤起学生的阅读兴趣，教师在课堂上进行必要的启发讲解，并提出几个富有启发性的问题。第二，指导读书方法，为学生提供有效阅读的路标和向导。关于读书方法，我们借鉴“三到”的原则，就阅读的全过程来说要看到、读到、写到。所谓看到，就是要快，要全，了解全貌，掌握全局。所谓读到，就是心到，边读边思考。所谓写到，就是要动笔进行点、画、摘、记，以促进思考，加深理解记忆。上述读书法，从导言课开始逐步向学生介绍，使学生逐步养成良好的习惯。第三，引导学生在阅读中发现问题、提出问题、记好笔记、写出体会，以推动学习向纵深发展。

学生读一本好书，或看一篇好文章，或为其中的人物的精神所感化，

或被文章的情节所吸引，或对文章的开头结尾赞不绝口，或为作者的遣词造句拍案叫绝，教师指导学生把阅读后的这些点滴体会和收获写成文章进行交流，这也是提高学生阅读能力的一个非常重要的途径。学校在阅读课的基础上，开设了书评课，在对文学作品进行评价的过程中，鼓励学生讨论，产生思维的火花，使学生的语言综合能力得到提高。

（4）创新口语交际形式，提高学生综合语言能力

中学语文教学的主要目标应是培养学生的听、说、读、写能力。然而，在具体教学的过程中，往往重读、写，轻听、说。我校语文教学中有针对性地开设了口语交际课，让学生走上讲台，就某个问题对全班学生明说事理，发表见解，或教师命题、或自由命题、或有所准备、或即兴演讲、或看稿、或脱稿，这种课型不但能提高学生的口头表达能力，为作文教学开辟新天地，而且对发展学生的思维能力和应变能力也大有好处。演讲不同于一般的发言，它要借助于表情、动作传递信息，交流感情，所以经常让学生登台演讲，增强了学生的主人公意识，改变了过去教师独占讲台的局面，培养了学生的语言技能。

我们的语文课长期坚持课前的五分钟演讲，形式不同，但目标一致。其中，最有特色的是“有一说一”活动。“有一说一”形式多样，选材广泛。教师根据社会热点以及学生感兴趣的话题等选定主题，并提前一天将任务布置给主题陈述学生，让学生提前准备，在上课伊始发表自己的看法和观点，并就其他同学的提问进行回答与辩论，教师进行适当的引导。在准备与演讲、辩论的过程中，深化了学生对一些问题的理解，同时也锻炼了学生语言表达能力和临场应变能力。

（5）整合影视欣赏与语文教学，提高鉴赏能力

影视是当今世界最富有魅力的综合艺术，它集文学、戏剧、音乐、舞蹈、绘画、雕塑等艺术之精华，成为一门独立的“第七艺术”。影视欣赏课是一门集词语学习、语言知识学习、文化知识学习和言语技能训练为一体的综合课。它可以将影视作品与文学作品进行参照比较，在认识中提升学生的审美鉴赏能力。优秀的影视作品将人心灵的净化功能与语文教学实现相通，从而发挥情感交流。对影视作品的接受，避免了学

生在封闭、独立的领域里学习语文，使他们采取开放、互补的态度学习研究语文。

语文教材中有很多课文曾被改编为影视剧，可以选来上影视欣赏课，如文学、文化类的专题片《唐之韵》，可作为最好的唐诗诗史类材料，为学生的唐诗学习开阔了视野、丰富了知识、陶冶了情操。

学生在上曹禺的《雷雨》时，常常很难把握好几个主要人物的性格与心理，人物之间的爱恋、同情、愤恨、忏悔、悲哀令人难以捉摸、难以确定。阅历简单、人生经验缺乏的中学生面对作者笔下的形象虽感到回味无穷，但在理解上却感到困难重重。教师在课堂上带领大家一起观看影视作品《雷雨》，将人物性格与矛盾冲突借助演员的台词、动作、面部表情等，更直观地展现在学生面前，可以很好地强化学生对作品本身的理解。类似相关的影视作品还有《阿Q正传》、《红楼梦》片段、《三国演义》片段等。对于视频材料，也不是简单的播放，而是有目的地选择重要片断，要与文本内容相对照，既对课文有一个再理解的过程，也是一个鉴赏影视的过程。

（6）通过课堂表演与竞赛，丰富课堂内容

有些课文故事性强，对话富有个性，有激烈的矛盾冲突，可以组织学生排演课本剧。对于课本剧我们有着明确的要求，一是必须忠实于文本，二是必须要有自评与互评。忠实于文本，才能对课文有深入的理解；自评与互评，表面上是对学生饰演角色的评价，实际上是对文本理解的一次交流。如《我的叔叔于勒》，故事情节曲折生动，教师组织学生将其编成课本剧，当学生将小说中的“菲利普”夫妇因为“钱”而产生的种种变化淋漓尽致地表现出来，当“若瑟夫”将“这是我的叔叔，我父亲的弟弟，我的亲叔叔”呼喊出来时，小说中所体现的人性的善与恶就已经被学生深刻地体会到了。我们觉得，编剧的过程实际上就是学习、理解、研读文本的过程，扮演角色演出，实际上就是深入体验了作品中人物的思想感情，对课文的理解并不停留在浅层面上了。这样不但激发了学生的学习兴趣，还能在培养能力、发展智力上获得意想不到的效果。学生对这种课有着极其强烈的兴趣，语文教材中这类课文也有很多，如《孔乙己》、《故乡》、《警察与赞美诗》等小说或童话。丰富的课本剧资源让语文课丰富多彩。

竞赛是青少年喜闻乐见的形式，从心理学的角度看，它是激发学生学习积极性的一种有效手段。竞赛课灵活多变，在语文教学中适用范围很广、适用性很强。就竞赛内容而言，我校语文教研组就有以下多项：朗读竞赛，速读竞赛、背诵竞赛、成语竞赛、文学常识竞赛、作文竞赛等。竞赛形式也多种多样，有口头竞赛、书面竞赛、个人竞赛、小组竞赛、男女生擂台赛等。在竞赛过程中，学生的成就动机更强烈，不但学习兴趣浓，而且增强了克服困难的毅力，学习效率明显提高。

（二）数学：思维的体操

数学是研究现实世界空间形式和数量关系的科学，具有高度抽象性、逻辑严谨性、应用广泛性的特点。数学，作为人类思维的表达形式，反映了人们积极进取的意志、缜密周详的推理、对完美境界的追求，数学在形成人类理性思维和促进个人智力发展的过程中发挥着独特的、不可替代的作用。加里宁曾说："数学是锻炼思维的体操。"美国国家研究会在《人人关心数学教育的未来》一文中指出："数学的思维方式包括建立模型、抽象化、最优化、逻辑分析、从数据进行推断以及运用符号等，它们是普遍适用并且强有力的思考方式，应用这些数学思考的方法的经验构成了数学能力——在当今这个技术时代日益重要的一种智力，它使人们能批判地阅读、能识别谬误、能探察偏见、能提出变通办法。"通过数学培养学生的逻辑思维能力是最好的方法。在学习数学知识及运用数学知识、思想和方法解决问题的过程中，能培养实事求是、严谨认真和勇于创新等良好的个性品质，这对于人的身心发展无疑起着重大作用。

中学数学教学，一方面要传授数学知识，使学生具备数学基础知识的素养；另一方面，要通过数学知识的传授，培养学生能力，发展智力，这是数学教学中一个非常重要的方面，应引起高度重视。在诸多能力中，我们认为思维能力是核心。钱学森曾指出："教育工作的最终机智在于人脑的思维过程。”思维活动的研究，是教学研究的基础。数学教学与思维的关系十分密切，数学教学是数学思维活动的教学，是学生在教师指导下，通过数学思维活动，学习数学家思维活动的成果，发展提高思维能力的过程。对数学思维的研究，是数学教学研究的核心，数学思维的发展规律，对数学教学的实践活动具有根本性的指导意义。因此，在数学教学中如何发展学生的数学思维，培养学生的数学思维能力，促进学生的思维得以深层次的发展也是我校数学教学的根本目标。

在数学教学中着重培养学生的以下数学思维能力。

1. 抽象概括能力

抽象概括能力是数学能力的核心。它具体表现为对概括的独特的热情，发现在不同现象中存在着共性和差异的能力，在各类现象间建立联系的能力，分离出问题的核心和实质的能力，由特殊到一般的能力，从非本质的细节中使自己摆脱出来的能力，把本质的与非本质的东西区分开来的能力，善于把具体问题抽象为数学模型的能力等方面。

在数学抽象概括能力方面，数学能力不同的学生有不同的差异。具有数学能力的学生在收集数学材料所提供的信息时，明显表现出使数学材料形式化，能迅速地完成抽象概括的任务，同时具有概括的欲望，乐意地、积极主动地进行概括工作。在数学教学中培养学生的抽象概括能力，我们从以下几方面入手。

（1）教学中将数学材料中反映的数与形的关系从具体的材料中抽象出来，做好抽象概括的示范工作，要特别注意重视“分析”和“综合”的教学。例如，在概念教学中，在引入阶段通过观察、比较、分析，引导学生进入定义阶段，抽象概括出本质特征。

（2）在解题教学中注意去发掘隐藏在各种具体问题中的普遍性，找出其内在的本质，善于抓住主要的、基本的和一般的东西，即教会学生善于运用直觉抽象和上升型概括的方法。

（3）培养学生概括的习惯，激发学生概括的欲望，形成遇到一类新的问题时，经常把这种类型的问题一般化，找出其本质，善于总结。

(4) 培养学生的抽象概括能力是长期艰苦的工作，在教学中随时注意培养，有意识地根据不同情况严格训练和要求，逐步深入，提高要求。

2. 推理能力

数学运算、证明以及数学发现活动都离不开推理，数学的知识体系实质上就是用逻辑推理的方法构成的命题系统，因此，教学中应注重推理能力的培养。逻辑推理在数学中是普遍存在的，要重视，除逻辑推理能力之外，要注意直觉推理能力的培养，因为直觉推理使数学思维具有灵活性、敏捷性和创造性。推理过程的教学，一开始就要逐步养成推理过程“步步有根据”，严密地推理，在熟练的基础上又要逐步训练学生简缩推理过程，并充分利用几何学科的特点，培养学生的推理能力。

3. 判断选择能力

判断、选择能力是数学创造能力的重要组成部分。判断、选择不仅表现为对数学推理的基础过程及结论正误的判定，还表现为对数学命题、事实、数学解题思路、方法合理性的估计以及在这个估计的基础上作出的选择，判断能力实际上是思维者对思维过程的自我反馈能力。具有选择判断能力的学生，在判断选择中较少受表面非本质因素的干扰，判断的准确率较高，判断迅速，对作出的判断具有清晰的认识，他们具有明显的追求最合理的解法，探究最清晰、最简单同时也是最“优美”的解法的心理倾向。教学中培养学生的判断选择能力从以下几方面入手：

(1) 直觉判断、选择往往要经历获取信息、信息评价（判断）、策略选择几个环节，因此，教学中首先注意信息的获取，这是培养判断、选择能力的关键；

(2) 教学中逐步使学生建立起恰当的价值观念，因为它是判断、选择的根据；

(3) 在解题教学中训练学生具有选择探求最佳解法的欲望，不仅提倡一题多解，而且还要判断几种解法谁最佳？好在何处？

4. 数学探索能力

数学探索能力是在抽象概括能力、推理能力、判断选择能力基础上发展起来的创造性思维能力。探索的过程实质上是一个不断提出设想、验证设想、修正和发展设想的过程。在数学中，它表现在提出数学问题、探求数学结论、探索解题途径、寻找解题规律等一系列有意义的发现活动之中，而数学探索能力就集中地表现为提出设想和进行转换的本领。数学探索能力是数学思维能力中最富有创造性的要素，也是最难培养和发展的要素。探索能力强的学生，能迅速地、轻易地从一种心理运算转到另一种心理运算，表现出较强的灵活性，在对思维活动的定向、调节和控制上，有较强的监控能力，对思维过程有较强的自我意识，善于提出问题，敢于大胆猜想。教学中如何培养学生的探索能力重点从以下几方面入手：

（1）激发学生的学习兴趣，使学生始终处于探索未知世界的主动地位；

（2）使学生学会引申所学的知识；

（3）从具体的探索方法上给学生以指导，在探索过程中要广泛应用各种思维方法，如分析、综合、一般化、特殊化、归纳、类比、联想、演绎等，要重点给学生介绍逻辑的探索方法——综合法和分析法；

（4）在具体的教学中要善于引导学生推敲关键性的词语；

（5）鼓励学生勇于探索，善于探索，发扬创新精神，提出独立见解，形成探索意识。

数学思维能力在形成理性思维中发挥着独特的作用，这也是数学教育的基本目标之一，而思维能力的差异要源于思维品质的差异。思维品质是指个体思维活动特殊性的外部表现，它包括思维的严密性、思维的灵活性、思维的深刻性、思维的批判性和思维的敏捷性等品质。所以，在日常教学过程中应该有意识地充分培养锻炼学生形成良好的思维品质，从而提高学生的思维能力，逐步养成严谨的科学态度，实现情感态度与价值观的教学目标。在教学中学生数学思维品质的培养，从以下几方面入手。

（1）在数学概念教学中，要准确把握数学概念的内涵，多层次、多角度指导学生理解概念，培养学生的思维品质

首先，在数学概念的学习中，通过引导学生把握概念内涵的核心内容，促进学生对概念的领悟。

其次，通过变式，加强学生对概念的内涵领悟。一个数学概念，既有它的最基本表达式，又有它的变式，只要这个概念的“神”不变，不管其“形”如何变化，其概念的内涵也是没有改变的。

再有，要通过比较概念，让学生领悟概念的本质特征。

（2）在解题教学中，要指导学生领悟解决数学问题的基本方法，培养学生的思维品质

首先，例题和基础练习要从简单到复杂、由特殊到一般，引导学生从题目的整体上去领悟数学问题的基本解答方法。

如，解析几何中求曲线关于直线的对称曲线的方程的问题：

开始，求点关于直线的对称点问题。

例 1　求点 $P(1, 0)$ 关于点 $A\left(2, -\frac{3}{2}\right)$ 的对称点 P' 坐标。

学生利用 A 是 PP' 的中点求出 $P'(3, -3)$，那么，一般形式：求点 $P(x, y)$ 关于点 $A(a, b)$ 的对称点 P' 的坐标，可得出 $P'(2a-x, 2b-y)$。

接着，点关于直线的对称点的问题。

例 2　求点 $P(1, 0)$ 关于直线 $l: x+2y+1=0$ 的对称点 P' 坐标。

引导学生将问题转化成点 P、P' 关于直线上某定点 A 的对称点来处理，学生注意到转化成点关于点的对称点必须有 PAP' 三点共线，分析出①线段 PP' 与 l 垂直，②线段 PP' 中点 A 在 l 上。

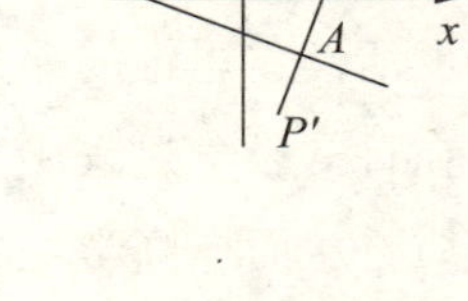

因此，设 $P'(x_0, y_0)$，列出：$\begin{cases}\dfrac{y_0-0}{x_0-1}\times\left(-\dfrac{1}{2}\right)=-1\\ \dfrac{x_0+1}{2}+2\dfrac{y_0+0}{2}+1=0,\end{cases}$ 解出点 $P'\left(\dfrac{1}{5}, -\dfrac{8}{5}\right)$。

一般形式：求点 $P(x, y)$ 关于直线的对称点 P' 的坐标的问题可同样解决。

例 3　求点 $P(x, y)$ 关于直线 $l: x+2y+1=0$ 的对称点。(解略)

如果是一个圆 C 关于直线的对称圆 C' 方程问题，让学生独立思考后，会想到转化为求点关于直线对称点的问题来解决。

例 4　求圆 $x^2+y^2=1$ 关于直线 $l: x+2y+1=0$ 的对称圆的方程。

更一般地，曲线关于直线对称的曲线方程的解法。

例 5　求曲线 $F(x, y)=0$ 关于直线 $l: x+2y+1=0$ 的对称曲线的方程。学生自然会想到用例 3 的方法解决。

这些例子，由简单到复杂，实质都是点关于点的对称问题。解决点关于点的对称问题的方法，就是解决对称问题的最基本方法。解决问题，实际上是要完成一种转化，把未知问题转化为已知问题，把复杂问题转化为简单问题。

其次，指导学生领悟解决数学问题的基本方法。

解决数学问题就是从已知条件求出结论的过程。这个解决问题的过程既可以从已知逐步推导获得，也可以从未知开始，逐步分析获得，或者同时从已知和未知相向而行逐步分析获得。

例如：在三棱锥 $S-ABC$ 中，$SA\perp$ 面 ABC，平面 $SAB\perp$ 面 SBC，求证：$AB\perp BC$。

可以从问题结论往前推理，寻找解决问题的过程：

欲证 $AB\perp BC$，

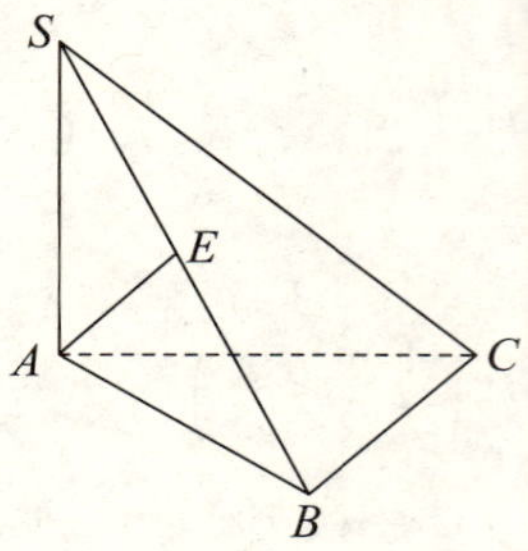

只需证 AB 垂直 BC 所在的平面或证 BC 垂直 AB 所在的平面即可。

$\because BC\perp SA$，选择证 $BC\perp$ 面 SAB 即可；

为此，需证 BC 垂直面 SAB 中与 SA 相交的另一条直线。这就需要作辅助线。

过 A 作 $AE\perp SB$ 于 E，

只要证 $AE\perp BC$ 即可，$\because$ 平面 $SAB\perp$ 面 SBC，$\therefore AE\perp$ 面 SBC，$\therefore AE\perp BC$ 成立。

整理思路得证法如下：

证明：过 A 作 $AE\perp SB$ 于 E，$\because$ 面 $SAB\perp$ 面 SBC 于 SB，　$\therefore AE\perp$ 面 SBC，

$\therefore AE\perp BC$，

又 $\because SA\perp$ 面 ABC，$\therefore SA\perp BC$，即 BC 垂直于 SA 和 AE，$\therefore BC\perp$ 面 SAE，

即 $BC\perp$ 面 SAB，　$\therefore AB\perp BC$

学生学会寻找问题解决过程的方法，为提高学生的思维品质、独立解题奠定了基础。

（3）在变式教学中，培养学生的思维品质，特别是思维的灵活性

“灵活”是解数学问题的一个基本思维品质。数学教学中，许多方法可以培养学生这种“灵活”思维品质。在这方面，比较常用的方法就是采取一题多解，培养学生思维的灵活性和开阔性。

一题多解密切了数学各分支之间的联系，丰富了学生的解题经验，在学习和运用合理的解题方法中提高了思维的灵活性。

同时，通过引导学生学会“类比”“联想”，提高学生解题方法的灵活性。

第一，类比。类比知识之间的相同因素，找出不同问题之间的类似之处，从中教会学生寻找思路，从而促进方法和能力的迁移。

例如：证明正四面体内任一点到四边的距离之和为定值。如何寻找

思路呢？启发学生想一想在平面中有无类似的问题？学生会想到，等边三角形内任一点到三边的距离之和是定值，其解法是将等边三角形内一点与其三个顶点连接线段，把它分成三个三角形，通过这三个三角形的面积之和等于等边三角形的总面积证得。通过类比，得到思路：分割正四面体，通过体积相等的方法证得。

第二，联想。根据给出的命题形式中的结构进行联想，

例如：求$f(x)=\sqrt{x^2+2x+2}+\sqrt{x^2-4x+8}$的最小值。

引导学生观察该式特征，联想到两点间距离公式，进而配方：

$$f(x)=\sqrt{(x+1)^2+(0+1)^2}+\sqrt{(x-2)^2+(0-2)^2}$$

进一步联想$f(x)$表示的几何意义是动点$P(x,0)$到点$A(-1,-1)$和点$B(2,2)$的距离之和，问题很快得到解决。

第三，演变拓广。改变条件引导学生横向、纵向探索或将结论延伸达到高层次的迁移。

如在学完“均值不等式”后，以解决下列问题为例。

已知$x,y\in\mathrm{R}^+$，$x+y=1$，求$\sqrt{x}+\sqrt{y}$的最大值。

学生采用$\sqrt{x}+\sqrt{y}=\sqrt{2}\left(\sqrt{x\cdot\frac{1}{2}}+\sqrt{y\cdot\frac{1}{2}}\right)\leqslant\sqrt{2}\left(\frac{x+\frac{1}{2}+y+\frac{1}{2}}{2}\right)=\sqrt{2}$

当且仅当$x=y=\frac{1}{2}$时取“=”。

变式题1：已知$x,y\in\mathrm{R}^+$，$2x+3y=1$，求$2\sqrt{x}+3\sqrt{y}$的最大值。

学生尝试：

$$2\sqrt{x}+3\sqrt{y}=\sqrt{5}\left(2\sqrt{x\cdot\frac{1}{5}}+3\sqrt{y\cdot\frac{1}{5}}\right)\leqslant\sqrt{5}\left(\frac{2\left(x+\frac{1}{5}\right)+3\left(y+\frac{1}{5}\right)}{2}\right)$$

$$=\frac{\sqrt{5}(2x+3y+1)}{2}=\sqrt{5}$$

当且仅当 $x=y=\frac{1}{5}$ 时取等。

变式题2：已知 x，$y\in \mathrm{R}^{+}$，$3x+5y=1$，求 $3\sqrt{x}+5\sqrt{y}$ 的最大值。

学生尝试：

$$3\sqrt{x}+5\sqrt{y}=\sqrt{8}\left(3\sqrt{x\cdot\frac{1}{8}}+5\sqrt{y\cdot\frac{1}{8}}\right)\leqslant\sqrt{8}\left(\frac{3\left(x+\frac{1}{8}\right)+5\left(y+\frac{1}{8}\right)}{2}\right)$$

$$=\frac{\sqrt{8}(3x+5y+1)}{2}=\sqrt{8}$$

当且仅当 $x=y=\frac{1}{8}$ 时取等。

肯定学生的判断后，再引导学生思考是否能够由特殊推广到一般。

变式题3：已知 x，$y\in \mathrm{R}^{+}$，$mx+ny=1$，求 $m\sqrt{x}+n\sqrt{y}$ 的最大值。

变式题4：已知 x，$y\in \mathrm{R}^{+}$，$mx+ny=\lambda$，求 $m\sqrt{x}+n\sqrt{y}$ 的最大值。

变式题5：已知 $x_i\in \mathrm{R}^{+}$，$i=1$，2，…，n 且 $\sum\limits_{i=1}^{n}p_ix_i=\lambda$，求 $\sum\limits_{i=1}^{n}p_i\sqrt{x_i}$ 的最大值。

此外，针对学生个体间客观存在的数学思维能力差异，我们还进行了分层次教学。

学生的学习能力差异是客观存在的，特别是学生在数学学习能力方面存在着较大的差异这已是一个不争的事实。

目前我国大部分省市的数学教学采用的是统一教材、统一课时，在学生学习能力存在差异的情况下，在教学过程中往往容易产生“顾中间、丢两头”。如不因材施教，就使部分学生成了“陪读”。数学能力强的学生潜能得不到充分发挥，能力差的学生就可能变成了后进生。有研究结果表明：家庭、教师、学校、社会、学生本人等方面的因素都有可能是形成后进生的原因，但其中有50%的原因是来自教师在教学中的失误。基础教育既要注意确保学生的共性需求，又要顾及学生的个性发展，要尽力为学生提供适合的教育，而数学又是一门容易产生两极分化的学科，所以进行分层教学很重要。

新课程改革的实施，强调教学必须面向全体学生，要正视学生的个别差异。它要求教育工作者一定要从学生的实际情况出发，根据不同学生的实际，促进他们的全面发展。就学生个体而言，指的是“一般发展”与“特殊发展”的统一；就群体而言，指的是“共同发展”与“差别发展”的统一。在教学中，要把群体培养目标与每个受教育者的具体发展目标统一起来，所以说实施素质教育，就要注重因材施教，重视学生的个性发展。在数学教学中实施素质教育，贯彻“因材施教”原则，就要积极探索与之相适应的教学方法，从学生的差异出发，有的放矢地进行有差别的教学，以便使每个学生都能得到更好发展。“分层次教学”正适应了这一要求。

“分层次教学”的指导思想是教师的教要适应学生的学，而学生是有差异的，所以，教学也应有一定的差异。根据差异，学生可以分为不同的层次，教学也可以针对不同层次的学生进行分层。“分层次教学”是一种重视学生间的差异，强调教师的“教”一定要适应学生的学，教学中针对不同层次学生的实际，在教学目标、内容、途径、方法和评价上区别对待，使各层次学生都能在各自原有基础上得到更好发展的课堂教学策略。层次划分符合实情是分层教学的基本备件。分层教学的原则是在完成国家课程标准任务的前提下，对学生个体要求有所不同，使学生心理平衡，互相帮助，形成一个团结友爱的集体。教师根据学生数学学习的实际情况和教学课操作性，一般情况下，可分为三个层次：A层次占10%—15%，B层次占70%—80%，C层次占10%—15%，对学生的分层是动态的，要随时注意学生学习的变化，鼓励低层次的学生向高层次发展。

为实现“分层次教学”，可采用以下具体实施。

（1）教学目标的层次性

教学目标是预期的学生学习的结果或者是预期的学习活动所要达到

的标准。教学活动是以教学目标来定向控制的，教师在制定教学目标过程中，不仅要认真钻研课程标准和教材，把握教学中各知识点的深浅度，找准重点、难点，而且还要了解、分析学生的实际知识基础和学习能力，针对不同层次的学生情况，准确、恰当地制定相应的教学目标。立足教有所别，学有所得，合理制定各层次学生的教学目标，并将层次目标贯穿于教学的各个环节。对于教学目标，可分五个梯度：①识记，②领会，③简单应用，④简单综合应用，⑤较复杂综合应用。对于不同层次的学生，教学目标要求是不一样的：C 层次学生（学困生）达到①—③；B 层次学生（中等生）达到①—④；A 层次学生（学优生）达到①—⑤。例如，在教“两角和与差的三角函数公式”时，应要求 C 层次学生牢记公式，能直接运用公式解决简单的三角函数问题；要求 B 层次学生理解公式的推导，能熟练运用公式解决较综合的三角函数问题；要求 A 层次学生会推导公式，能灵活运用公式解决较复杂的三角函数问题。

（2）教学内容的层次性

在安排教学内容的时候，必须以 B 层次学生为主，同时兼顾 A、C 两层次，要注意调动各层次学生参与教学活动，尽量使 C 层次学生都能听得懂，不做“陪读”。对新知识的理解、知识点的应用和题型的变换等，每个层次内容的设计都要兼顾各层次学生思维能力的现状。

（3）课堂提问的层次性

课堂提问既能及时反馈不同层次学生对知识的掌握程度，又能启发学生积极思维，还能通过富有吸引力的提问活跃课堂气氛，调动学生学习积极性。课堂提问采取筛选不同的内容，做到分层次提问。通常在讲授知识时提问 B 层次学生，利用他们在认识上的不完善，把问题展开，进行知识的研究；对 C 层次学生，在课堂上尽量让他们回答较为基本或较浅的问题，不论回答的对或错，都应鼓励他们思维的“闪光点”，增强他们的自尊心与自信心；对 A 层次学生，让他们回答较难、较深的问题，有时对他们故意施加压力，培养其能力。还可以创设问题情境，即把一个问题分解成识记了解、理解掌握、综合分析三个层次的问题，让不同层次的学生都有回答问题的机会，从而提高学生参与活动的角色意识，有效地培养他们的思维能力，达到个体的发展、整体的优化。

（4）课堂练习的层次性

课堂练习能对学生的学习起到巩固、发展、深化知识的作用。课堂练习时，教师精选内容，设置分层次练习题，并考虑分层次进行指导。通过课堂练习使 A、B、C 三个层次的学生都学有所获，思有所进。课堂练习要设计出三个不同层次的练习题，其中基本要求一致，习题难度和技巧分三个层次，分别与三个层次学生的水平相适应。对 C 层次学生，设计基本练习题，让学生在教师的指导下做一些基本的、与课堂例题相近的题目，检查学生对基础知识掌握的情况，促使知识的内化。对 B 层次学生，设计发展性练习，让其练习一些稍有变化的、比教学内容稍有发展的题目，检查对知识掌握的程度和运用知识的能力。对 A 层次学生，设计综合性练习，检查其对新知识掌握的程度和灵活运用知识解决实际问题的能力。精心设计课堂练习的层次性，是“分层次教学”成功的关键性问题之一。

（5）布置、批改作业的层次性

课后布置作业是数学教学必不可少的一个环节。选择作业题时，要适当扩大习题跨度。分层次布置的作业，可分必做题、选做题、思考题等几种，必做题和选做题结合。必做题是每位学生都应完成的基础题，选做题只要求 A 层次学生或 B 层次学有余力的学生完成。教师根据不同层次学生的学习能力，有的放矢地布置不同的课后作业，作业量与难易程度要与不同层次学生的实际承受能力相适应。如，A 层次是基础性作业和有一定灵活、综合性的题目；B 层次以基础性为主，同时配有少量略有提高的题目；C 层次是基础性作业。在批改作业时，对 C 层次学生的作业要特别仔细些，经常进行当面批改。对 A 层次学生可鼓励学生选做高于老师要求的作业，启发他们深入钻研。

（6）课外辅导的层次性

要真正做到因材施教，仅靠课堂“分层次教学”是不够的，教师还应充分利用课余时间，做好“提优辅差促中”工作。培优工作的目的，在于让一部分学有余力的爱好数学的学生的个性得到进一步发展。对于学习数学确有困难的学生进行特殊扶持，通过课后个别辅导及时补救，帮助他们渡过难关，不单从学习上，还会从情感上，多一份关爱，多分析他们的思想状况，“对症下药”，使他们真正感到我“不笨”，我“能行”；给 A 层次学生开设综合数学课，鼓励他们参加竞赛，给他们展示自己的机会。这样，可进一步使 C 层次学生“吃得了”，奋发向上；B 层次学生“吃得好”，适得其所；A 层次学生“吃得饱”，充分发展，从而形成一种比、学、赶、帮的学习氛围。

（三）外语：浸润情境与文化之中

随着全球化程度的提高和国际文化交流的增多，对人才外语素质的要求越来越高。现在，无论是在政治、经济、文化、科技、教育，还是在贸易往来和谈判等领域里，外语都是实现交流与沟通的重要条件。近年来，中国中学外语教学已有了很大的发展，但从整体上来看，目前中学外语教学在一定程度上仍属一种“知识”传授，教师在课堂教学中十分注重语法规则和用词规则的详细讲解以及词语的机械性操练，忽略了语言应用的情境，同时由于教师在教学中没有把学习语言知识和文化放在同等重要的位置，文化因素一直未得到应有的重视，导致学生对外国文化不了解，缺乏必要的文化意识，从而造成了理解和交际的偏差。其最终的结果就是学生学了很长时间外语，但是却很难在实际中应用，可谓是“费时较多，收效较低”。

外语作为一种非母语的语言，具有系统性、符号性、交际性、社会性、文化性和生成性的特点，因而外语的学习过程是学生认识和理解语言客体、掌握语言知识和语言规律的过程。外语学习过程是学生在特定环境下语言生成的过程，是异文化的思维方式和语言习惯形成的过程，也是师生、生生之间语言实践的过程。基于外语学习的特点，我校在外语教学中，在夯实语言基础知识的基础上，注重语言情境的创设以及学生对多元文化的了解。

1. 创设外语学习情境，促进语言的理解和习得

外语学习本身是一种语言学习，其最终目的在于培养学生应用外语的能力，如果仅以语法或知识点为线索组织教学内容，就忽视了学生的需要，也忽视了语言本身的需要，难以培养学生应用外语的能力。情境教学指在教学过程中为了达到既定的教学目的，从教学需要出发，制造或创设与教学内容相适应的场景或氛围，引起学生的情感体验，帮助学生迅速而正确地理解教材内容，促使他们的心理机能全面和谐发展。

我校外语教师在教学中，注重教学情境的创设，尽可能设法在课堂有限的时间和空间范围内，充分利用教学媒体和生动活泼的教学方法给学生创造一个全方位运用语言的环境，使学生能在一个模拟且有控制的"真实的"语境中学习外语。在外语课堂上，我们注重把握以下要点：第一，教师根据学生的年龄特点和心理特征，遵循反映论的认知规律，结合教学内容，创设尽可能多的语言环境，使抽象的语言形式变成生动的情境再现；第二，教师充分发挥自己的主观能动性，充分挖掘教材中可以利用情境教学的切入口；第三，利用青少年好奇的心理特点，结合学生已有的能力水平，将学生思维逐步引导深入；第四，尊重学生个体，注重抓住一切时机激发学生创新欲望。

在外语情境创设中，我校主要尝试了从以下几个方面入手。

（1）利用外语教学本身创设真实的情境，形成外语交际的意识。

教师从走进教室的那一刻起，直至课堂教学结束，离开教室为止，就是一个自然的、真实的、生动的、丰富多彩的语言交际情境。教师充分利用了这个外语教学的真实情境，尽量使用外语组织教学，把单纯传授知识的课堂转换为使学生自然习得语言的场所。教师以纯正的母语式的教学和师生间的互动活动，把外语课堂变成了一个师生之间、生生之间进行交际的环境。例如，外语课堂上与学生的交流，不管是教学内容还是课堂行为监控，哪怕是对某个学生坐姿的纠正，教师都使用外语，使外语真正做到一切课堂行为的语言媒介。在这种环境中，学生自然而然地产生了解这种语言的欲望和使用这种语言与人交际的意识，且日积月累，学生对语言的感觉也相应加深。

（2）利用教师的语言、表情和动作创设心理情境，营造积极的学习氛围。

学生们在学习外语时，多多少少都有些畏难情绪，他们害怕说错，害怕说不好，这时，教师鼓励的、表扬的、积极的话语就起着非常重要的作用。我校教师在日常的点滴言行中，注重把“外语是在使用过程中不断实践、不断完善”的意识渗透给学生，引导学生抛开负担融入课堂情境中来。只有在自由、民主的氛围中，学生的思维才可能处于积极主动的活跃状态。教学中，师生之间创设了平等民主、和谐融洽的关系，以此激发学生主动性的发挥和创新意识的产生。

（3）利用多媒体技术创设情境，丰富学习内容和拓宽语言运用的渠道。

多媒体手段可以把丰富多彩的文字、图像、动画、声音等形象直观地呈现在学生面前，使学生的视觉感受和听觉感受有机地结合起来，感受到纯正地道的外语。例如，日语课上在涉及和日本人的礼仪习惯等有关的内容时，教师将平时收集的视频等材料通过多媒体展示给学生，使学生身临其境地感受日本人的社交礼仪，有效地调动学生的学习兴趣，提高了教学的时效性。在我校的外语课堂上，大量形象、贴切的视听材料有效地调动了学生的多种感官，使他们更直观地体验语言使用的情境。多媒体手段使课堂充满了新鲜感，引导学生观察、想象，使学生的思维活动多维度展开。

（4）利用课文创设表演情境，增加语言实践的机会。

创设情境表演对话为学生提供了互动的机会，开发和挖掘了学生运用语言的潜力，激发了他们创造性运用语言的活力。我校教师比较常见的做法之一就是让学生把教材中的一些课文编排成对话、短剧等来表演，同时鼓励学生适当地发挥想象力，对课文情节进行发挥或修改，学生们对此乐此不疲，兴致非常高，收到了很好的效果。创设对话表演情境，有机地将书本知识与现实世界相结合，锻炼了学生的创造性思维，使学生真正内化所学知识。

（5）利用外语歌曲、故事等创设渲染情境，提高学生的参与意识。

在情境创设中，我校外语教师还尝试了教唱外语歌曲，学讲外语小笑话、小故事，表演话剧、童谣、小诗、绕口令、猜谜等，形成轻松的学习气氛。有的外语学习内容可以用歌曲形式表达，这有助于激发兴趣和分散难点。在外语教学中融音乐与外语为一体，帮助学生理解对话，表现情景内容，创设有声语言环境，使学生自然地投入。外语小笑话和外语小故事不仅老师讲，而且让学生学会讲，让学生从机械、呆板、单调、紧张的学习环境中解脱出来，消除了学习疲劳，并感受到了学习的乐趣，提高了学习效率。

此外，我校注重营造课堂以外的大外语教学情境，通过各种各样的活动营造一个庞大的外语学习语境，让学生们浸润在外语学习情境中，时时刻刻感受到外语的存在，举例如下。

（1）校园环境。建立外语问候制度、值日生外语汇报制度，师生之间、学生之间说话尽可能使用外语，校园广播、升旗仪式的演讲、午检等也都使用外语或者双语，学校的办公室和实验室等的标牌、各种指示牌、名言警句等都用中文和外文对照，使整个校园充满学外语、用外语的浓厚气氛。

（2）校园广播。学校每天广播站利用早操后的时间播放外语歌曲，播报外语新闻；每周还利用一次午休时间播放外语相关知识和新闻；播放学生会组织的外语歌曲大赛的录音等。

（3）常规系列的外语活动。包括：外语单词大赛、外语演讲大赛、外语诗歌创作大赛、外语朗诵创作大赛、外语朗诵大赛、外语知识大赛、外语作文大赛、外语书法大赛、外语角、外语读书沙龙、故事会、配音比赛、美文背诵、外语晚会，等等。

（4）紧跟时代步伐，鼓励学生了解英语国家动态。例如，《目光之城》在欧美国家畅销的时候，教师把这种动态介绍给学生，鼓励学生课外去阅读这些书籍，并且给阅读过这些书的学生创造相互交流、向没有阅读过这些书的学生介绍的机会等，在学生间掀起一股读外文书籍热潮，扩大了外语学习的空间和内涵。

（5）鼓励、组织学生参加校外各种外语大赛，包括口语大赛、作文大赛、美文背诵大赛等。在每年的全国中学生英语能力竞赛中，学校都有将近 1/3 的学生参加，学生认为这是一次锻炼的好机会。

无论是在课堂上，还是在校园里，外语学习的氛围始终是浓郁丰沛的，学校作为外国语学校的特色得到了有力的彰显。我校的外语教学实践证明，在教学中创设适合的情境，使语言教材变成活生生的言语，富有了生活气息，使学生产生仿佛置身于外语世界的感觉，增强了运用外语的能力。通过我校外语教师的实践总结，情境教学有如下特点。

（1）情境教学能最大限度地调动了学生学习的积极性，激发了学生的兴趣。

在情境教学中通过学生和老师、学生和学生等交流活动，将真实的生活情景引入课堂，缩短了教学与现实的距离，也满足了学生好奇、好动、好胜的心理，使学生切实体会到了外语知识的实用性。

（2）情境教学有助于提高学生听、说、读综合的能力。

在情境教学过程中，创设出贴近生活的情景，在活动前将活动内容告知学生，让学生有目的地去收集和阅读相关情境材料，从而能培养提高学生的阅读能力。而在开展情境活动时，由于有了资料的准备，使情境交际活动的内容更加丰富多彩，在活动中学生们都敢于开口，教师也尽可能调动每一位学生参与的热情，使每一位学生都开口用外语进行交流，提高了他们的口语和听力水平。

（3）情境教学有利于培养学生的语感。

教师充分地利用课堂有限时间开展了丰富多样的较真实的情境教学，让学生有机会应用到所学的语言知识，通过师生间、学生间大量的情境交际活动，融听、说、读、写训练于其中，日积月累，逐步地培养了学生用外语交流的习惯和用外语思维的机会，有助于语感潜意识的形成和提高。

（4）情境教学有利于培养学生自主学习的能力。

情境教学最能体现“学生为中心”的教学要求。学生不但是语言操练的主体，而且在模拟的或实际的交际场合中，学生的想象力和创造思维有了得以发挥的自由的空间，运用外语自由表达了自己的情感和见解。在大量的情境交际活动中，学生听懂了从没接触的句子，说出了从未学过的话语，久而久之，就有了真正驾驭这一语言的能力。所以说，情境教学激发了学生的学习兴趣和强烈的学习动机，培养了学生独立分析和解决问题的能力。

2. 通过文化熏陶，形成异文化的思维方式和语言习惯

外语教学具有跨文化的人文性，对于培养学生的思想文化素质具有十分重要的意义。语言是文化的载体，在多元化的世界，通过学习外语，学生可以理解异国的文化与社会，有利于学生在将来的多元化社会中学会理解他人、学会互相尊重，有利于彼此寻求合作与发展，共同维护世界和平与稳定。语言又是文化的写照，不仅反映文化的形态，而且语言会决定人们对客观世界的看法。随着改革开放的深入，中国综合国力增强，国际交往增多，国家需要更多面向世界、对异国文化有深刻理解力的国际型人才。这就要求在中学外语教学中重视跨文化教育，将之提高到应有的高度，使学生在实际交流中具备多元文化的包容性。

国家课程标准把文化作为教学内容与目标，强调外语学习要了解外国的文化和社会行为规范，要了解他国文化与本国文化的差异，在尊重他国文化的同时进一步理解本国文化，提高对中外文化差异的鉴别能力，增强爱国主义和世界意识，提高文化素养。我校在传授语言知识的同时，把跨文化意识注入教学中，让学生了解外国的历史地理、风土人情、传统习惯、生活方式和价值观念，提高学生对文化差异的敏感性和鉴别能力，培养跨文化的交际能力。在外语课堂教学中，我们注重从以下几个方面进行跨文化的尝试。

（1）引导学生改变思维的方式。

由于不同文化下不同的民族有不同的思维方式，所以在语言使用过程中就常常出现一些困难，甚至造成一些误解。因此，在教学中，培养学生认识并接受外国人的思维方式是很有必要的。譬如，在课堂教学中，要求学生对教师的称赞表示感谢，让学生逐渐习惯这种表达，并且能运用起来。东方人的含蓄不是一朝一夕能改的，它需要我们教师不时地对学生进行提醒和督促。譬如，利用英语读物中的幽默来说明中西方文化中幽默的不同和作用等。这样日积月累，学生们就逐渐地理解、接受和学会恰当运用异域文化来交流了。

（2）扩充学生的文化信息。

在听说教学中我们发现学生最容易出现语言运用错误，即在交际中，由于说话方式不妥，或不符合表达的习惯，或说得不合时宜，说话人未能按照外国人的社会风俗习惯来交谈而造成失误。语用错误是缺乏了解外国文化知识导致的交际障碍。因此在教学中，除了要让学生记住相关的交际用语，还要帮助学生总结归纳日常口语交际中存在的文化因素，使学生懂得交际规则。例如，在日常生活中英国人见面时的 small talk 中 weather 是最常见、最安全的话题之一，这与英国的自然条件有关。还有，体育运动也是西方人日常生活中必不可少的一部分，所以谈论双方都喜爱的体育项目也是常见的话题。

我校教师注重补充相关的语言背景知识，使学生观察到西方的文化风情，从中了解中西方的文化差异，了解到各自不同的文化底蕴，增强学生的多元文化意识，扩展国际视野。例如，了解了美国的政治体系就有助于学生理解美国人思想中的民主意识，从而在相处的过程中避免误解。教师还巧妙利用多媒体手段，创设出让学生感受外国文化的环境氛围，学生观看后，不仅可以锻炼说，而且可以了解外语国家人们的真实生活，了解文化差异，拓展学生的视野。例如，结合美国总统大选的契机，教师利用了多媒体将美国的政治竞选制度以图片、CNN 新闻视频和候选人竞选演讲等形式介绍给学生，使学生对美国的政治体制有了更深刻的理解和感悟。在学习奥运精神的文章时，针对运动员和越来越多的美国青少年使用兴奋剂问题，给学生播放了美国教育部制作的教育片，从数据、案例讲授和相关法律等方面将青少年使用兴奋剂的种种危害介绍得全面而深刻，这对将留学美国的同学有很大的震撼。此外，还利用多媒体出示各国具有代表性的东西，如美国的白宫、纽约华尔街；日本的东京、京都，日本妇女的和服、木屐；法国巴黎的卢浮宫、凯旋门，英国的格林尼治天文台，等等，尽可能提供机会让学生了解国外的文化。

（3）熟悉外语词汇的内涵和外延及其跨文化含义。

在外语学习中，我校教师要求学生必须熟悉那些同汉语相应的词汇的不同内涵或外延，尤其需要掌握其不同的文化内涵。在日常外语交际中就存在着跨文化因素，教材也提供了大量真实的语言素材，教师在日常的教学中要充分加以利用和发掘。例如，to meet one's Waterloo（to be completely defeated）这一短语源于拿破仑 1815 年惨败于滑铁卢战役。所以 to meet one's Waterloo 用以比喻“遭到惨败；受到极沉重的打击”。此外，典故中潜藏着文化信息，往往会导致理解上的障碍或造成误解。因此，了解神话典故的历史文化背景对跨文化交际很有必要。众所周知，英语中典故是非常丰富的，我们经常在文学作品和演讲中碰到。如果学生对典故的出处与内涵不甚了解，就无法准确地理解其寓意，无法欣赏其魅力。再如，在日语教学中，教师在讲解知识的同时，注重向学生介绍与该知识点相关的日本文化。比如在讲解“働き蜂”（工蜂）这一词语时，不但告诉学生它的本义，并且把热爱劳动、以工作为乐趣的日本人常常比做工蜂这一现象介绍给学生，还把索尼、松下等世界知名企业员工勤恳工作的视频展示给学生们看。因此，由一个单词引申出来的一段文化可以教育学生学会勤奋。

（4）充分挖掘和利用教材的文化信息。

英语教材选材广泛，内容丰富，不少课文涉及英语国家典型的文化背景知识，有很多值得挖掘的文化信息，如西方节日习俗、西方对待老人的态度、西方人探索自然奥秘的科学精神，等等。在教学中，教师就教材中的有关目的语的文化背景知识进行讲解，将课文背后的西方价值观作为主线，把课本中散落的文化背景知识点贯穿起来，采用“文化旁白”的方法，给学生加入文化知识的介绍和讨论。

例如，日本文化有其独特的特点，在日本绝大多数企业中，领导遇事多是和下属共同商量解决，很少独断专行这一特点，日语教师教育学生在日常生活中要注意多听取他人意见，注重和他人的沟通和交流，有意识地培养学生团队意识、合作精神。另外，日语教师在教学过程中还特别加强了对学生认真态度的培养，很多学生写字时喜欢龙飞凤舞，写出的字过后有时连自己都很难辨认，而日本人却无论对什么事情都很认真，因此，教师在日语书写上给学生进行矫正的同时，让学生也了解了日本人身上一些可贵的品质。

在外语教学中，我们不但要让学生把握文章的内容主旨、学习语言知识、提高语言技能，还要引导学生随时随地地挖掘其中的文化信息，加深学生对课文的理解，拓宽学生的文化视野，同时，通过这些方法也培养了学生有意识地运用文化背景知识的能力。例如，在欧美国家，bag lady 和乞丐类似但不完全一样。在中国是没有 bag lady 这种现象的，了解了 bag lady 的真正含义，学生在阅读英语文章时就可以避免很多困惑。实践证明，学生的文化背景知识越丰富，理解课文内容的能力就越强，学习外语的信心也就越足。

（5）开展各种辅助形式加强东西方文化的交流。

我校外语教师结合西方国家重大节假日，如圣诞节、万圣节、感恩节等，开展有计划、有组织的活动，邀请外教介绍本国的礼仪、文化、饮食等方面的特点、见闻和由来，使学生汲取更多的知识。学校还开办了英美文化讲座，包括英美国家礼仪与中国文化的异同、英式英语和美式英语的不同、英美文学的初探、中国教育与美国教育的异同、赴美交流回国的学生谈文化冲击、中西方节日对比等主题，这些灵活多样的活动增进了学生对国外文化的了解，让他们体会到了不同国家的不同文化。

（四）社会课程："专""精"与"通""博"

当今世界科学技术日新月异。随着科学技术的迅猛发展，一方面科学技术分工越来越细、专业化越来越强，另一方面科学的发展又越来越多地呈现出各种学科内容的交叉和融会贯通。科学技术的这种既分化又交叉的趋势对我国当代教育提出了一个新问题：当代社会，我们究竟需要什么样的人才？是专才，还是通才？当代社会我们既不需要除专业知识之外一无所知的“专才”，也不需要什么都知道一点却一无所长的“通才”。当代社会需要的是一专多能的复合型人才。因此，如何培养一专多能的复合型人才，这已经成了当代教育不能回避的问题。要培养一专多能的复合型人才，对于中学社会课程来说，就应该既突出体现中学教育的普及性和基础性，又注重中学教育的发展性；既为学生进入和适应社会打基础，又为学生进一步接受高一级学校教育打基础。这就要求中学社会课程必须兼顾“专”“精”与“通”“博”，既关注政、史、地学科的学科性，又兼顾人文社会学科的统一性，将“专”“精”与“通”“博”有机结合起来，努力打造人文性与科学性兼容、学科性与综合性贯通的人文社会科学课程体系。

基于以上认识，近几年，我校一直在进行初中政、史、地三科课程资源的整合与改革。在对教材和学科资源整合的基础上，课堂教学改革强调在实现社会学科教学“专”“精”的基础上再追求“通”“博”。在对各个学科的准确理解和扎实掌握的基础上，实现学科间交叉融合、兼收并蓄。

在过去初中政、史、地学科的教学中，过多强调死记硬背一些知识，而没有重视思维的培养。初中这三科间的知识整合浮于表面，教学效果不佳。为此，我们把初中这三科课程进行新的整合，教学改革的目标设定为：夯实基础、拓展能力、加深认识、提高教学有效性和与高中新课程改革有效对接。

学校社会课程教学的特点在于体现社会教学的人文性、科学性兼容，学科性、综合性并蓄，六年一贯制学制下初高中教学内容的有效衔接和教学资源的整体优化，教学改革突出创新。

以历史教学为例，教师注重研究历史教学中学生的批判性思维和创造性思维能力的培养，不断探索和创建培养学生批判性思维与创造性思维能力的教学模式，初步得出以下结论：一是要创设自由、宽松的教学氛围，建立民主、平等的师生关系，提倡自主、探究的学习方式，促使学生积极、主动地进行思维；二是要鼓励学生拥有独立思考、求异探索、不趋同的批判精神，去寻找思索历史的真相；三是要培养学生的创新思维能力，通过思维过程的引导去启发学生自我发现、自我发展。

（1）创设自由、宽松的教学氛围

在历史课教学设计时，教师注重掌握学生的心理特征，制定科学的符合学生实际的教学目标；通过图表图片、影视节目、戏剧小品、知识竞赛、讲故事等多种途径再现历史事实，激发学生的学习兴趣，调动学生学习的积极性和主动性。然后，开展小组讨论，允许学生充分发表个人不同的观点，在老师的引导下进行总结，形成正确、完整的认识。

例如，在讲授完《西学东渐》这一节课之后，教师提出这样一个问题："学习完本课之后，大家都有些什么收获或困惑?"学生们踊跃发言，有的说，"学完本课之后最大的收获就是，一部中国近现代史就是一部先进的中国人士不断探索救国救民道路的探索史"；有的说，"通过学习本课认识到了解放思想的重要意义"；有的说，"近代西学东渐的过程是一个由浅入深的过程"；有的说，"学完本课最大的收获就是，深刻理解了经济基础与上层建筑、社会存在与社会意识之间的辩证关系"。还有人提出了疑问，"随着民族资本主义的发展，民族资产阶级逐步发展壮大，并登上了历史舞台。那么，随着无产阶级的壮大，无产阶级会不会登上历史舞台，提出自己的政治诉求?"通过这个设计，不但激发了学生的学习兴趣，加深了学生的理解和认识，而且调动了学生学习的积极性和主动性，收到了良好的教学效果。

（2）激发学生求异探索的精神

历史是已经成为过去的人类社会发展的过程，是确定的、无法改变的。但作为叙述人类社会发展过程的史书，它所记载的历史并不完全是历史本身，而是人们对历史的存在进行观察、筛选、整理后的产物，渗透了研究者、编写者的主体意识，其中包含了记录史实的史学家的历史观点。尽管他们力图真实、准确地阐述历史的客观过程，但由于立场、观点、方法的不同，会对历史有着不同的认识；在对一些历史现象的阐释上，在对一些历史人物、历史事件的认识评价上，会存在不同程度的片面性或错误。诸如《史记》、《资治通鉴》等史书，还以"太史公曰”、“臣光曰”的形式发表见解、评论，直接表达历史学家自己对客观历史的立场和观点。这种客观矛盾造成的学习材料的某些不确定性，为学生展开求异思维提供了一定的空间。因此，在历史教学中，我校教师提倡和鼓励学生的主体介入，摒弃传统教学中将学生思想强行纳入教师所设计的轨道、束缚和禁锢学生思维的做法，善于引导学生去发现问题、分析问题和解决问题，鼓励学生要有批判精神，要敢于怀疑传统、怀疑书本、挑战权威，养成学生不唯书、不唯师的心态，大胆打破传统思维定式，提出自己独到的见解。对于学生提出的未必正确的观点、看法，进行合理引导，精心保护学生的自尊心、自信心。

例如，中国近代史上一个非常重要的问题是“落后就要挨打”。教师提出假设问题：“落后就一定挨打吗”？可以启发两种结论：（1）落后一定挨打。理由是世界政治经济发展的不平衡，必然会发生弱肉强食；（2）落后可以不挨打。如我国古代辽夏金元时的少数民族地区政治经济、文化落后，但是，辽夏金元等落后的少数民族政权总是入侵先进的中原地区。接着，生成思考、议论，提出自己的结论。

（3）培养学生的创造性思维

知识获得的过程比获得知识的结论更重要，强调变结论式教学为过程式教学。过程式教学重视知识的来龙去脉，是一种开放的、以思维训练为主的教学，它注重的不是授予学生问题的结论和答案，而是提出问题、分析问题、解决问题的思路。教学的关键在于“授之以渔”，教学在于教给学生一种思考问题的方法，也就是说，教师给予学生的不应是“鱼”，而应是“捉鱼”的方法。在历史教学中，这种重视思维过程、加强思维能力的训练，要比单纯地传授历史知识更为重要，它是培养创造性思维能力的关键。

创新意识仅仅是创新素质的起点，创造性思维才是创新素质的“内核”。因此，在历史课教学过程中，必须以培养学生创造性思维为主线，发展学生的创造能力。

例如，讲《洋务运动》这一课时，课本上提到它的作用时说“洋务运动没有使中国走上富强的道路，但是，它引进了西方资本主义国家一些近代科学生产技术，培养了一批科技人员和技术工人，在客观上刺激了中国资本主义的发展，对外国经济势力的扩张也起了一些抵制作用”。如果用提问的方法促进学生的发散思维，则会有很多意想不到的收获。在讲到这课时，教师提问学生：“洋务运动对中国产生了哪些影响？可不限于教材”。学生的思维相当活跃，有的说洋务运动在中国近代工业化中作用巨大；有的说洋务运动改变了中国原有的价值观念，冲击了中国人旧的生活方式；有的说使中国向外国学习先进技术和管理经验，有利于中国民族资本主义的发展；有的说使清政府力量加强，阻碍了中国政治民主化进程……这对促进学生发散思维、培养其创造性思维能力起到了很好的作用。

在地理教学中，教师注重探讨地理教学中对学生学习兴趣的激发，不断探索充分发挥地图、多媒体等教具在教学中的作用的教学模式，注意在课堂教学中加强对学生学习方法的指导，经过不断摸索，总结出以下几点经验。

（1）充分发挥教师在教学中的主导作用，培养学生学习地理的兴趣

上好一堂地理课，需要教师付出许多辛勤的劳动和汗水，但真正要让教师教得心情舒畅、得心应手，学生听得津津有味，乐学、爱学，还必须激发学生的学习兴趣，使课堂气氛轻松和谐。爱因斯坦说过：“兴趣和爱好是最大的动力。”教师首先要上好序言课，因为“好的开端，是成功的一半”。所以在初一年级的第一堂地理课上，教师的做法是：不立即开始按照教材按部就班地讲解，而是首先利用一年来的时事政治、大事要事，找到跟地理相关的知识，并把这些知识介绍给大家，同时把一些与地理环境密切相关的衣、食、住、行的趣闻讲解给大家，激起学生学习地理的兴趣。这种将书本知识与学生的现实生活联系起来的做法，是一种激发学生学习兴趣非常有效的方法。

（2）充分发挥地图、多媒体等教具在教学中的作用

一个人大脑对信息的储存，单纯朗读的能识记10%，单纯听到的能识记20%，单纯看到的能识记30%，可见视觉对人接受信息具有特

殊的重要意义，而视听结合能识记 50%。由此可见，使用两种以上的信息传播渠道就比使用单一的信息传播渠道效率要高得多。通过现代教学方式——多媒体教学，让学生的听觉、视觉等感官都充分调动起来，以便多渠道接受信息，提高认识能力和理解能力。这样知识在大脑中的印象才会更深刻、更强烈，记忆得更牢靠。而在地理教学过程中，地图是最重要的工具，是“地理学的第二语言”，它能以无声的语言帮助学生理解、记忆课文内容，能以生动形象、鲜明的特点反映地理事物的分布、成因。所以，教师在日常教学中非常注意引导学生从地图中获取知识，并让学生养成一种意识，形成一种习惯。教学时，凡能从地图上获取的地理知识，都尽量运用读图的方法来完成。同时，教师还适时指导学生回忆地图、查看地图，将对地图的记忆渗透到地理日常教学的各个环节。

（3）注重地理的教学方法改变，强调学生学习方法的指导

例如，对地理学科来说，记忆国家的位置是个基本而又枯燥的内容。教师把这部分知识转为每堂课前 3 分钟的记忆，利用时事新闻中涉及的国家，挑选 3—4 个学生还没有查找过的国家，然后由学生指出位置，教师再简单介绍这个国家的时事新闻和它的一些重要特征。地理学习更要强调对学生进行学法指导，比如对七大洲面积由大到小排列的记忆，教师让学生先背几分钟，然后找学生背诵，在背诵过程中学生的表现差异很大，随后教师让表现比较突出的同学介绍他们记忆的方法，进而引出诸如记忆知识的“歌诀法”，记忆各大洲轮廓的“联想记忆法”等方法。

再以政治教学为例，我校教师以学生创新能力的培养为核心，不断探索培养学生创新能力的课堂教学模式和教学策略，重视挖掘课外实践的育人功能，经过不断摸索，总结出以下几点经验。

（1）激发学习兴趣，是培养学生创新精神的前提

正所谓“兴趣是最好的老师”，政治教学尤其要重视采取各种手段来激发学生的学习兴趣。有了兴趣，学生才会积极主动地去学习，从而培养其创新精神。没有兴趣，一切将无从谈起。所以，政治教师

在教学时首先要注意激发学生的兴趣，然后引导学生去思考、探索和创造。

例如，在学习生活与哲学“主观必须符合客观”这一命题时，教师以一个企业招聘出的题目《向和尚推销梳子》这个故事导入，引起了学生的强烈兴趣。一般来说，听到这个案例很容易想到梳子是用来梳头的，不容易想到梳子可由和尚用来为香客提供服务，甚至可以作为礼品赠送给香客。在向学生讲述这个案例的过程中，一边讲案例，一边启发学生，同时在适当时机设置疑问，把学生引入探索和创造的情境中，最终生成结论：怎样才是辩证的主观符合客观，怎样才是正确的一切从实际出发，从而使学生在强烈的探索欲中进行积极的思维，锻炼其辩证思维能力，培养其创新精神。

（2）深入挖掘教材，找准引发学生思维的切入点

思想政治课教学中要立足教材，分析处理教材内容，进行整合和研究，对教材的已有知识点进行扩展和推移，依据有所为、有所不为的原则，对教材内容进行重组和补充。在政治课教学中，教师充分发挥其主导作用，在科学合理地处理教材内容的基础上，引导学生主体积极参与，培养其创新精神和创造能力。

以《我国的社会保障制度》一课为例，该节课内容较为单薄，而且教材中所叙述“社会保障的意义”与当前的实际情况已经产生了较大差距。因此，在教学中，教师必须结合社会现状与学生实际对教材内容进行必要的处理，针对社会保障的含义、内容、原则和意义等相关内容进行重新整合。我校政治教师在教学中，对社会保障的作用进行了深入的挖掘，考虑到今天社会保障的个人参与意识强烈，因而教师引导学生在教材的基础上，补充了相关的阅读材料，从社会主义市场经济发展和个人参与后的心理变化的角度对社会保障的作用进行了重新的思考，说明了今天社会保障受到如此重视的原因，并介绍了中国目前推进社会保障事业的现状。对教材的这种处理方式，充分体现了政治学科的时代性，培养了学生提取信息、处理问题的能力，提高了学生关注社会热点问题的意识，让学生逐步学会对社会生活有理性客观的评价。

（3）社会实践是学生创新能力及生长的肥沃土壤

实践出真知，创新来源于实践。我校政治教师积极引导学生把思想道德认识转化为行为习惯，把所学政治理论同社会实践相结合，从而做到知与行的统一。在政治课教学中，教师充分利用多种形式和手段，让学生做一些力所能及的社会调查，引导学生初步掌握一些社会科学研究的基本方法。例如，教师在进行初二“师生关系”单元教学时，组织学生进行了一次调查问卷。学生自行设计问卷内容，内容涉及师生关系的诸多方面，例如，教师通常用的批评方式有哪些，是否会减弱你学习该门课的热情，等等，内容比较全面，贴近学生实际，之后从不同学年中随机挑选调查对象，在调查的基础上进行分析总结、得出结论、完成报告。从问卷的设计、发放、分析处理，到最后形成调查报告，主要都是由学生来做，教师只是起指导的作用。在进行社会调查的过程中，学生真正体会到了发现问题、用所学知识解决问题的乐趣，掌握了数据分析与统计的一些基本方法，实际体会到了“实践是检验真理的唯一标准”。

在我校政治课中，有针对性地进行一些实践活动，培养学生的探索精神和实践能力，提高学生的创新意识，促进学生创新品质的形成和创新能力的提高。实践活动主要包括社会热点问题评析、国际大事年终回顾展、大国关系评价、国际风云人物介绍、模拟法庭、模拟联合国等。尤其是初二年级的模拟法庭活动，通过充分的准备，选择与青少年犯罪现象相关的典型案例，借鉴法庭的办案程序，选择以律师进行法律援助的形式出庭辩护。在实施过程中，根据学生的性格特点和自愿报名相结合的方式分派角色，分组讨论并准备诉讼文书。在正式开庭这一阶段，要求学生进入角色，各项活动都严格按照实际工作的要求展开。教师会对学生的模拟法庭活动适用法律是否正确、程序是否合法、审理过程是否严肃、认真等方面进行点评。通过这样的创新实践活动使法制教育不仅是单纯的知识传授，而且是一种职业模拟训练，提高了学生参与的积极性，在参与的过程中提高了学生的法律意识。

（4）联系教学内容，体现新颖性和时代性

思想政治课教学中重要的是联系当今建设有中国特色社会主义事业

的新形势，联系国际形势的新发展、新变化，体现教学的新颖性和实践性。在当今世界形势迅速变化的时代，政治课教材内容多落后于时代的发展，远远不能满足政治课教学的需要。针对这个问题，我校教师善于从网络、报纸、杂志、电视等各种媒体中汲取最新的教学材料，提供背景知识，充实到课堂中，使政治课充满活力。教师在政治课教学中，对北京奥运会、世界金融危机以及上海世博会等时事热点加以灵活运用，将其与教学内容有机联系，使学生在关注政治、经济、文化形势热点的同时，提高其分析问题、解决问题的能力，培养其创新意识。例如，在复习高一“经济生活——宏观调控以及财政的作用”等内容时，教师联系当前世界金融危机发生的背景以及金融危机对中国经济社会发展的影响、中国当前的经济社会形势，适时抛出问题：在当前形势下中国政府应该采取什么样的对策？让学生思考，激发学生的探索兴趣，培养其创新意识和实践能力。然后再给出中国政府采取的一系列宏观调控措施，比如适度宽松的货币政策、积极的财政政策（4 万亿的投资扩大国内需求）等时政热点资料，让学生去探索中国当前货币政策、财政政策调整的原因以及采取措施的影响，从而深入理解有关理论知识。

（五）科学课程：理解科学、体验科学

中学教育在提升全社会的科学素养方面负有不可推卸的责任。中学生正处于价值观念形成和科学思维发展的关键时期，思想活跃、接受能力强、可塑空间大，是提升科学素养的大好时机，只有抓好这个时机，才能促进学生科学素养全面提高，以更好地迎接知识经济时代的各种挑战。但是，当前的中学科学教育缺乏将科学作为一个整体的教育，对科学思想、科学精神、科学态度和科学方法的教育明显不足，学生们看不到科学的、流动的、丰富的、不断发展并充满乐趣的过程，他们无法体会科学家富有乐趣的、创造性的工作。当前的科学教育还缺乏对学生思维能力的关注，学生缺乏的是创造性的、批判性的思维能力和运用科学方法解决问题的态度和能力。这些问题的存在阻碍了中学生科学素养的

提高。

课程是提高中学生科学素养的重要载体，应该通过科学课程的改革，使学生在掌握一定科学知识的基础上，加强科学思想、科学精神、科学态度以及科学方法方面的教育，促进学生科学素养的养成。国家科学课程是提高中学生科学素养的重要渠道。根据我校优才的培养目标，立足于提高学生的科学素养，将科学课程（在此指物理、化学、生物课程）校本化实施，使其真正成为提高中学生科学素养的主渠道。在此方面，学校主要进行了以下几个层面的探索与实践。

1. 挖掘教材素材，促进学生对科学的理解

受高考、中考等考试影响，中学科学教育在很大程度上把科学知识窄化为那些最基本的、最普遍的学科概念、定义定理以及计算解题等，不利于学生科学知识的普及以及对科学的理解。科学知识在科学素养中起关键作用，在科学教育中应注重选取那些对学生今后的科学学习和研究起支持作用、具有思维训练价值和文化教育功能、在日常生活中具有普遍应用以及现代化程度高的知识，加深学生对什么是科学、什么不是科学、科学能做什么、科学不能做什么，以及科学如何起作用等一系列问题的认识，促进学生对科学的理解。

在此方面，我校科学教师本着上述原则，对科学教材内容进行了深入的挖掘，从学生科学素养提高所必备的知识入手，以教材为本，借助于网络、科普读物以及报刊等各种途径，对教学内容进行了大胆的补充。在体现科学知识基础性的同时，突出了其时代性、开放性与应用性的特点，并关注科学的最新发展，及时传递科学科研方面的最新成就。例如，在化学教学中，融入了环境问题、新型材料的应用与发展问题、清洁能源的开发与利用问题、化学元素在生物体内的生理功能等方面的内容；在物理教学中，选取合适时机介绍了近代物理技术如光纤、光电效应、激光、超导等的实验和在各领域内的应用，介绍了石墨薄片、聚合物光电池、高粒子物理等最新研究成果；在生物教学中，让学生利用所学的知识解释生活中的生物常识，如糖尿病、镰刀型细胞贫血病、脂肪肝等病理问题，提高大棚作物产量、杂交育种、合理施肥、生态农业等问题，了解基因工程、细胞工程、生物膜应用等学科发展的前沿课题。在科学教材中，还蕴藏着很多科学史的素材，学校教师在教学中非常注重这部分资源的开发与利用。通过科学史的教学，使学生了解科学知识从哪里来、到哪里去，让学生在科学家成长与成功的事迹中受到教育，学习他们严谨治学的态度、为科学事业献身的精神以及科学的研究方法，鼓励学生大胆实践、勇于质疑、不断探索创新。

在有限的课堂教学时间内，如何有效处理、完成上述教学内容呢？当然，提高课堂教学的有效性是根本，但是有些科学知识的普及并不完全拘泥于课堂，教师要善于拓宽教学的渠道。我校科学教师在对相关学科资源进行整合之后，利用年级和班级活动时间，举行了多场报告和讲座，例如，围绕学科知识开展的《科学发展与能源危机》、《有机化学发展史》等讲座，均收到了良好的效果。除此之外，学校利用午检时间开展的科学知识竞赛，围绕重要科技事件和成果进行的专题广播以及板报宣传等，都是对科学课堂教学的必要补充，是普及中学生科学学习的重要途径。

2. 改革教学方法，关注学生思维能力的提高

科学学科课堂教学是提高中学生科学素养的重要阵地。在我国目前的中学科学教育中，由于过于侧重知识的传授、解题技能的训练，“讲授＋练习”的方法比较普遍。中学科学教育不仅仅要重视“双基”“双能”，东北师范大学柳海民教授提出了要变“双基”为“四基”，即在基础知识、基本技能的基础上，再加上“基本思想”和“基本活动经验”，要变“双能”为“四能”，即在分析问题与解决问题能力的基础上，再加上“发现问题与提出问题的能力”。如果我们的科学教学真正做到了这些，学生的科学素养必然会提高。因此，教师要进行教学观念的创新和教学方法的改革，关注学生思维能力的提高。

对思维的关注是当前科学教育的一个重要取向，在科学教育中关注培养学生的思维能力，必然能有效地促进学生理解科学过程和掌握科学方法。培养学生思维能力的教育内容也会为学生提供大量的质疑、探索和创新的机会，使学生在培养深层次思维能力的同时形成严谨的、尊重事实的科学态度。

针对目前科学课堂教学存在的问题，学校在科学课程的教学方法方面进行了一定的改革创新，主要尝试了“基于问题解决的探究教学法”在科学课堂教学中的有效应用，该方法简称“问题解决探究法”。“问题解决探究法”是在问题解决教学方法和探究教学方法的基础上，进行有机整合的一种教学方法，强调以问题解决为目的、以探究为手段。

问题是探究的起点，科学的发现始于问题，发现和解决问题是科学探索的核心。问题的实质应当是认识本身的内在矛盾，亦即认识的局限性、相对性和不足之处。问题解决就是指在有特定目标而没有达到目标的手段的情境中，运用特定领域的知识和认知策略实现目标的一种活动。问题解决的过程，实际上就是要克服已有认识的局限性、相对性和不足之处的过程。

科学问题的解决离不开探究。探究是科学研究的基本方法，也是科学教育的重要途径。探究式学习主要是让学生经历科学、体验科学、理解科学，“尽可能地感到像一名科学家那样，不仅使用他的工具，还要以他的眼光看问题，不仅体验他的劳动成果，还要体验从事智力活动的欢乐”。正是在体验科学探究的过程中，学生通过亲身实践学过的知识和技能，提高了学习效率和学习的主动性，使学生能够有兴趣、有信心、有责任感地探索和解决问题，增进了对科学探究的理解，并初步养成通过科学探究进行学习和解决问题的习惯。因此，将问题解决与探究有效结合，对提高学生的科学素养起着非常关键的作用。

“问题解决探究法”是指根据一定的教学内容，在学生具备一定的基础知识和基本技能的基础上，通过创设一定的问题情境，设置科学合理的问题，让学生围绕设置的问题，通过各种途径，用探究的方法有效解决该问题。在解决问题的过程中，学生获得了知识与能力，掌握了解决问题的方法，获得了体验，对培养学生严谨求实的科学态度和科学精神有很大的益处。当然，并不是所有的知识学习都适合这种教学方法，一些“陈述性知识”是不适合去探究的。此外，还有一些特定类型的知识和技能，采用以教师讲授为主的教与学的方式可以取得更好的教育效果。探究是需要花费时间的，而科学课课时是有限的，因此采用“问题解决探究法”要从教材实际出发，讲求教学效率和效益。

通过学校科学课堂的教学实践，“问题解决探究法”一般经过如下步骤。

（1）创设情境，引入问题：教师要把课程教材的内容转化为师生探究的主题，精心设计难度适当、有助于学生形成认知冲突的问题，制造矛盾陷阱，让学生自己去感知问题，激发学生探究的动机。

（2）提出猜想，实验探究：学生根据提出的问题，进行猜想并提出假设。学生在提出假设之后，确定探究方案，进行实验探究与推理，验证猜想。

（3）交流讨论，解决问题：通过学生对探究过程的相互交流、讨论，最终得出问题解决的正确方法和相关结论。

（4）总结归纳，知识迁移：将探究所得的新知识、新方法纳入原有的认知结构中，然后把它用于同类新问题的解决中，通过反馈、矫正，使新知识得以不断巩固。

应用“问题解决探究法”应注意以下几点。

（1）以科学的教学观、平等民主的师生观，创设适合学生探究的课堂氛围。课堂教学中既要充分发挥教师的主导作用，又要充分尊重学生的感受、体验和理解。

（2）重视学生之间的合作与交流，强调科学素养各要素间的结合与渗透，体现科学精神与人文精神的统一。

（3）采用多元、民主、开放的评价体系，注重问题解决的过程和结果。

（4）根据教学内容，灵活有效地使用该教学方法，在教学中不否定有意义的接受式学习。

(5) 为保证“问题解决探究法”不流于形式，凡是采用此法进行教学的教材，要事先要求学生不要预习。

下面通过具体教学案例对该教学方法进行说明。

案例1：《苯》

在高一化学《苯》一节课的教学中，学校教师设计了如下的教学流程：

发现问题 ➡ 搜索事实 ➡ 提出假设 ➡ 实验验证 ➡ 形成理论 ➡ 发展理论

一、本节课开篇在苯的发现史和现实用途中引出问题——“苯具有什么样的结构?”

二、提出了问题之后，学生开始沿着化学家的发现历程，先猜想苯分子可能的结构，然后通过实验验证猜想的合理性。

1. 苯的分子式的计算：学生利用给出的数据进行计算，检验并巩固应用之前刚刚学习过的有机物分子式的计算方法（苯的分子式的得出是推测结构的重要素材）。

2. 利用已有的化学理论推测苯分子可能的结构，利用刚刚学过的不饱和链烃的典型性质设计实验并印证这种结构的可能性。创设学习思维中的第一矛盾冲突：苯分子组成高度不饱和但又不具备典型不饱和烃的性质。学生实验并汇报现象，教师予以修正和重复试验，以增强学生今后实验中观察的注意点和语言表达能力。

三、学生在顺次给出的化学事实和科学家的假设中，通过进一步的交流讨论，初步得出苯分子的结构特点，并结合凯库勒的观点叙述完成凯库勒式结构的书写。此时寻找第二矛盾冲突：苯的结构中有双键为何不使溴水和高锰酸钾溶液退色，以此培养学生的推理能力和思维深度。教师再次给出邻二氯取代物的矛盾和凯库勒对自身理论的修正，使学生的学习心理处于急于探索求新的高潮状态。

利用现代测定方法揭示苯的结构，修正前面的假说。至此对苯的结构有了清晰明确的认识，在三种键长数据的对比中可以更深刻体会苯分子结构的特殊性，并对科学家的科学品质形成无尚的钦佩。

四、总结反馈。教学过程中追溯前人的研究过程，制造认知冲突，激发学生学习愿望，学生不仅掌握了知识，更重要的是深入理解了自然科学研究的方法，感受到了化学家的科学态度和科学品质，培养了学生以事实为依据、严谨求学的态度及创新精神。

案例 2：《电磁感应现象》

在高二《电磁感应现象》一课教学过程中，教师设计了如下教学流程：

一、发现问题，引入新课

首先请同学回答由磁场产生电流的条件。由以往的学习经验学生会回答，要产生感应电流，导体应该在磁场中做切割磁感线运动（实验一）。这时再演示由于原线圈 A 中电流大小改变而使副线圈 B 中产生感应电流的电磁感应现象（实验二），并无导体做切割磁感线运动，却同样在灵敏电流计回路中产生感应电流，使学生发现问题，即本节课研究的核心问题：“为什么导体没有切割磁感线也发生了电磁感应现象，发生电磁感应现象的根本原因是什么？”

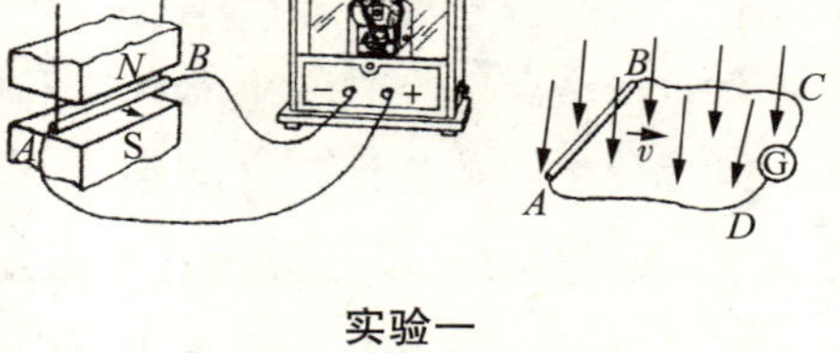

实验一

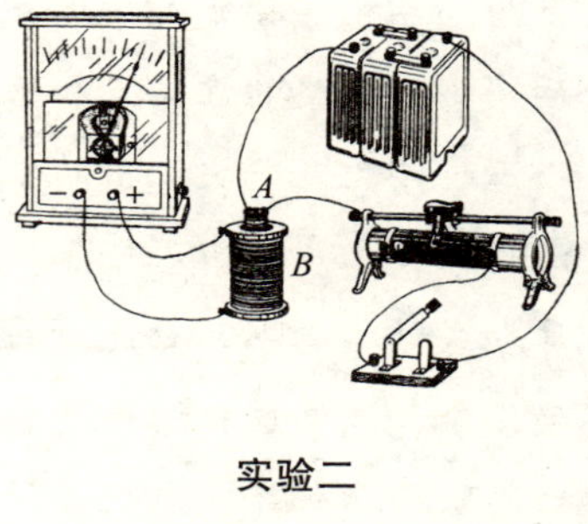

实验二

二、提出猜想，实验探究

1. 首先引导学生分别找出在这两个实验中的变化因素，再将两个实验进行对比，找出联系，猜想磁感线的总条数的变化可能是产生电磁感应现象的可能原因。

2. 有了猜想，最重要的是要证明猜想的正确性。为了培养学生科学严谨的学习态度，启发学生根据猜想考虑改变各种引起磁感线总条数变化的因素，分别进行实验验证。

三、交流总结，得出结论

在实验的基础上，按照科学的探究思路层层深入，通过学生之间的讨论交流，结合教师给出的磁通量的相关知识，得出产生感应电流（即发生电磁感应现象）的原因：穿过闭合回路的磁感线的总条数的变化。

四、总结反馈，提升能力

回顾本节课解决问题的过程，在“发现认知冲突、科学假设、实验验证、分析推理”的各个环节中，引导学生体会到在科学研究中应该持有的态度，真正学会科学地提出问题、解决问题。

3. 加强实验教学，体验探索的乐趣

自然科学是实验性科学，自然科学的概念、原理和规律大多是由实验论证的，教学过程中的实验有助于加深学生对自然科学的概念、原理和规律的理解，也有助于培养学生的科学家态度和创新精神，而实验能力也是学生将来从事科学研究的基础。中学科学教材中有大量的实验和探究活动，因此，加强实验教学，培养学生观察、体验和探究能力，让学生亲身体验科学研究的乐趣，提高学生科学素养，是中学科学教育中一个非常重要的方面。

我校在实验教学改革中，首先尝试的是对实验内容的改革，将教材中部分验证性实验改为探究性实验。通过改革，把实验过程设计成学生自己发现真理、不断更新知识、探求结果的过程，充分体验“感性—理性一应用”的科学认识过程，这样有利于培养学生的创新精神和创新能力，掌握科学的研究方法。其次，尽可能多地给学生创造动手实践的机会，一是在实验条件允许的情况下增加分组实验，在培养学生基本操作技能和严谨科学态度的基础上，提高学生的合作意识；二是根据教学内容有的放矢地引导学生进行课外实验探究活动，使课外探究活动成为开展研究性学习的一种重要方式，学生充分利用学校以及社会的资源，真正投入实际研究中，切身体会科学研究的过程。

此外，我校改革了科学课的评价方式，将实验考核纳入学生的学科学业成绩中。我校学生的学业成绩由期末终端成绩（占70%）和平时成绩（占30%）两部分构成，平时成绩考核中，实验考核占10%。实验考核成绩的评定，主要是结合学生平时实验以及期末实验考核情况，依据学生的实验基本技能、实验设计、实验态度等，对学生实验能力进行的一种全面考核。以此为手段，强化学生的实验意识，使学生在中学阶段就具有一定的科学实验能力，并逐步养成严谨、科学的实验态度，为今后从事科学研究奠定良好的实验操作基础。

（六）体育：载知之车，存德之舍

学校的体育教学坚持“健康第一”和“终身体育”的指导思想，以民族体育为主线，开展丰富多彩的群众性体育活动。在体育教学中，以课堂有效性为根本，注重体育课堂教学的安全性和规范性，培养学生的体育创新意识和自主锻炼意识，引导学生养成良好的锻炼习惯。在此基础上，对进入高中的学生制定“三年规划”：高一年级重点为民族体育，高二年级重点为群众性体育，高三年级重点为终身体育养成。

1. 牢固树立“健康第一”的指导思想，培养学生的健康意识，增强学生的体魄

坚持“健康第一”的指导思想，通过体育与健康课程的教学促进

学生在身体、心理和社会适应能力方面健康发展。运动技能教学的最终目的是增进学生的健康，所以说，身体锻炼是手段，增进健康是目标，而手段是为目标服务的。贯彻“健康第一”的指导思想，就要淡化竞技运动的教学模式。由于体育课堂教学面向的是全体学生，绝大多数学生既不想也不可能成为运动员，因此，不能原封不动地将竞技运动的训练内容和方法搬到体育课堂教学当中，应该选择有利于激发学生学习兴趣的教学内容、有效的教学方法，吸引学生积极参与体育学习和锻炼，让学生在愉快的体育学习和锻炼中提高健康水平。体育与健康课程要重视健康教育专题的教学，同时应注意将运动技能的教学与健康教育专题的教学有机结合起来，相互渗透，这样才能真正培养学生的健康意识和体魄。

2. 改革课程内容与教学方式，努力体现课程的时代性

改革体育课程内容和教学方式，并不是对传统体育课程内容和教学方式的全盘否定，而是摒弃落后的体育课程内容和教学方式，在继承优良传统的基础上，大胆改革，锐意创新，使体育课程内容和教学方式有利于调动学生的学习积极性，有利于提高学生的学习效果。

具体做法：课程增设了许多新内容，并且授课方式是以板块的形式体现的。教学方式也不是简单的一教一学，而是大胆地进行了新的尝试。

比如，初二年级女生健美操课。教师先把最基础的知识介绍给学生，然后让学生观赏精彩的表演，激发学生的兴趣。教师再根据学生的能力分成组别，各组实力相当（同学间起到互相帮助的作用），教师指导学生编排适合自身的，具有一定的锻炼价值、音乐与动作的节奏配合、有美感的健身操，然后以比赛的形式让各组展示，学生点评，教师鼓励式点评，提建设性建议。这样，既调动了学生学习的积极性，同时也达到了锻炼的目的。

初三年级跳皮筋课，采用老课新上，将学生分成若干小组，先是每组一条皮筋，学生可随意选择跳法；然后是每组两条皮筋，教师再观察学生不同的跳法；再逐渐增加皮筋的条数，三条皮筋、四条皮筋、五条皮筋，让学生积极开动脑筋，充分发挥自己的想象力，创编更新颖的跳法。结果，有的组摆出不同的几何图形跳，有的组增加跳的难度，有的从高度上下功夫，真是各具特色。教师观看、指导，并提出建设性意见，然后各组互相观摩、相互学习，充分调动了学生的积极性，学生的能力得到了充分的展示。

再如，高一年级男生的拓展训练，高二年级的校园定向越野，教师根据课的内容和学生的能力，先把学生分组，各组选好队长，然后交给每组学生一定的器材、任务、图解说明，每个小组要按照要求在规定的时间内完成规定的任务，方才算取得胜利。大家需要集思广益，共同研究并提炼出最佳的方案，又快又好地完成任务。其目的是让学生学会与人合作，掌握生存的本领，培养锐意进取、团结合作、创新求实的精神，提高学生分析问题、解决问题的能力，磨炼意志品质。

3. 把民族体育作为主线贯穿于学校体育教学中

我校一贯重视传统文化的熏陶和培养，一般的学校体育教育主要以西方体育为主，与国人身体素质、民族感情和心理感受相吻合的民族体育却没有得到很好的普及。民族传统体育文化是民族智慧、民族精神和民族性格的具体体现，而学校是文化传播的重要基地，以学校体育课堂为载体，可以弘扬中华传统文化，从小培养学生的民族意识和爱国情怀，从中找到文化归属感。

基于学校的基本特点，我校体育教研组主要开设了形神拳、24 式太极拳等武术类课程，培养和调动学生的参与意识，充分发挥学生在活动过程中的自觉性和积极性，让学生在活动和练习中感受到乐趣。

学生们对民族体育的热情很高，在学校 2007 年的体育节上，学生以班为单位，每班 16—30 人参加太极拳比赛。学生们穿着太极拳服装，配合音乐，非常认真地进行表演。比赛后各班还专门出了板报。2008年，全校进行了普及中国拳术教学，现在每个学生都能掌握24式太极拳和一套形神拳，每天早操练习这两套拳，在体育节上，全校以班级为单位进行了比赛，充分展示了武术的魅力。

4. 通过拓展训练全方位培养学生品质

拓展训练是学校2004年开始在高一学年进行的一种教学方式创新，不仅充分调动了学生的积极性，而且新课标所要求的五个维度——运动参与、身体健康、运动技能、心理健康、社会适应都可以在拓展训练中得到充分的体现，教学效果显著。

（1）创造性思维的拓展

生活当中处处有创造。比如，通过游戏“我说你做”来进行创造性思维的拓展。教师要求学生几个人一组，只允许按规定几只手、几只脚着地，来进行活动。要求多种组合方案，学生只有充分发挥自己的想象力和创造力，才能拿出简便的与众不同的组合。在实践中你会发现，学生的能力超出你的想象。

（2）团队意识的拓展

现在的学生，多为独生子女，不自觉地就会以自我为中心，在集体利益与个人利益冲突时，往往不能以团队这个大局为重，表现出一种自私自利的倾向。那么，如何让学生体验到团结合作的重要性，顾全大局，学会合作，并培养学生的组织才能呢?

体育课利用“袋鼠与巨轮”这个游戏来拓展团队意识。袋鼠，就是把6个废旧编织袋串联起来，6名学生分别站在各自的编织袋里，集体向前跳。在这个过程中，只有大家步调一致，才能取得成功。巨轮，就是利用宽的透明胶带将废旧的报纸连成一个大圆筒（达到足够结实），大家站在圆筒里集体向前滚动。报纸不能破，更不能断。通过两个自制游戏，合理地衔接，发展学生的身体素质，增强团队意识。在这个过程中，让大家体验到团队合作的重要性，并且懂得做事要有组织、有计划地进行；人心齐泰山移，没有完美的个人，但有完美的团队；体验统一的目标和行为规范对于团队的重要性；强化团队沟通和团队合作意识。教师利用日常生活中的废旧物来制作教具，给学生一种新奇感，让学生学会发现并善于开发我们身边的一切可利用的东西，使他们养成勤俭节约的好习惯。

（3）拓展健康心理

中学生正处在心理、生理飞速发展的青春时期，学生往往经不起挫折和打击，诸如对新环境的不适应，人际关系处理不好，心理扭曲和障碍等问题颇多。“相信背摔”是一项具有挑战性的项目，要从一米七五的高度背摔而下，下面有人做保护。通过“相信背摔”可以让学生体验一下心理的震撼，树立自信并相信队友，从而挑战自我、超越自我。

拓展训练还可以拓展更多方面的品质，但是最基本的拓展流程是不变的：经历—分享—讨论—整合—应用。每个项目的拓展，都要经过讨论、找方法、合理安排、进行活动、结束感言、总结等程序，井然有序。

5. 体验运动的乐趣与意义，养成体育锻炼习惯

学生通过科学的体育锻炼，充分体验到运动的乐趣和意义，并从中掌握了体育运动所需的知识、技能和技巧，增进了身体健康，养成体育锻炼的习惯，具体实施如下。

（1）学生可灵活选择多种多样的体育项目。在学校，学生不仅可以选择学习篮球、排球、田径等常规项目，还可以领略中华民族武术太极拳、形神拳，传统项目跳绳、跳皮筋、投沙包等新的玩法，具有地方特色的东北大秧歌，具有时代特色的健美操、街舞、拓展训练、定向运动等。

（2）组织丰富多彩的体育活动。平时，组织好体育活动课的各种群众性体育活动，项目的选择与平时的课堂教学紧密挂钩，给每个学生提供展示自己的平台。每年四月份举办全校队列广播操比赛，九月份是历时两周的体育节，十二月份进行冬季“一二·九”长跑。在体育节中除了田径的项目外，还有排球赛、篮球赛、韵律操、太极拳，跳长绳、短绳等竞赛项目。

（3）促进发展的测评方式。注重平时的课堂锻炼，加大平时锻炼的评分比重，不同的身体素质测评的尺度与标准可不同，着重于每个学生发展进步的幅度。让每个学生都制定切实可行的奋斗目标，学生也可以在自己喜爱的体育锻炼项目中，选择一种适合自己的锻炼项目进行考核，充分展示个人锻炼的能力，变被动锻炼为主动锻炼，着重培养学生良好的体育锻炼习惯，促进学生身心健康的发展，为学生终身从事体育锻炼奠定基础。

6. 注重学生运动爱好和专长的形成，培养终身体育意识

传统的体育课程要求学生学习许多运动项目，导致部分学生样样都学，但样样都不精的状况，使许多学生不喜欢，甚至厌恶体育课，失去学习体育的兴趣和自信心。

新课改的一个亮点是实行选项教学，它对于提高学生的学习兴趣、发展学生的运动爱好和专长、增强学生的自我价值感、培养学生终身体育的意识和能力具有重要的作用。在实行选项学习的过程中也存在一定难度，因为它涉及如何分班、如何指导学生选项、如何进行选项教学等问题，诸如此类的问题是学校和体育教师过去从未碰到但又必须面临和解决的问题。

根据新课改的教学理念，我们采用同年级内分组，并且在完成课程标准规定的体能达标的基础上，分别在各个年级开设了球类、田径、韵律操（搏击健身操、街舞）、民族体育（太极拳、形神拳等）等，尽可能提供多样化的学习内容供学生选择，以满足学生的需求和提高学生的学习兴趣。同时，重视体育课程内容与学生的生活经验和生活实际相联系，创设有利于学生主动参与、乐于探究、勇于实践的良好的教学氛围，给学生更多自主学习和练习的空间与时间，让学生选择适合自己的锻炼方式和方法，提高学习效果。

具体操作：先由体育组教师开会讨论，根据教师个人情况，确定每个人所教的项目，共同研究制订本年度的教学计划。结合学校场地、师资、不同年级学生的实际情况，给学生开选项指导会。每人限报两个志愿，任课教师根据报项人数调整第一、第二志愿，选项确定后可以让学生有一周的适应时间，如果想更换项目，可以在这一周之内提出。如果一旦确定下来，就要坚持至少一学期的时间，中途不要随便更换项目，否则不利于动作技术的学习和掌握。进入选项班之后，任课教师会根据学生的实际情况采用分层次教学，将学生分成不同的等级水平，再根据学生不同的基础水平制订不同的教学内容和锻炼计划，让不同层次的学生都能在原有的基础上有所提高。

通过实践我们发现：学生掌握的技术动作是否规范，固然重要，但是如何培养学生的运动兴趣、爱好和专长，是体育课程和教学中更重要的事情。如果学生有了专长，他们才可能体验到成功感、愉快感和自我价值感，进而参与体育学习和活动的积极性才会提高，终身体育的意识才能形成，也才会将体育活动作为生活中不可缺少的重要组成部分。

四、优才教育教学的学业评价

学业评价是随着时代改变而不断改变的。总的来说，评价是一种价值判断过程，而学业评价就是依据一定的评价标准，采用各种定性、定量的评价方法，对课程的价值作出判断并寻求改进课程实施途径的一种活动。评价是把双刃剑，它既能发挥积极的作用，又会产生一些消极的效应。在实践中，我们尽量克服了它消极的效应，充分发挥积极作用。

（一）评价理念科学化，注重学生的发展潜能

随着基础教育课程改革的推进，新课程一步步从理念层面走向实践。科学且有效的学业评价自然成为新课程实施与推进中的重要问题。《基础教育课程改革纲要（试行）》指出："评价不仅要关注学生的学业成绩，而且要发现和发展多方面的潜能，了解学生发展中的需求，帮助学生认识自我，建立自信。发挥评价的教育功能，促进学生在原有水平上的发展。"

促进人的发展是教育中的一个永恒主题。"为了每一个学生的发展"是新课程的核心理念，因此，新课程背景下的学生评价应该是以过程为主的、动态的、发展性评价，"关注学生的发展、促进学生的发展"成为新课程倡导的学生评价的新理念。要树立正确的学生观，以促进每一个学生发展作为评价的根本出发点和最终目的。

在课程评价方面，我校建立了一套以促进学生发展为目标的评价体系。在学生的学业评价中，改变了以往传统的、单一的、以终结性为主的、静态的量化评价，注意评价的过程性和融合性，将质化评价与量化评价相结合，呈现出以下三个方面的特点。

全面性：评价内容充分体现优才教育的培养目标，既注重学生的学业成绩，又重视学生多方面潜能的发展和在学习过程中的表现，注重学生创新能力和实践能力，关注学生的个体差异及其不同的发展。

激励性：评价有助于促进达到自我认识、自我完善、自我提高、和谐发展。

过程性：注重学生在学习生活过程中的整体表现，综合运用观察、交流、访谈、考评等方式客观、公正、科学地评价学生。

（二）评价内容多维度，关心学生的成长历程

在《基础教育课程改革纲要（试行）》的目标中明确提出，"改变课程过于注重知识传授的倾向，强调形成积极主动的学习态度，使获得

基础知识与基本技能的过程同时成为学会学习和形成正确价值观的过程”。因此，学生评价的主要内容由过去只关注对知识与技能的掌握转向对“知识与技能、过程与方法、情感态度与价值观”的综合的整体评价，以上几个方面的内容是有机结合、水乳交融的。

在日常的教育教学中，我校拓宽评价的内容，改变将考试和测验作为评价和衡量学生的唯一手段，将多种评价手段有机结合起来。既关注学生学习的结果，更关注他们在学习过程中的变化和发展；既关注学生学习的水平，更关注他们在活动中表现出来的情感、态度、价值观。学生的学习态度、课堂表现、课外作业、学习兴趣等，都成为评价的内容。除终端考试外，日常测验、课堂表现、论文撰写能力、语言表达能力、实验操作能力等都可以反映出其学业水平。

学生的学业成绩由平时成绩和期末成绩按 3∶7 权重构成，平时成绩的评定侧重于学生的学习态度、学习习惯和学习方法，涵盖学生学习过程中的各种表现，语言类科目还包括学生的口语表达能力，理、化、生科目包括学生的实验操作能力，史、地、政科目包括学生的科学论述能力。平时成绩的评定结果向学生和家长公示，保证评定的客观、公正、准确。教师的评定经教学处认定合格后计入学生期末成绩。

课堂表现：此项评价力图展现学生的课堂参与度和思维活跃度，同时是学习态度的重要组成。

作业：新课程实施中的作业已经在形式和内容上发生了很大的变化，除了传统的纸笔作业之外，口语交际作业、综合实践作业、实验操作作业等注重学生在真实情境中实际表现能力的表现性任务也成为评价内容。

实验：物理、化学、生物学科实验技能的考查除了课堂分组实验、实验课外，还有学期末的实验专项能力考核，全面评价学生实验的观察能力、设计能力、动手能力及科学严谨的实验态度，促进学生科学素养的提高。

平时成绩考核计算方法

科目	课堂表现及发言	作业	实验	论文	口试	期中诊断	测验
语文	5	5			10	5	5
英语	5	5			10	5	5
日语	5	5			10	5	5
法语	5	5			10	5	5
数学	10	10				5	5
物理	5	5	10			5	5
化学	5	5	10			5	5
生物	5	5	10			5	5
政治	10	5		15			
地理	10	5		15			
历史	10	5		15			

论文：通过小论文或命题论述考查学生对材料的处理能力、分析问题与解决问题的综合能力。

口试：包括语文、英语、日语和法语的口语能力测试，重在检测和促进提高学生的语言应用能力和口语表达能力。

期中诊断：指学校举行的期中教学诊断，其考核成绩按一定比例纳入最终学业成绩评定中。

测验：包括随堂测验、单元测验和阶段性测验等。教师通过平时测验，检查和督促学生的学习，诊断学生对知识与技能的掌握情况，考查学生学习的能力。

（三）评价方式多元化，考查学生的全面进步

为适应新课程改革的需要，学校从2007年开始对学生进行综合素质测评，这种评价方式也是对学生发展过程的评价，其主要目的是希望能够全面、深入、真实地再现评价对象的特点和发展趋势，使评价能够

全面反映学生的发展情况，促进学生全面和谐发展。综合素质测评的内容包括德育素质、身心素质、智育素质和能力素质四个部分。德育素质是灵魂，身心素质是前提，智育素质是基础，能力素质是关键。德育素质、身心素质、智育素质和能力素质四个部分各单项满分为100分，在总成绩中所占的百分比分别为25%、20%、40%、15%。计分方法为：综合素质测评得分=德育素质测评得分×25%+身心素质测评得分×20%+智育素质测评得分×40%+能力素质测评得分×15%。德育素质和身心素质由学校教育处负责组织审议，具体操作内容在第二章中有所论述。智育素质测评主要评估学生的学习态度、学习表现、学习方法和学习效果，在总成绩中所占的百分比为40%；能力素质测评主要评估学生的组织、管理、实践、创新等能力，在总成绩中所占的百分比为15%。根据上述四部分内容对学生进行综合素质测评，每学期进行一次，评价结果在全年级进行公示，通知家长，学校存档。上述评价方式尽可能向着全面性、过程性、发展性和激励性的方向努力，但是任何评价方式都不可能是绝对完善的，在今后的实践操作中，还需要不断调整和优化。

智育素质测评计算办法

1. 智育素质分由基本分、平时分两部分构成，满分100分，其计算式为：智育素质分=基本分+平时分。

2. 智育素质基本分为70分，以学期期末考试成绩为准，计分方法：Σ（各单科基本分×学科学分比例）。

3. 智育素质平时分为30分，计算公式为：Σ（各单科平时成绩×学科学分比例）。

4. 缺勤处理：一学期内事假累计超过一周但不到两周，该学期平时分总分扣掉2分；一学期内事假累计超过两周但不到三周，该学期平时分总分扣掉4分；一学期内事假累计超过三周但不到四周，该学期平时分总分扣掉8分；一学期内事假累计超过一个月以上，该学期平时分总分扣掉15分；病假（以医生诊断书为凭）减半。其他特殊情况具体审议研究。

能力素质测评计算办法

<table>
<tr><th colspan="3">加　分　项　目</th><th>加分情况</th><th>备　　注</th></tr>
<tr><td rowspan="11">领导与组织能力</td><td colspan="2">学校学生会成员、团委成员及各班班长、团支书</td><td>4分</td><td rowspan="11">1. 担任学生干部或从事公益性、服务性工作满一学期且能履行职责者，经同学评议合格，才可加分。
2. 兼多职者，按最高职务计分，各职务均能履行职责并有突出表现者经教育处、年级组审定，可酌情另加2—6分。</td></tr>
<tr><td colspan="2">各班班委会、团支部成员</td><td>2分</td></tr>
<tr><td colspan="2">在学校广播站、文学社等社会团体中担任主要职务的学生</td><td>2分</td></tr>
<tr><td colspan="2">各学科代表、宿舍长</td><td>2分</td></tr>
<tr><td colspan="2">市级以上优秀学生或优秀学生干部</td><td>20分</td></tr>
<tr><td colspan="2">区级优秀学生或优秀学生干部</td><td>16分</td></tr>
<tr><td colspan="2">校级优秀学生或优秀学生干部</td><td>10分</td></tr>
<tr><td colspan="2">德育优秀学生以及其他单项优秀学生</td><td>6分</td></tr>
<tr><td colspan="2">优秀寝室长</td><td>6分</td></tr>
<tr><td colspan="2">寝室优秀个人</td><td>2分</td></tr>
<tr><td colspan="2">学校优秀寝室成员</td><td>4分</td></tr>
<tr><td rowspan="10">活动组织参与能力</td><td rowspan="3">参加学校体育节比赛、“一二·九”长跑，在年级获得名次</td><td>第一名</td><td>6分</td><td rowspan="3">该项由体育组和教育处负责审核。</td></tr>
<tr><td>第二、第三名</td><td>4分</td></tr>
<tr><td>其他录取名次</td><td>2分</td></tr>
<tr><td rowspan="3">参与学校文艺汇演，获得学校奖项</td><td>一等奖</td><td>6—8分/人</td><td rowspan="7">1. 具体加分分值视学生具体表现而定。
2. 大合唱加分人数不得超过年级总人数的5%，不积极参与大合唱活动的学生要减4分。
3. 大合唱、文艺汇演由学年组整体把握加分情况，教育处审核。</td></tr>
<tr><td>二等奖</td><td>4—6分/人</td></tr>
<tr><td>三等奖</td><td>2—4分/人</td></tr>
<tr><td rowspan="3">在学校组织的其他校级文体活动（队列广播操评比、球赛、棋类比赛等集体项目），获得年级相应奖项</td><td>一等奖</td><td>4分/人</td></tr>
<tr><td>二等奖</td><td>2分/人</td></tr>
<tr><td></td><td></td></tr>
<tr><td colspan="2">学校大合唱中表现突出的学生</td><td>2—4分/人</td></tr>
</table>

（续）

加分项目		加分情况	备注
学习与实践能力	省级（含省级）以上竞赛获一等奖	20分	1. 竞赛必须是有一定权威性的，具体由教学处认定。 2. 成绩特别突出者经教学处审议可增加加分分值。 3. 同一获奖作品不可多项加分兼得，以最高奖项为准。
	省级（含省级）以上竞赛获二等奖、市级竞赛获一等奖	10分	
	省级（含省级）以上竞赛获三等奖、市级竞赛获二等奖	6分	
	市级竞赛获三等奖、校级竞赛一等奖	4分	
	在校级竞赛获二、三等奖或者年级活动中获一等奖	2分	
	区级以上核心刊物中发表文章	8分	
如有上述其他未列事宜，由教育处和教学处审核商定。			

第五章 优才教育的教师专业发展

教师是学校的第一资本，是学校最丰富、最有生命力的资源。学校的教师队伍建设对于学校的发展至关重要。我校在确立了以学校自身力量为基础，独立培养和自我更新的师资队伍建设方针后，如何让教师获得事业上的成功和体面的生活就成为学校工作的又一突破点。我校根据学校实际制定了以发展为主的内生型教师校本专业发展和以激励为主的教师评估和分配制度，进行了内生型教师专业发展的实践探索。

一、内生型教师专业发展的理路

所谓内生型教师专业发展，就是依靠学校自身力量，独立培养和实现高水平教师队伍建设。

（一）立足本校，建设高水平教师团队

我校创建之初就面临着一个现实而严峻的历史任务，即怎样建设一支适应和满足优才教育和学校发展需要的教师队伍。是依靠外部供血，从其他学校挖取优秀教师，还是提高学校内部造血功能，立足于自身力量实现高水平教师队伍的建设，是学校遇到的一大困惑。学校有两种选择：一是从其他学校挖取优秀教师，这虽然有利于尽快实现自己学校高水平教师队伍的建设，但会影响甚至伤害其他学校，同时也会造成师资队伍不稳定，缺乏延续性和已有教师资源浪费闲置等弊端；二是就地取材，实行内生型教师专业发展，虽然周期较长，但能够有效地保证教师队伍的稳定和延续，并且不伤害其他学校。

经过实践探索，我校逐渐形成了一种“从高等院校选拔毕业生，借助学校现有教育资源，积极创造条件，独立培养优秀教师”的教师队伍建设思路。我校除了在建校之初东北育才学校派来的 1 位老教师和 14 位年轻教师之外，又逐年自行招聘了 60 位教师，其中 57 位是从师范院校刚毕业的大学生。近些年来，学校对教师队伍建设提出了明确的目标，对教师素质作出了具体细致的要求，并通过科研、示范课、以老带新、继续教育、对外交流合作等多种方式，初步形成了一支观念先进、

师德高尚、勤奋钻研的一流教师队伍。

（二）倡导合作，创建学习型教师团队

合作与竞争是社会生活中最为常见的两种现象，在当前新课程改革的背景下，鉴于以往教师群体中易出现孤独文化的现象，教师之间的合作比竞争更为重要。由于我校实行的是内生型教师发展策略，教师队伍相对比较年轻，教师的进取心、责任心都很强，人际关系比较简单，容易形成良好的合作文化，为建设一支共同协作、共同专业发展的学习型教师团队创造了良好的基础。

在教师发展的过程中，我校教师在自我反思的同时，开放自己，加强了教师之间的专业切磋、协调和合作，共同分享经验，互相学习，彼此支持，共同成长，通过同伴互助，防止和克服了教师各自为战和孤立无助的现象。教师间的学习、互动也促进了教师资源的优化重组，促进了教师专业化向更高层次发展，更好地优化了我校的人员结构、学科结构、知识梯队等整体问题。

合作文化有利于学习型教师团队的构建，而教师学习意识和学习能力的提升又可以促进教师之间的合作。我校以教研组、学年组、备课组为单位形成了各种不同的学习组织，选择带头人，确定学习主题，安排学习活动，定期反馈评价，灵活适度地采取监督措施和奖励措施，并建立其保障制度，发掘教师的学习潜力，提升教师的学习毅力，提高教师的学习能力。在团队学习合作的过程中，学习成为了我校教师文化的主调，合作成为教师的自觉行为，这种健康的组织文化保障了教师同伴德业相劝、相互鼓励与欣赏，在合作的氛围中创建了一支优秀的学习型教师团队。

（三）教科研结合，打造智慧型教师团队

“智慧型教师”是教师专业成长的内涵，教育智慧是教师专业化发展达到成熟水平的标志，是教师专业素养不断提高的过程。一个有教育智慧的教师，必然对教育有独到的洞察，必然会对教育怀有崇高的情

感，必然会对教育实践有独特的创新的方法。教育智慧是通过教师的教育教学行为加以体现的，主要表现为教师对于教育教学工作的规律性把握，创造性驾驭和深刻洞悉、敏锐反应以及灵活机智应对的综合能力。

若要成长为智慧型教师，必须要有崇高的教育理想，解放思想，更新观念，在学习实践的基础上不断反思总结，更新教育思维方式，改善教育行为。我校教师学历水平普遍比较高，对事业有较高的追求，具有优越的教学研究条件，为了充分发挥教师团队的优势，我校采取了“教科研结合，打造智慧型教师团队”的发展策略。

我校通过强调将教育教学和研究相结合，将各种教研活动作为校本培训重要的基点，促使教师以自己的教育教学工作为基础，进行一定的教育教学研究，通过科研课题的载体来提高教育教学水平。教师在教研交流、教育教学论文评选活动、课题研究的过程中，通过“实践反思”这一途径，在先进的教育教学理论和专家的指导下，对教育教学个案不断反思研究，使教师真正成为了探索教育科研、教育教学规律的主体，逐渐学会了以研究者的眼光审视和分析教育教学实践中的各种问题，对自身的教育教学行为进行深层次的评价，对积累的经验进行总结并形成规律性认识，努力向智慧型的目标发展，逐步形成了智慧型的教师团队。

二、内生型教师专业发展的实践平台

为教师搭建在职专业发展平台是现代学校管理的重中之重，这不仅是教师职前教育的继续延长，也是提高教师执教能力的重要途径，还是教师自身职业发展和提高自我认可度的不二法则。

为提升学校教师素质，我校一直把教师专业发展工作作为学校的重要工作常抓不懈，积极为教师的快速成长搭建培训舞台。我校对教师校本专业发展工作的定位是：从学校教育教学实际出发，立足于校本、师本和生本，融“学习、研究、实践、反思”为一体，促进教师的专业化发展，促进学校的可持续发展，力求使教师校本专业发展成为学校高瞻远瞩与脚踏实地工作的结合点，在目标上注意层次性、持续性，制订符合教师个体实际发展需要的方案，根据教师的素质特长加以有效培养；在内容上突出综合性、前瞻性；在模式上加强开放性、实践性，特别是突出自主性。近年来，我校对教师校本专业发展工作不断改革、创新、发展，与时俱进，使其走上了一个新的发展阶段——以校本专业发展为主导的阶段，并且收到了良好的效果。

（一）支持进修，提升教师专业发展水平

由于教师一般具有较高文化水平和道德素养，相对于物质激励因素，很多教师更倾向于精神激励和自我价值的实现。我校大部分教师非常注重有不断学习、继续深造的机会。给教师创造参加专业发展的机会本身也是作为对其教育教学能力的一种肯定和期望，教师从中感到自己的能力受到了赏识并有机会继续发展自己的潜力，满足了一种自我价值实现的需求。我校每年都要在教师专业发展方面投入很多资金，例如，学校选派教师到国外大学攻读教育硕士，学校负责全部学费；学校积极组织教师参加全国各种教育教学研讨会以及教师培训活动，等等。“我国学校教育创新”课题组举行的各种活动，学校都安排教师积极参加，学校不仅将其作为教师的一次学习机会，同时也作为对教师的一种奖励。虽然学校在教师外出学习、培训方面的开销是巨大的，但是作为一种激励因素，对提高教师的工作积极性和业务水平还是有很重要作用的。

（二）校本培训，提升教师专业发展效能

1. 创造工作坊——教师的创新之源

要提高学生的创新精神与实践能力，教师必须对“创新”有全面深入的理解，做一名创新型的教师。为此，我校邀请了创造教育方面的专家，组建了教师创造工作坊，以提高教师的创新意识和创造能力。教师创造工作坊的活动强调的是理论与实践的结合，注重教师亲身的体验

和感悟，活动内容分为两个单元：第一个单元为激发教师创意的活动，包括创意工作、创造性思维训练、创造方法学习、创意氛围营造，本单元主要通过理论介绍、小组研讨、案例分析等方式完成，学习的过程强调教师的积极参与、大胆发表自己的意见和看法、突破传统观念的束缚。第二单元为创造性教学的实践和研讨。参加工作坊的教师围绕不同的主题，每人要上一节创造性教学观摩课，并在上课的基础上进行专题讨论。每个上课教师进行认真反思，再通过集体研讨，探索总结如何通过课堂教学提高学生的创新精神、创造能力以及创造人格。教师创造工作坊每期学员为 15 人，学习时间总计 40 学时，采取时间相对集中的活动方式，目前学校已经成功举办过三期工作坊。

参加过工作坊的教师的收获不仅仅是对创造教育的相关理论有了进一步的学习，更重要的是在自己的课堂教学实践中，能够做到有意识地、尽可能地创设情境，优化教学方式，提高学生的创新精神和创造能力，塑造学生的创新人格。这个过程对于教师来说至关重要，只有教师观念改变了、能力提高了，才能真正改变教学方法，才能带动教学改革的深入发展。我校一位语文教师在学习感悟中写道："此次创造工作坊的理论学习，使我对创造性思维的内涵、创造性教学的理念、创造性教学的模式和课堂活动设计、创造教育与传统教育的区别等方面的知识有了深入的了解。这些理论知识加深了我对创造学的理解，更有利于指导我自己的教学实践。自从我加入了创造工作坊后，开始思考着如何改变传统教学中形式呆板、内容单一的问题，在教学中有意识地加入新鲜的内容、有创意的内容，尽可能提高学生的创新精神，同时也使课堂变得活跃，营造了良好的创造氛围，使学生对语文课堂充满兴致，时有创意的闪现，课堂教学收到了较好的效果。"

2. 教学理论、教材、教学方法研修班——专家与教师携手

我校邀请著名学科教育专家到校为教师进行为期一周左右的培训。培训的主要途径为：专家剖析先进教育理念与方法—指导教师备课—进教室看教师上课—与教师们共同评课、座谈—教师自我总结反思—全组共同研究提炼出教研组教学改革方案。

（1）专家剖析先进教育理念与方法。没有专家的引领，没有先进理论的指导和带动，一线教师难以突破多年教学经验累筑起来的藩篱，专业发展的预期往往落空。当前活跃在教师培训领域中的许多专家，他们对基础教育改革的理论研究与探索很深入，视野也比较开阔，因此，我校举办的研修班的第一个环节就是请专家剖析教育理念，先给教师"洗脑"。通过专家的剖析，开阔了教师的理论视野，使教师能够及时地了解到当前教育理论前沿的基本情况，强化了教师的理论素养，使其能够把握教育教学改革的基本方向，在进行教育教学研究与实践中不至于走偏方向。通过专家的讲解，教师了解到全国各地教育教学改革的最新成果，对自身所进行的教育教学改革的基本情况有一个比较合理的评价，从而使教师知道了自己的优势和不足，明确自己目前需要研究和突破的关键问题。在专家剖析先进教育理念与方法的过程中，教师也学会了理论思考。

（2）指导教师备课，进教室看教师上课。任何一种理论无论如何自圆其说，都与教师个人的教学实践存在某种距离，只有教师消化了理论的精髓并渗透到实践中去，才能说是理论与实践得到了较好的结合。了解了先进的教育理论，必须要将教育理论应用到教学实践中，融入到课堂教学中。因此，在学习了理论之后，每位教师必须进入实践环节，注重对所学教育理论的消化与吸收。在备课的过程中，教师先要对教材与教学设计作独立思考，要在熟悉教材的基础上，走出对教材的崇拜，在专家指导下，从研究者、使用者的角度来审视教材，取舍和改造教学内容，进行教学设计。在教师备课之后，再走上课堂上课，专家以及同科教师进行看课。

（3）与教师们共同评课、座谈。评课就是指参与听课的专家和教师对所听课给予评议，对组成该节课的各个环节及课堂效果等方面进行全面的考察和分析。教师上完课后，所有听课的专家和教师聚在一起，从课堂教学的"有效性"和"创造性"两个角度出发，从教学目标完成程度、教学结构适宜程度、教学组织合理程度等不同方面进行全面评议、研讨。在讨论中，大家更深入地进行思考，提出更多的不同想法，从而对某一问题有比较清楚的认识，不仅对上课教师，而且对所有参加听评课的教师的认识能力和某些方面的教学水平均有提高作用。这个环节的目的不仅仅在于评价，更关键的是提出建设性的意见，使上课教师和听课教师知道哪里需要改进。与以往的评课最大的不同就是，能够将教育理论和教学实践有机整合，真正发挥专家的引领作用。

（4）教师自我总结反思。反思，是教师以自己的教学活动过程为思考对象，来对自己所做出的行为、决策以及由此所产生的结果进行审视和分析的过程，是一种通过提高参与者的自我觉察水平来促进能力发展的途径，是影响教师成长的核心因素。教师上完课后，要针对自己的教学情况，参考专家和同行提出的宝贵意见，进行认真的总结和反思，通过学生在学习中取得的效果来评判自己在教学过程中的得与失，反思自己的教学行为是否得当，教学方式是否新颖，总结自己在教学中的收获，寻找自己在教学中的不足，让自己的教学效果更好一些、教学方法更佳一些。上课教师通过反思，总结实践，升华经验，发现不足，不断改进，促进发展。

（5）全组共同研究提炼出教研组教学改革方案。在全组教师上课、研讨的基础上，在全体教师反思的基础上，教研组结合所学所得，针对教研组的实际情况，共同提炼出本教研组改革的方案。

通过上述途径，教师不仅学习了教育理论，更重要的是能够通过具体的教学案例以及自身教学实践，将理论与实践相结合，教师们不仅知道了要做什么，重要的是知道了怎么做，这对教师来说，是实实在在的、真正有效的途径。在学习、实践与反思的过程中，教师的业务水平有了很大的提高。目前，学校已经成功举行过四期数学、外语、物理研修班。

（三）参与教研，加强教师专业发展能力

学校的创新发展很大程度上还取决于教师的科研水平和科研能力。我校注重教师良好的专业素质和教育科学研究能力的培养，为他们的专

业发展搭建更大的平台，提供更为开阔的视野。

我校近1/3的教师承担着教育部哲学社会科学研究“十一五”重大攻关项目“我国学校教育创新研究”以及全国教育科学“十五”规划国家重点课题“主体教育视野下课堂教学改革的深化研究”等重要课题的子课题研究工作。30多位教师在北京大学、中国科技大学、东北大学名教授的领导下，进行“中学综合科学素养教育模式研究”、“中学综合人文素养教育模式研究”以及“中学生创造力开发研究”等课题研究。

我校成为“我国学校教育创新研究”课题组成员校后，积极参加课题组织的各种培训活动，语文、数学、英语以及科学教师先后赴北京、上海、南京等地学习，收获颇丰。我校负责德育的相关人员和班主任参加了课题组在北京举办的德育研讨会，对新时期的德育工作有了全面的认识和理解。

“中学综合科学素养教育模式研究”课题的全面启动为全校科学学科教师提供了一个非常好的平台，借助于这个平台，科学学科教师的专业知识、科研意识与能力等科学素养都有了非常大的充实与提高。首先，在北京大学任定成教授的大力支持下，我校教师有幸听取了《什么是科学》、《〈全民科学素质计划行动纲要〉解析》、《科学的发展》等一系列精彩的、围绕科学发展与科学素养提高的专题报告。高质量、高品位的专家报告开拓了教师的视野，教师们意识到了科学素养在公民素养中的重要地位以及培养中学生科学素养的重要性。其次，在课题研究的过程中，我校数学、物理、化学和生物教师作为课题组成员，积极参加各项研究活动，认真进行课题研究。为了能够对课题有个全面的了解，课题启动以来，课题组成员查阅了国内外很多关于科学素养的材料，对于科学素养的内涵有了比较深入的理解，同时对世界以及我国在提高公民科学素养方面的举措也有一定程度的了解，这对中学科学教育有很重要的指导作用。为了使课程研究能够深入、扎实、有效，课题组几位教师坚持每月前往北京大学，参加任定成教授和他的博士生组织的讨论班，同他的博士研究生一同汇报研究成果，吸取大家意见。这个环节对课题研究的深入开展以及教师自身素质的提高起了非常重要的推动作用。再次，我校积极发挥课题组教师的辐射作用，实现同伴互助、共同提高。通过教研组活动以及全校大会，几位课题组主要成员定期汇报课题研究情况，并将在研究过程中的所学、所得与所思及时与大家分享，可以说，该课题的研究过程并不仅仅局限在课题组主要成员上，全校的教师尤其是科学学科教师都始终在参与着、收获着。

经过认真而深入的学习研究，课题组成员撰写的四篇论文《我国提高公民科学素质举措的阶段性特征》、《部分发达国家提升公民科学素质的举措分析：以英国、美国、加拿大与日本为例》、《我国公民科学素养建设的内容和方式》以及《国外提高青少年科学素质的方式》分别在《科学》、《青少年导刊》等权威杂志发表，其中三篇论文还被2007年“科学探索与人类福祉”国际研讨会接受，并在会议上宣读。“中学综合科学素养教育模式研究”课题的研究过程就是科学学科教师专业化发展的过程，这种收获不是教师单纯的书本学习所能比拟的，它是理论和实践有机结合的过程，是教师亲身参与体验的过程，是教师自身主动改变与提高的过程。

“中学综合人文素养教育模式研究”课题启动之后，在中国科技大学刘仲林教授的大力支持下，学校有幸请来了很多专业人士给全校师生作了一系列精彩的专题报告。通过这些精彩的报告，中华传统文化深入了校园生活，全校师生对中华传统文化的认识越来越深刻，把中华传统文化融入到生活当中。从课题启动以来，课题组成员为了提高自身的中华传统文化素养进行了大量的学习。大家认真地研读了儒、禅、道、易、创等各家学说的重要经典原典，自觉地查阅了大量的论文和研究性著作。通过学习，课题组成员对中华传统文化的基本精神、儒释道精华、新文化的创造观和价值观等都有了更清晰、更深刻的认识。刘仲林教授在百忙之中还多次抽出时间和课题组成员进行热烈的交流探讨，每次和刘教授的交流都让大家感觉很愉快，受益匪浅。

课题组成员还把中华传统文化精神自觉地与课堂教学相联系，让学生受到这些优秀中华传统文化的熏陶。课题组成员都把自己在教学、生活中的心得、感悟写出来，刘仲林教授非常热心地给大家作点评。大家还利用假期时间每人阅读了十篇中国科技大学学生写的一些对生活的感悟文章，并认真做了点评，提出自己的见解。通过交流，大家对中华传统文化的认识已经不仅仅是书本上的说教，中华传统文化已经慢慢地浸润了课题组每个人的生活。俗话说“读万卷书，行万里路”，为了让大家对中华传统文化有更深刻的认识，课题组成员还于2007年4月到北京的儒释道胜地进行了参访。通过对中国佛教协会、法源寺、中国道教协会、白云观的访问，课题组成员对佛家和道家有了更真切、更具体形象的认识，对中国当前的中华传统文化教育进行了深入的思索。

在参与课题研究的过程中，在专家的指导下，在浓郁的科研氛围的熏陶下，教师不断加强学习，不但掌握了基本的课题研究的方法，也提高了业务素养，促进了教师的专业化发展；教师通过参加课题组组织的各种全国性的教育教学研究会议以及相关培训，开阔了视野，提高了研究的意识和能力，认识到了教育教学改革与创新的重要性和迫切性；教师队伍不仅整体科研水平有了大幅度的提高，而且突破了原有的思维定式，渴望改革与创新，这为学校的教育创新奠定了坚实的主体基础。

三、内生型教师专业发展的制度激励

创校之初，我校就在考虑如何在现有人力、物力、财力条件下实现办学效益最大化。为此，学校确立了以校长负责制、教师聘任制与绩效工资制为重点的学校内部管理机制。实行校长负责制，使校长有职有权有责，增强了学校内部的凝聚力和向心力，保证了各项工作的迅捷有效。实行教职工聘任制和绩效工资制，充分地发挥了调动全校人员办学积极性的行政杠杆和经济杠杆作用，有利于激发、活跃和增强学校的内部活力，提高教职工的整体素质和进行教师结构的合理构建。实践证明：学校内部管理最重要的是人事管理，而人事管理的两大关键性问题是教师评价制度和分配制度。由于抓住了这两大关键性问题，建立了合理的管理运行机制，充分调动了教师的积极性，迅速使学校各项工作步入了合理、有序、健康发展的轨道。

（一）建立评价体系，提升教师的发展意识

我校遵循“以人为本，和谐发展”，坚持科学管理，在尊重教师、激发教师积极性的前提下，本着依法治校、科学民主、鼓励竞争、提倡合作的原则，不断改革静态的考核制度，逐步建立动态的考核制度，形成一个面向全体教职工的富于激励性和导向性的考核体系。我校提出对教师的评价注重过程、注重发展、注重双向互动的评价理念，对教师教育教学工作能力与教育教学工作业绩作全方位、多角度的综合评价，力求评价客观、公正、科学、准确，做到评价内容不单一、评价标准不单一、评价手段不单一、过程性评价和终结性评价相结合、定性评价和定量评价相结合、自评和他评相结合。学校通过听课（包括公开课以及平时随机听课）、教学常规检查、问卷调查（包括全体学生调查以及部分学生抽查）、座谈（不定期召开学生座谈会）、考试成绩（学生期中教学诊断以及期末考试成绩的客观分析）等形式，及时了解教师教学工作情况，逐步建立了良性的符合校情的促进教师发展的教学质量评估体系。在此过程中，学校注意了以下三点：一是对学生问卷调查要认真客观地分析研究；二是对教学常规检查要及时进行反馈；三是对教师考核等级确定要综合多方面信息。

我校实行全员聘任制，打破了“铁饭碗”，教师能上能下，能进能出，教师有了一定的紧迫感和危机感，并使其转化为奋发向上而又持久的行为动力。教师置身于这种工作环境中，会感到一种“逆水行舟，不进则退”的压力，人人兢兢业业地工作，注重自身素质和专业水平的提高，从而促进教师队伍整体素质的改善。

我校管理在诉诸于法治和理性的同时，也充分体现出其“人性化”的特点。学校每半年对教师进行一次考核，对于因考核评定不合格而下岗的教师，学校允许其暂时留校，待岗学习进修，半年后再度上岗试用，经考核决定去留。这种每半年考核一次的方法，给了教师改进工作的机会，使不少教师得到了成长。

（二）改革工资制度，调动教师的主动意识

1. 工资制度改革

我校进行工资制度改革，将教师的月工资分为档案工资和绩效工资，制定了《东北育才外国语学校工资方案》，根据教师的工作数量、岗位职责和工作质量确定绩效工资。这种分配制度一方面提高了教职工的工资待遇，使工资水平在沈阳市位于前列，保证了“给教师以体面的生活”；另一方面，建立起严格的工资计算标准，根据工作数量、工作性质、工作质量和工作责任的大小等多种要素，综合、动态地确定教师的工资。通过这种分配制度，为教师营造了一种压力与动力有机结合的工作环境，激励教师最大限度地发挥潜能。绩效工资制度的实施，很好地克服了学校中长期存在的以经验代替理性、以人情对抗法治的情形，排除了人情、关系等因素在学校管理中的消极影响。通过工资制度改革，改变了过去优劣不分、劳逸不均、平均分配等弊端。总体上说，学校工资改革实现了多劳多得、责利结合、优质优酬，营造了公平的用人环境，有利于调动教师的积极性，实现人力资源的最优配置。

我校通过工资制度改革建立和完善激励机制的同时，还努力为教师营造宽松和谐的文化氛围，取消了评选综合先进的做法，改为评选单项优秀，谁在某一方面有成就就表彰谁。这种做法避免了评选综合先进的难以把握给学校内部造成的不和谐。学校鼓励教师取得的各种单项成绩，如省市优质课的评比、发表科研论文、指导学生比赛获奖等，学校都会给予及时的表扬和奖励，学校从不组织对教师进行综合性的排名评优活动，意在使每位教师都能在某方面获得成就感，避免了泰勒式管理给教师带来的极大心理压力，也有利于教师之间和谐人际关系的建立。

2. 绩效工资制度方案

我校绩效工资制的具体执行办法就是具有独创性的《东北育才外国语学校教职员工资方案》。该方案将绩效工资分为出勤津贴、教学津贴、

岗位津贴、代课津贴、班主任津贴、职务津贴、兼职津贴、教补津贴和其他津贴，这些津贴按分计算。由校长办公会议对教职员教育教学工作进行质量评估，定出工作质量等级。等级又分岗位工作质量等级和教学工作质量等级，不同等级系数不同。总津贴等于各项津贴相加的总分数乘以质量等级系数再乘以每分的分值。加班费另算，最终绩效工资的总金额等于总津贴与加班费之和。（详细实施方案如下）

东北育才外国语学校教职员工资方案

学校教职工的工资由档案工资和绩效工资两部分组成。档案工资和绩效工资按月核发。

档案工资与教师任职年限、职称及教龄等有关，具体数额由教育局核定。教职工在退休时，按档案工资审核和计发。

绩效工资的数额是学校根据教职工的出勤情况、任职岗位、工作量的多少、工作质量等级等来计算的。它充分体现了按劳分配、责利结合、优质优酬、重贡献、重实绩的分配原则，突出重点，向关键岗位、班主任及骨干教师倾斜，并且岗变薪变，待遇能高能低，公平合理。实行绩效工资，能进一步调动教职工的工作积极性和主动性，营造了吸引人才、留住人才和用好人才的良好环境和氛围。

每月绩效工资的具体计算办法如下：

一、出勤津贴

教职工每月出勤津贴定为80分。事假一天扣除40分，病假一天扣除20分，旷工一天月出勤津贴为0（事假两天或病假四天月出勤津贴为0）。升旗仪式、学校大会无故缺席一次，出勤津贴扣除10分；升旗仪式无故迟到一次，出勤津贴扣除5分（以宣布“升旗仪式开始”为界）。（注：升旗仪式、全校大会与病事假不重复计算。）

二、教学津贴（单位为“分”，下同）

1. 教学津贴＝月教学×教学质量等级系数。

2. 月教学＝$[ax+by+0.5\times(y-x)]\times4.2$

▲ a 为备课系数，除体育、音乐、美术、健康学科为 2 外，其他学科均为 2.5。

▲ x 为周备课节数（即周教案数）。

▲ y 为周上课课时数（即周课节数）

▲ b 为上课系数：$b=1+b_1+b_2$

b_1 为作业系数，b_2 为实验系数

各学科上课系数 b 为：政治 1.3　语文 2　数学 2.1　物理 1.9

化学 1.8　英语 1.7　日语 1.7　历史 1.2　地理 1.3　生物 1.5

微机 1.4　体育 1.5　音乐 1.1　美术 1.3　劳技和健康 1

（其中包含作业系数和实验系数）

▲ 0.5 为重复课的系数，在计算同头不同速课节的时候 0.5 改为 0.75，其他不变。

▲ 4.2 指每月按 4.2 周计算（不论大月、小月均按此计算）。

3. 同一名教师在不同班级上课，如果所用教材不同，计算周教案数时按不同头计算。

三、岗位津贴

1. 岗位津贴 = 工作量 × 岗位质量等级系数。

2. 工作量是由所承担工作的职、权、责来综合确定的，与工作质量不相关（工作质量由等级来体现）。原则上应随着工作的变化及时调整工作量。

3. 处在见习期的职工工作量定为 120 分，见习期满，应根据变化情况作适当调整。

四、代课津贴

1. 教师代课一节 5 分，缺课一节减少 5 分。

2. 教师缺、代课计算方法：

教师因公出或请假超过半个月以上，缺课者、代课者工作量情况体现在月教学中，一般以周为单位计算；在半个月以内的，缺、代课按一节 5 分计算。

3. 期末（指 1 月、7 月）教师的上课工作量体现在代课津贴中，按

一节5分计算。

五、班主任津贴

1. 班主任津贴 = 考核等级分数 × 班级学额系数 + 班主任任职年龄分数。

2. 班主任和学年组长的考核以等级分数体现，由教育处对班主任和学年组长工作的质量进行评估，每月一评。具体标准为：A等160分，B_+等140分，B等120分，B_-等100分，C等80分。

3. 班主任的班级学额系数是根据班级学生人数来决定的，具体标准为：班级学生30人以下为1，31—40人为1.1，41—50人为1.2，51—60人为1.3。

4. 班主任任职年龄分数：基数30分，每年加2分，40分为满分。

5. 临时代班班主任津贴 = 考核等级分数 × 班级学额系数，无班主任任职年龄分数。

六、职务津贴、兼职津贴

1. 校长职务津贴为200分，副校长职务津贴为150分，中层领导干部职务津贴为100分。

2. 每位教职工在学校都有自己的本职工作，另外承担其他工作，视为兼职，兼职工作量体现在兼职津贴里。

3. 兼职人员的本职工作给满工作量，第一兼职、第二兼职均取所兼工作量的三分之二。兼职不得超过两项。

4. 学年组长、教研组长的工作量体现在职务津贴里。如果同时承担学年组长和教研组长工作，那么学年组长的工作量体现在职务津贴里，教研组长的工作量体现在兼职津贴里，视为兼职。有的教师既是班主任，又是学年组长和教研组长，那么学年组长视为第一兼职，教研组长视为第二兼职。

5. 教研组长的工作量根据教研组的组内人数来确定：20人以上40分，10—19人30分，5—9人25分，3—4人20分，2人15分。

七、教补津贴

1. 教师工作量除上课工作量体现在教学津贴和代课津贴中外，其他工作量都体现在教补津贴里。具体标准为：命题一套20分，批卷一本6分，监考一科2分（职工1分），听课一节1分（没有完成听课任务的，少一节减3分），教研活动一节1分。

2. 教师上观摩课（不含竞赛课、评比课）的工作量每学期期末统计一次，体现在教补津贴里。具体标准为：校级8分，区级12分，市级16分，省级20分。

八、其他津贴

体育教师组织学生体育活动、早操、间操等工作量体现在其他津贴中，标准为：体育活动一节1分，早操每月10—20分，间操三天1分，领操三天2分。

九、总分数=以上各项分数之和

十、标准工作量、实效分数

标准工作量上限为450分，下限为350分。工作量高于上限时，每高1分，总分数增加0.2分；工作量低于下限时，每低1分，总分数减去0.2分。最终得到的分数为实效分数。

十一、质量等级

1. 每学期期末，由校长办公会议对教职工工作进行质量评估，定出工作质量等级。等级每学期一评，一般在开学初将上学期的质量等级评出，直接作用于本学期的绩效工资。

2. 质量等级分为岗位质量等级和教学质量等级两种：有岗位工作量的人员需要评出岗位质量等级，有教学任务的人员需要评出教学质量等级。

3. 以上所评质量等级在绩效工资里以质量等级系数体现。教学质量等级系数为：A等1.2，B_+等1.1，B等1.0，B_-等0.9，C等0.8，D等0。岗位等级系数为：A等1.1，B_+等1.0，B等0.9，B_-等0.8，C等0.7，D等0。中层以上领导干部等级系数同教师。

十二、分值

目前本校绩效工资分值为5.7元，分值随学校实际情况调整。

十三、总津贴＝分值×实效分数×质量等级系数

十四、加班

一般指周六、周日和节假日加班（晚上加班费的多少由学校领导决定），标准为：上午65元，下午55元，一天计120元。

教师到外地公出学习、听课不计加班费。为学校项目等公出占用周末和节假日时间的，计加班费，具体金额由校长确定。

十五、总金额＝总津贴＋加班费

十六、需要说明的问题

1. 公派到国外学习的教师，绩效工资为零，档案工资照发。

2. 职工病、事假绩效工资计算方法。

职工病、事假不超过三天的，只按标准扣除出勤津贴部分。如果请假三天以上（含三天），则除按照标准扣除出勤津贴部分外，还要从总津贴中扣除相应的工作量。具体计算方法：

$$\text{总津贴} = \frac{\text{总津贴}_1 \times (\text{应工作天数} - \text{请假天数})}{\text{应工作天数}}$$

注意：总津贴_1 等于按照标准扣除出勤津贴后计算出的总津贴数。

3. 总津贴出现负值时，绩效工资按零计算。

4. 待岗教师只发档案工资，无绩效工资。

（三）制订发展计划，激发教师的学习动机

教师发展是教师在充分认识教育意义的基础上，不断提升精神追求、增强职业道德、掌握教育规律、拓展学科知识、强化专业技能和提高教育教学水平的过程。教师专业发展的取向包含三个层面：一是学科专业知识和教育知识的广博精深以及技能的熟练程度；二是基于教育教学实践的反思、认识和提高，是建立在对教师自身教学实践反思的基础上，特别是借助于教育理论指导下的案例解读，逐渐积累而成的富有个性的教育实践的见解与创意；三是教师专业发展不仅要通过教师个人的学习与实践反思，更为重要的是，在教师群体中形成合作的专业发展文化与模式。教师专业发展是一个持续不断的过程，教师专业化也是一个

发展的概念，既是一种状态，又是一个不断深化的过程。

我校教师大都是来自重点高校的毕业生，基本素质较好，教师队伍充满活力，年龄相对年轻，可塑性强，正处在提升发展的重要阶段，所以关注教师的个人成长成为学校教师队伍建设的重要内容，让教师结合自身发展实际、学校整体规划和学生培养目标，制订详细的计划显得尤为重要。为了更有效地制订教师个人发展计划，我校从以下几个方面对教师进行了指导。

1. 学校领导介绍学校的发展规划和思路以及对教师的期望，并对教师发展计划的内容和制订的方法提供一定的指导。根据我校发展的实际需要，提出教师发展计划应遵循的“高、宽、细、实”四原则，即“目标要高、范围要宽、措施要细、落得要实”，倡导通过自行学习研究、同伴互助等方式提高个人专业水平，并不断反思总结，激励教师崇尚一流、追求卓越，不断提高教育教学水平和教学质量。

2. 我校教科室查找了大量的资料，给每个教研组及教师印发了大量有关教师发展计划的资料，包括科学有效的发展计划框架（对专业发展的认识、对自我专业发展情况的分析、专业发展目标、专业发展措施）、优秀的案例以及实施的途径等，使教师清楚要从哪些方面去设计自己的发展计划，减少了作计划的盲目性，提高了制订计划的效率。

3. 教研组通过多种研讨的形式，相互启发，深化对教师发展中一些问题（比如发展模式和发展策略等）的认识，把大家相似的发展活动提炼成教研组共同的活动，使教师发展计划与学校发展协调一致。

4. 为了提高教师发展计划制订的水平，学校有针对性地选择部分教师的发展计划在全校交流，所有教师都要在本教研组内交流，使教师在相互交流借鉴与监督中发展提高。期末每位教师都结合本学期个人发展计划的落实情况进行总结反思，形成文字材料，包括对专业发展活动的评价、对目标的修订、对策略的调整和补充，以进一步提高教师专业发展计划的合理性、可行性和有效性。

每位教师在认真学习的基础上，结合自身的实际情况，制订了比较详尽、可行的个人发展规划。例如，我校承担创造思维开发课教学任务的一位教师，在自我定位的基础上制订了五年发展的目标。

1. 自我定位：工作中吃苦耐劳，勤于学习，勤于思考，时间观念强，工作认真，有较强自制能力，上进心、责任心强，思维活跃，拥有较强的创新精神和良好的创造性人格。

2. 发展总目标：我校把培养创新型人才作为学校人才培养的重要目标之一，作为一名创造思维开发课的教师，我深刻认识到：重视创新教育，把学生培养成充满活力、思维敏捷、具有创新精神和创造能力的高层次人才，是我义不容辞的责任。作为我校一名创造课的青年教师，应更好地发挥自己双专业的优势，在认真完成校本教材开发工作的同时，努力探索创造课教学与其他学科协调共振，形成一个全校多学科协调开发学生创造力的立体课程体系，让创造课在该体系中起到核心作用。在实践中不断探索，不断总结与反思，并借助外聘创造课教师的优势资源，开发现有教材，制作课件、撰写教参，构建创造课自身课程体系。通过五年的努力，力争达到专业素养高、敬业精神强、具有较高科研及教学能力的青年骨干教师，将我校的创造课打造成为全国独具特色的精品校本课程。

再如，我校担任《中华文化精修入门》课程的老师在自己的教育科研方面提出了如下的阶段目标。

教育科研方面：加强人文底蕴，增强人文精神，积极为增强中国传统文化素养和拓展国际视野打基础，加强教学研究，完善专业结构，夯实教学基本功，为成为一名学习型、研究型教师而努力。

（1）能独立设计科研课题并实施研究，每年都要有一个课题，并且要将课题研究的思想及时渗透到教育教学实践之中去，落实在课堂上。每年所选科研课题，题目范围不宜太大，应该力求小而精；所选课题首先应从自身教学实践中所遇到的问题出发，以解决自身面临的问题为目标；所选课题可以是教学内容方面的，可以是教学手段方面的，也可以是教学方法、教学理论方面的，力求科研论文的质量。

（2）及时积累个案，归纳资料，撰写有实效的专题论文或报告。每年完成并发表一篇论文或一篇教案、教学设计。

（3）积极参加有关教育教学创新方面的学习，在培养学生创新能力方面继续加强学习；除加强创新教育理论方面的学习之外，更要加强对课堂教学创新的模式探索和学习。每年至少设计出两节在培养学生创新能力方面有突出特点的特色课。

（4）积极参加刘仲林教授组织的中学人文素养教育研究课题组的学习和活动，在强化学生人文素养方面继续进行探索，主要精力要集中在探索适合我校学生特点的人文素养校本教材开发方面，力争在五年之内初步形成一本相关方面的校本教材和讲义。争取在2009年内，开始中国传统文化精修入门课程的教学实践；确保在2010年内，认真开发出一套教案初稿。

（5）在指导学生进行研究性学习方面，进一步加强学习，特别要以提高自身指导学生进行研究性学习的能力为目标，加强研究方法、技巧方面的学习和研究，以重点加强对学生研究方法的指导为现阶段主要努力方向。争取在2010年内，成为一名合格、称职的学生研究性学习的指导教师。

通过近五年的实践，教师基本上明确了自己的发展方向，能够注重个人发展计划的有效实施，努力从各方面提高个人素质，以更好地做好教书育人的工作。很多教师都将加强学习、提高个人业务水平作为个人发展的重要目标，并结合教学实际进行了有针对性的理论学习和教学实践，同时对于自己教育教学理念和风格特色进行了较为深入的思考，努力向着自己成长计划中的目标不断努力，很多教师从中受益匪浅。我校一位年轻教师在成长计划阶段性总结中提到："制订了个人成长计划，工作的目标和方向更加清晰了，但同时也感到了巨大的压力。制订计划不难，难在实施的过程，我感到这个计划的实施需要做的还有很多很多。通过计划的制订，我对自己的优势和缺点有了更清醒的认识，尤其是不足，如‘对课程标准的研究不够深入，对教学反思的重视不够，在教学过程、教育科研中不善于总结’等，这让我在教学中做事情更有针对性，如以往备课时很少看课标，但现在比较重视课标。这样针对自己的不足努力改善，可以让自己不断提高。”实践证明，通过“计划引领策略”，教师的工作责任感以及业务水平都有了很大程度的提高，满足了我校优才教育对教师的高要求，适应了学校更好、更快地发展。

第六章 优才教育的未来展望

21 世纪新时代，随着全球化深入发展，世界格局深刻变化，科学技术日新月异，国际人才竞争，特别是高层次优秀人才的竞争日趋激烈，人们也将越来越认识到从小抓起对高层次优秀人才进行特殊培养是科教兴国战略和人才强国战略的重要举措，是实现中华民族伟大复兴的迫切要求。因此，中学优才教育也将有其美好的发展前景。

一、以先进的理念引领发展

实施优才教育必将推动学校优质的不断提升，而优质学校是优才教育成功的可靠保证。因此，2002 年以来，东北育才外国语学校坚持与时俱进，在坚持自己的优才教育特色的同时，将建立优质学校的目标作为一个重要的办学目标，即建立优质的优才教育学校。将自己的办学目标升格为创建现代化、国际化的在国内一流、在国际上有影响的优才教育名校。

优才教育是学校的核心理念，而优质名校则是学校根据时代要求对学校定位的重新思索。优质名校主要从三个层次上理解。

1. 结果层次

结果层次的优质名校是一个静态的概念，它指向的是学校教育的“产出”和影响。真正的优质名校应该是能为所有的学生提供优质的教育服务，能让每一个学生的潜能都得到全面、和谐、自由、充分与可持续发展的学校，所培养的学生大多数能成为高层次国际型、领袖型、创新型优秀人才，是在国内外享有盛誉的学校。

2. 能力层次

能力层次的优质名校是一个动态的概念，它指向的是学校教育的“过程”。单一成绩结果取向的学校是不可持续的学校，可持续性的学校必须重视学校的能力建设。所谓学校能力建设，就是学校积极获得并有效运用能力的过程。对一所学校而言，全面的能力建设主要包括三大方面。

（1）学校的管理能力。表现为学校有共同的发展愿景，高标准、严要求，有积极从外部学习和从内部反省的态度与习惯，有科学、民主、高效的组织和决策机制，有不断提升教师能量的发展机制，有“以人为本”“以学生为主体”的合理有效利用各种教育资源的制度和实施措施等。

（2）教师进行优才教育的教育教学能力。表现为教师群体教书育人的责任感和使命感，师德高尚、专业化水平高的团队合作，教育教学改进机制，教师课程资源开发，合理处理并有效运用师生关系改进教育教学，教育教学设计与组织，以及运用现代教育技术手段提高教育教学质量的能力等。

（3）学生的学习能力。表现为学生有很强的独立自主、创造性学习能力，能积极进行探究性学习、团队合作学习，有科学有效的学习策略和方法，能积极参与并有效组织学校的各种社团活动或社会实践活动等。

以上能力建设不仅会使学校不断变得优质，而且会使学校在未来激烈的生源和资源竞争中变得更有竞争力。

3. 文化层次

一所优质的学校，不是由教育硬件单一决定的，也不是由教育教学质量唯一决定的，而是由一个完整而有系统的学校文化所支撑的。学校文化是一所高质量品牌学校的灵魂与基石，它决定着一所学校的全部价值。创建优质的学校文化，是提供“优质教育”最重要的保障条件。学校文化不单是学校历史的积淀，更是学校发展的潜能、趋势和自我更新的机制。优质学校文化的创建，应该是学校文化的整体优化。可以从三个维度去实现学校文化的优化。

（1）营造融洽的学校人文环境。学校的人文环境是影响师生成长发展最重要的因素之一，要构建和谐校园，就要重视营造和谐的人文环境，以尊重、激励、发展为出发点，适时、有效地采取尊重、信任、理解、宽容、引导、沟通、对话等柔性管理手段，使师生感受到民主、平等、亲情、和善、友爱的氛围，践行“求索真善美，敢为天下先”的思想准则，形成“诚信、勤奋、创新、求实”的良好校风。

（2）优化以人为本的制度文化。和谐校园需要和谐民主的制度保障，建立起以人为本的思想与科学管理的手段相结合的制度文化，让所有师生生活在一个规范有序又富有人文气息的环境中。

（3）创建学校的多元文化环境。培养国际型优才，必须创设多元文化的教育环境，使学生了解多元文化，能够以多元文化视角分析问题，培养学生适应和参与多元文化社会的能力，从而打造国际化学校的特色品牌文化，推动学校和谐文化的建设。

建设优质名校是新时代对学校教育的必然要求，学校将一以贯之的优才教育理念与优质名校的时代要求相结合，重新审视办学目标，认为自己有能力也有实力从结果、能力和文化三个层次上将学校建设成为优质名校。创建现代化、国际化、在国内一流、在国际上有影响的优才教育名校将是未来10—15年东北育才外国语学校的办学目标。

二、以扎实的实践促进发展

在未来的几年中，学校计划在以下几个方面有所发展和突破。

1. 加强与高等学校、科研院所的合作，实行“组合办学、对接培养”的高层次优秀人才培养模式

学校要充分发挥社会教育资源在培养高层次优秀人才方面的作用，与高校和科研院所合作，建立教育联合体。学生可以选修大学课程，参与大学和科研院所的科研活动，在专家、教授的直接指导下，进行学习和研究活动。大学可对学生提前进行考核，学生通过大学自主招生渠道直接升入大学。与高校合作，建立中学优才教育教师培训体制。总之，学校要开拓多种渠道，加强与高校和科研机构的联系，提高合作的质量，实现自身的快速发展。

2. 加强与世界著名中学和大学的交流与合作

（1）进一步发展与世界著名中学和大学的交流与合作。在开设新的第二外语之后，要拓展与使用这些语言的国家的交流，并建立长期的交流合作关系。

（2）进一步提升初高中学生的国际交流规模，增加学生的出访率。让学生在接待来访和短期出国学习交流的过程中，开阔视野，通过不同的方式展示自己国家、自己学校的文化，提高学生外语交流的水平，同时了解不同国家、不同民族的文化背景和风土人情，提高国际交流能力，为培养国际型人才打好基础。

（3）推进教师出国进修工作的开展。在与友好校交流不断深入的情况下，进一步探讨两校间的互派教师进修工作，实现每年都有教师出国进修。

（4）随着教育改革的不断深入，进一步探讨与国外学校开展交换留学生项目。

3. 加开第二外语课程

在第二外语的开设方面，学校除了要继续做好日语和法语的教学工作之外，还要根据学生的需求与实际情况，开设俄语、西班牙语、阿拉伯语和德语的课程。对这些语言的开设，一方面要借鉴已经成体系的外语教学，另一方面还要考虑到语言本身的特色，采取因“语”施教与因材施教相结合的教学方式，保证学生的语言基础知识和语言运用能力得到切实发展和提高。

4. 进一步加强为高层次国际型、领袖型、创新型优秀人才培养打基础的校本课程建设

在未来的几年中，学校要继续完善优才教育校本课程建设，提高校本课程质量。在现有课程的基础上，要继续加强对优质高效的校本精品课程的研发，引进优质国际课程，尽量满足学生发展的需要。这些校本课程的开设，要尽可能地增强学生自主学习、创造性学习的能力，尽量采取以问题为中心的探究式研究性学习的方式，让学生在探究、研究、讨论、交流、实践的合作中，自主获取知识，只有这样，才能更好地促进学生自主学习能力的提高和创新精神与创造能力的发展。

5. 大力开展个性化教育，教学实行“走班制”

个性化教育是以学生发展为本，根据学生的个性差异，遵循教育规律和人的身心发展规律，发展其优势潜能，为其提供适合其发展的教育，是更能体现教育公平、更有利于促进人才脱颖而出的教育。学生可以根据自己不同的需要和学习能力，选择不同的学习内容和学习层次，就同一学科而言，同一班级学生将分别去不同教学班去上课。这样可以使教师对不同学习能力的学生采取适合他们的教学方式和策略，使他们得到充分发展。在学校今后的发展过程中，“走班制”将逐步在教学中实行。

6. 加强东北育才外国语学校优才教育研究所建设

聘请国内、国外有关专家学者为研究所研究员、顾问，成立研究所学术委员会，深入开展优才教育理论与实践研究。建立优才教育网站，出版优才教育丛书，撰编优才教育年鉴。

7. 加强教师队伍建设

不断推进教师专业化发展，引进综合性大学优秀毕业生充实教师队伍，提高教师队伍层次，充分利用社会教育资源，聘请专家、学者作为兼职教师，实现教师队伍社会化，建设一支高水平、高质量、研究型，适应优才教育需要的教师队伍。

8. 打造精品式学校

在基本保持现有办学规模的基础上，不断加强学校绿化、美化、精细化、精品化建设，把东北育才外国语学校打造成先进文化厚重、师生关系和谐、校园环境优美、学习氛围浓郁的精品式学校。

9. 建设数字化校园

加强校园网络建设，实现校内师生无线上网，与国内、国外专家学者，名师、名校实现远程视频教学和相互交流。

10. 逐步扩大招生范围

随着高速铁路的发展，逐步把招生范围扩大到东北三省，惠及更多地区。

展望东北育才外国语学校的明天，学校将继续在社会各界的支持下，立足时代的需要和学生实际与学校的实际，积极构建新的发展蓝图。相信在全校师生的共同努力下，一定可以实现“面向21世纪经济全球化，社会国际化、高科技化时代，创建融合中西方教育优势的现代化、高效能的中学教育模式，为高层次国际型、领袖型、创新型优秀人才培养打基础，把东北育才外国语学校办成具有中华文化底蕴的现代化、国际化，在国内一流、在国际上有影响的优才教育名校”的办学目标。

第七章 我的优才教育探索之路

一、为了一个梦想

我从1961年登上教师讲台那一刻起，就有一个梦想，希望我的学生中能够出现出类拔萃的杰出人才，造福于国家、造福于人民。培养杰出人才是我人生的事业理想和追求。可是这个梦想在以阶级斗争为纲和“文化大革命”的年代里，只是梦想而已。中国改革开放之后，在改革开放的大浪冲击下，这个梦想又在我的心中活跃起来，不断地鼓动着我，使我于1985年毅然辞掉机关领导工作，来到东北育才学校当了校长，一做就是十六年半。

东北育才学校创建于1949年，建校时仅有小学，是东北局和第四野战军干部子女学校。1958年增设初中，于1976年才增设高中，被确定为辽宁省重点中学。当时的东北育才学校，在沈阳市省重点中学中排在最末的位置，1982年200名高中毕业生仅有18人升入高等学校，自己的初中毕业生都不报考本校高中。我归队回教育一线被市委批准后，市委常务副书记曾征求我意见，是否愿意去区里做主管教育的副区长，被我婉言谢绝了，我表示决心回到教育第一线，不当校长当个教师也可以，我本来就是一名教师。市教育局征求我的意见，是否愿意去东北育才学校当校长。我经过认真考虑认为，东北育才学校初、高中都有，进行教育改革周期长，杰出人才特殊培养也应该从小抓起；学校正处于低谷，改革的风险小；穷则思变，久乱必治，有利于改革创新。于是我同意了到东北育才学校当校长，便于1985年2月走马上任。

二、问题　困境　选择

虽然做东北育才学校校长，我有面对困难局面的思想准备，但是到了学校之后，看到的学校现状比我想象的要糟糕得多，仅仅五十几亩大小的校园，教学楼里楼外竟有三十多户住家，操场竟是校外行人往来的通道。一些“文化大革命”中的“造反人物”在校内仍然趾高气扬，有令不行，有禁不止，好像“文化大革命”在育才学校尚未结束。乱象比比皆是。我几次开会想让大家讨论一下如何才能把育才学校办好，结果变成了一些人声讨、谩骂、发泄私愤的会，竟没有一个人能谈出如何办好学校的意见和建议，令我十分失望。这时我真后悔来育才学校当校长。可是为了梦想，我不能退却、不能回避、不能维持现状随波逐流，我必须选择勇敢面对问题和困境的挑战，努力办好学校为实现梦想打好基础。

解决问题，走出困境，首先需要认真分析，弄清楚问题和困境的实质、产生的原因。由于东北育才学校原来是小学、初中的班底，办学基础本来薄弱，再加上“文化大革命”中遭到严重的破坏，这就注定在转向高中教育和重点中学的过程中必然要经历一个剧烈的阵痛期，问题和困境的原因是多方面的：（1）人员超编、结构臃肿、劳逸不均、优劣不分等问题渗透于学校工作的方方面面；（2）长期积淀下来的松散、保守、封闭心理，十年“文化大革命”的影响，使学校陷入无政府状态，缺乏凝聚力；（3）受人情、关系等消极因素的侵袭，以关系、人情取代学校规章制度成为普遍现象；（4）依靠经验、习惯、常识和情感行事，教学缺乏科学理性而费时低效；（5）师资队伍建设没有跟上学校转向重点中学、高中教育的步伐，教师数量多，而水平高的教师短缺成为又一个制约学校发展的瓶颈。为解决这些问题，我首先加强了学校领导班子建设，在市教育局的支持下，调整了部分校级和中层干部，整顿了作风，增强了原则性，提高领导核心凝聚力和战斗力；第二，提出了“走出低谷、办出特色、创造一流、面向世界”的学校发展目标，为学校注入了精神动力；第三，提出“教育质量是学校生命线”，全校一切工作都要以千方百计提高教育质量为目的，最大限度地发掘现有人力、物力、财力的潜力和效益，为提高教育质量服务；第四，强化了学校管理，健全完善各项工作制度，提出“高标准、严要求，向管理要质量、要效益”；第五，实行了教职工聘任制度，使40位教职工下了岗，解决了长期存在的“干与不干、干多干少、干好干坏”都一样的问题，做到了“人尽其才”，调动了教职工工作的积极性；第六，加强教师队伍建设，创设有利于教师专业化发展平台，改善教师待遇，不断引进优秀的大学毕业生加入教师队伍，增强人员新陈代谢，不断提高教师队伍整体水平。

经过三年的改革整顿，育才学校面貌发生了很大的变化，教育质量得到了明显的提高，为教育实验打下了较好的基础。

三、优才教育的提出

受中国科技大学创办少年班和北京八中创办超常教育实验班的启发，我认为超常教育是培养杰出人才的一种有效途径，所以我到育才学校工作不久就酝酿进行中学超常教育实验，从小学招收 11 周岁以下智力超常的儿童，经过四年中学教育达到重点高中优秀毕业生水平，一般比同龄人提前四年上大学，为他们成为杰出人才打好基础，为国家“早出人才、快出人才、出好人才”作出贡献。当我把进行中学超常教育方案报到市教育局之后，没想到竟一盆冷水泼了下来，被局领导一句“鞭长莫及”的批语否决了。有人告诉我，局领导认为我把育才学校按部就班办好就不错了，育才学校不具备搞实验的条件，不要去搞什么实验。在校内大家也认为搞超常教育实验，不可能成功，劝我不要去冒险。

虽然进行超常教育实验受阻，但是我坚定地认为，进行超常教育实验并不只是为了实现我的梦想，这也是东北育才学校“走出低谷”的一个重要途径，是国家适应世界发展形势和科技竞争对人才培养的迫切要求。20 世纪中期以来，世界很多国家出现了新的教育改革的动向，其目标都指向高素质、创新型杰出人才的培养。邓小平同志曾高瞻远瞩地强调“要多出人才，出好人才”，并先后指出：“办教育要两条腿走路，既注意普及，又注意提高”，“在人才的问题上，要特别强调一下，必须打破常规去发现，选拔和培养杰出人才”。根据邓小平同志的教育思想，万里同志在 1985 年全国教育工作会议上指出：“我们的时代，需要很多才华横溢的人才”，“对这样的人才苗子，要能发现出来，要施以专门的教育，精心培养，这样才能培养出来拔尖的真正的人才”。目前，育才学校固然条件较差，但超常教育实验，每年只招一个班，每班20—30名学生，中学学制四年，4个班，100来名学生，按当时的学校师资和设施情况，已具备实验的基本条件。我认为该做的事情只要具备做的基本条件，就应该先做起来，在做中创造条件使其不断改进和完善，不能等待所有条件都具备才去做，否则就会失掉机遇、失去宝贵的时间。因此，我不能放弃进行超常教育实验。经过一再申请，说明中学超常教育实验对学校对国家的重要意义，并对实验的条件作了进一步的准备和完善，终于在1986年得到市教育局的批准，东北育才学校开始进行中学超常教育实验。

中学超常教育实验仅适合于智力超常、早期教育好、学习节奏快的学生，能适合参加超常教育的学生很少。我考虑到还有很多智力较高、非智力因素发展良好的学生同样可培养成杰出人才，但不一定适宜高速度、快节奏学习或受年龄限制不能在超常教育实验班学习，因此，我于1987年提出创办数学单科强化能力迁移实验班，于1989年得到市教委批准，从小学六年级毕业生中招收智力较高，非智力因素良好的少年儿童，经过单科独进，“举一反三，能力迁移”，为培养杰出人才打基础。

经过几年的探索实践，超常教育实验班和数学强化能力迁移实验班取得了十分突出的成果，1990年第一届超常教育实验班23名学生经过四年中学教育，全部以第一志愿考入了中国科技大学少年班、清华大学等全国重点大学，数学实验班在全国初中数学竞赛中几乎包揽了全省一等奖。因此，带着成功的喜悦我开始酝酿在全校进行大规模的为杰出人才培养打基础的实验。在拟订方案的思考过程中，根据自己多年的教育实践经验，认为在小学毕业时尚处于常态发展的儿童少年，长大后有很多人也能成为杰出人才，因此，在方案中又设计了常态超常实验班，即对尚呈常态发展水平的儿童少年，创造特殊的教育条件，开发智力潜力，培养良好的非智力因素，使其达到超越常态的发展，成为杰出人才。考虑到超常教育实验班、单科强化能力迁移实验班和常态超常实验班，都是为培养杰出人才打基础的教育，杰出人才也就是特别优秀的人才，因此就总称为优才教育。在1992年提交给沈阳市教育委员会得到批准的东北育才学校《优才教育学校实验方案》报告中开头第一句话，即为“优才教育实验学校，即创设特殊的教育条件，培养特别优秀人才的实验学校”，第一次提出了“优才教育”的概念。优才教育的思想内涵由当初的一般描述到有一个比较科学的表述，形成比较完整的理论体系和实践模式，是在教育改革创新实践中逐渐发展成型的。

四、责难　冲击　坚持

20世纪90年代中期，随着素质教育的提出，有人把优才教育与素质教育对立起来，特别是教育行政部门在规范基础教育办学行为时提出小学升初中就近直升不得选拔招生之后，优才教育实验不断遭到责难。有人指责优才教育不是素质教育，指责我教育思想不端正，要求取缔优才教育实验，甚至在市领导召开的教育座谈会上有人指责、攻击优才教育，大有“山雨欲来风满楼”大兵压境之势。这时候，有关方面也产生了要我停止招生，中止优才教育实验的意见。我了解了一下，全国几所超常教育实验学校都遇到类似的压力，多数不得不再继续招生，陆续停止了超常教育实验。

面对责难和冲击，我清楚地认识到优才教育实验并非与素质教育相悖，有些人指责优才教育，或由于误读了素质教育，或长期受极“左”思潮的禁锢，受平均主义、大一统教育思想的影响，或由于对杰出人才培养规律缺乏了解，对培养杰出人才对实现中华民族伟大复兴、对国家繁荣昌盛的重要作用缺乏认识。我认为优才教育是为培养高素质人才打基础的教育，是更高层次的素质教育，优才教育实验必须理直气壮地坚持下去。我想要说服别人，一是要摆事实，二是要讲道理，优才教育成果丰硕的事实是明摆着的，关键在于如何讲道理。在当时的环境下，我认为最有效的讲道理的办法，就是引用邓小平同志的教育思想来讲。于是我又认真地翻阅了邓小平同志有关教育的讲话，找出了十多条邓小平同志有关培养杰出人才的语录，指出邓小平同志在20世纪70年代和80年代初，多次提出办教育要两条腿走路，既要注意普及，又要注意提高；杰出人才要打破常规特殊培养；培养杰出人才，要从娃娃抓起；最优秀的人才要集中培养。我指出杰出人才从小抓起特殊培养是邓小平同志的教育思想和战略思想。我把邓小平同志的十多条有关培养杰出人才的语录印发给有关方面，包括给责难、攻击优才教育实验的人，我对他们说："我认为优才教育是实践邓小平同志的教育思想和战略思想，不知错在哪里？希望大家提出宝贵的意见"。由于我坚持反复摆事实、讲道理，终于使有关方面取消了要停止招生、中止优才教育实验的意见，使优才教育实验逃过了一劫。

五、研究　探索　创新

多年来进行优才教育实验的过程就是一个不断研究探索创新的过程。

1. 创新鉴别方法

进行超常教育实验，第一个难题就是如何鉴别智力超常的儿童。在1986年第一届超常教育实验班招生时，我采用韦氏智力测验办法，可是在第二届招生时就无法用了，因为一些家长让孩子事先把韦氏智力测验的很多内容背下来了。尽管研究探索用已有的不同的智力测验方法进行鉴别，包括采用非知识性的智力测验办法，结果表明要用于每年招生都不是好办法，不但耗费时间太多，而且准确性也不理想。经过反复探索研究，我于1989年提出了一个称为"适应性学习"的办法。这种办法就是在超常教育实验班招生时，如果报名人数较多，先进行数学、语文等文化课测试，选出基础知识、基本技能较好，并且具有一定分析问题和解决问题能力的儿童，智力超常的儿童绝大多数会包括在其中。然后把选出的儿童每15—20人分成几个班，在暑假期间进行为时一周的适应性学习。适应性学习的内容都是选择他们之前不可能猜到和准备的内容，采用教师讲解、自己自学和合作学习讨论等不同的学习方法，每一部分内容学习之后都要进行考试、考核。通过对儿童在这个过程中表现的观察和考试成绩的考核，综合考查其智力水平和非智力因素状况。结果表明，采用这种办法鉴别智力超常儿童，在准确性和操作性上都好于以往的办法。全国一些中学超常教育实验学校和大学少儿班招生，也借鉴了这种“适应性学习”办法。

2. 新的单科强化能力迁移实验探索

1989 年开始进行的数学单科强化能力迁移实验效果很好。我就想外语和计算机都是基本学科，其能力也是基本能力，也应该能够迁移到其他学科学习上，也有利于为培养杰出人才打基础，因此在 1992 年制订优才教育学校实验方案时，把单科强化能力迁移实验扩大到外语和计算机。我认为我国外语教育采用的是马拉松式教育方法，时间长、课时不少，效果并不好。中学时代是外语教育的最佳学龄期，应该在中学阶段集中时间强化外语教育。因此，在设计外语实验班时，同时进行英语班和英语、日语双外语班两个实验班外语强化实验，两种实验班在分班时学生基础是一样的。在保证完成国家课程要求的前提下，英语实验班只学一门英语，高中毕业要达到大学公共英语 4—6 级水平，而英语、日语双外语实验班从初中一年级开始，同时学习两门外语，高中毕业时不仅英语要达到大学公共英语 4—6 级水平，而且日语要达到日本语国际水平考试一级水平。实验结果证明，英语、日语双外语实验班在高中毕业时不仅在英语等其他学科成绩都不比英语班差，而且日语成绩突出，日语一级考试成绩比沈阳市几所大学日语专业的大学生都好。计算机实验班与数学实验班分班时学生基础也都一样，可是到初三年级时，发现计算机实验班无论是在学习成绩还是在学生综合素质方面都比数学实验班有明显的差距。我们进行了认真的研究分析，认为产生这种差距的主要原因是学生在中学时代过多地接触计算机，过多地接触虚拟世界，对学生智力更好地发展和综合素质更好地提高有局限性，所以在招了三届计算机实验班之后，便停止了实验。

3. 创建中学科学研究实验室

优才教育实验从1998年开始进行研究性学习教学探索，先后开展了学生自主式专题研究、理科科学探究课、探索性选修课三种形式的研究性学习课程。由于研究性学习注重学生对实际生活实践的参与、体验和研究，内容广泛，空间宽阔，综合性强，差异性大，自主、灵活、开放，为便于综合概括其学习总量和质量水平，而实行了学分制。研究性学习，受到学生普遍欢迎，学生有浓厚的兴趣，表现出极大的热情，主动学习，积极探索，努力钻研，不少学生拿出了很好的研究报告和有一定水平的科研论文。

为了提高研究性学习的层次，为了使学生在中学时代就能够了解和参与尖端科学领域实验研究过程，受到科学家的指导和熏陶，培养他们对某些尖端科学领域研究的兴趣，树立起攀登科学高峰的远大理想，养成科学精神、科学态度，掌握科学方法，发展创新精神、实践能力和有责任感的创造力，为他们将来成为尖端科学领域的高层次创新型尖子人才、带头人、大师、诺贝尔科学奖获得者打好基础，我提出了在校园内建设科学研究实验室的设想，把科学家请进中学校园，把尖端科学领域研究实验引进中学校园。

在中国科学院沈阳分院和东北大学软件中心（国家级）领导的支持和帮助下，学校分别与中国科学院金属研究所、中国科学院沈阳应用生态研究所、中国科学院沈阳自动化研究所和东北大学软件中心合作，创建了东北育才学校材料科学研究实验室、生命科学研究实验室、智能机器和智能机器人研究实验室、软件科学研究实验室。这四个科学研究实验室所涉及的都是21世纪热门的尖端科学领域。

每个实验室导师组由2—3名研究员、教授组成，其中有多位博士生导师。实验室于2000年4月份开始筹建到8月末建成。建成后，由各实验室导师组向学生作相关领域的科普报告，学生在了解实验室科学研究实验的有关情况之后，根据自己的兴趣、爱好和具体情况自愿提出报名申请。在学生志愿的基础上，经学校组织有关人员按条件进行审批，每个实验室挑选15名左右思想品德好、对科学研究有浓厚兴趣，且学有余力的尖子学生作为实验室的学生研究员。学生研究员绝大部分是高一、高二年级的学生。各实验室科学研究课题一般以一年为一个周期。完成一个研究周期的学生研究员留下1/3骨干，另2/3吸收新成员。实验室科学研究实验时间采取集中与分散相结合的办法。每星期六和寒暑假的部分时间为集中科学研究实验的时间，在集中时间里都有导师组成员亲自进行讲学、指导和共同进行科学研究实验。对受设备限制的实验，还可去中科院三个研究所进行。

中学成立科学研究实验室，是对研究性学习和优才教育新的育人模式的一种探索实践，是重创新、重创造、重实践、重体验、重交流、重合作、重熏陶、重养成，在做中学、在学中做的一种新的教学方式，是基础教育的一种创新。

回顾一下二十几年的优才教育探索之路，是一条不平坦的路，值得欣慰的是，优才教育的理论与实践研究也在不断深入完善，成果也颇为丰硕。到2000年东北育才学校200名高中毕业生，有24人赴日留学，进入日本东京大学7名，176名在中国上大学的学生96%升入全国重点大学，其中34人升入清华大学和北京大学，占两校在辽宁省招生的30%。1994—2002年，育才学子在中学生国际数学、物理和计算机奥林匹克竞赛中共取得8块金牌、2块银牌、1块铜牌，实现了辽宁省零的突破。学校多次被评为沈阳市先进单位，1999年被评为辽宁省先进集体，省模范学校。2002年辽宁省首批示范高中评估，学校得分全省最高。我也十几次在全国性的研讨会、论坛等会议上介绍和汇报了优才教育的研究和实验成果。在我的倡议下，于1991年成立了中国中学超常教育协作组，为中学超常教育实验研究相互交流学习与合作，发挥了重要作用。2000年在第六届亚太地区超常教育研讨大会上，我代表中国中学超常教育协作组在大会上作了《中国中学超常教育的回顾与展望》的大会报告，报告内容包括：中国中学超常教育的兴起；中国中学超常教育的基本模式和教育教学特点；中国中学超常教育成果；中国中学超常教育发展中的问题；对中国中学超常教育的展望共五部分。受到与会国内外专家学者好评。2001 年我于东北育才学校退休，从 2002 年开始我在东北育才外国语学校继续进行新的中学优才教育研究探索与实践，特别是在由裴娣娜教授主持的教育部哲学社会科学研究重大课题攻关项目“我国学校教育研究创新”的引领下，优才教育从理论体系到实践模式得到系统、深入的研究，使其更加完善，在这里我再次对裴娣娜教授和课题组的专家学者表示衷心的感谢。

出 版 人　所广一
策划编辑　李　东
责任编辑　刘明堂
版式设计　杨玲玲
责任校对　贾静芳
责任印制　曲凤玲

图书在版编目（CIP）数据

为优才破壳而出：东北育才外国语学校教育创新研究／葛朝鼎等著．—北京：教育科学出版社，2012.12
（“守望者的凝思：读懂学校、读懂校长”系列论丛／裴娣娜主编）
ISBN 978－7－5041－6783－5

Ⅰ．①为…　Ⅱ．①葛…　Ⅲ．①中学—学校管理—沈阳市　Ⅳ．①G637

中国版本图书馆 CIP 数据核字（2012）第 152298 号

“守望者的凝思：读懂学校、读懂校长”系列论丛
为优才破壳而出——东北育才外国语学校教育创新研究
WEI YOUCAI POKE ERCHU

出版发行	教育科学出版社		
社　　址	北京·朝阳区安慧北里安园甲 9 号	市场部电话	010－64989009
邮　　编	100101	编辑部电话	010－64989419
传　　真	010－64891796	网　　址	http://www.esph.com.cn
经　　销	各地新华书店		
制　　作	北京金奥都图文制作中心		
印　　刷	保定市中画美凯印刷有限公司	版　　次	2012 年 12 月第 1 版
开　　本	169 毫米×239 毫米　16 开	印　　次	2012 年 12 月第 1 次印刷
印　　张	17.5	印　　数	1－3 000 册
字　　数	238 千	定　　价	45.00 元